Asien- und Afrika-Studien der Humboldt-Universität zu Berlin

Band 52

2019
Harrassowitz Verlag · Wiesbaden

Astrid Brochlos

Japanische Grundherrschaft im 12. bis 16. Jahrhundert

Die Region Minase im Spannungsfeld der Interessen von Hofadel, Klerus und Kriegeradel

2019
Harrassowitz Verlag · Wiesbaden

Bibliografische Information der Deutschen Nationalbibliothek
Die Deutsche Nationalbibliothek verzeichnet diese Publikation in der Deutschen Nationalbibliografie; detaillierte bibliografische Daten sind im Internet über http://dnb.dnb.de abrufbar.

Bibliographic information published by the Deutsche Nationalbibliothek
The Deutsche Nationalbibliothek lists this publication in the Deutsche Nationalbibliografie; detailed bibliographic data are available in the internet at http://dnb.dnb.de.

Informationen zum Verlagsprogramm finden Sie unter
http://www.harrassowitz-verlag.de

Gedruckt auf alterungsbeständigem Papier.
Druck und Verarbeitung: KN Digital Printforce GmbH, Stuttgart
Printed in Germany

ISSN 0948-9789
ISBN 978-3-447-11277-2

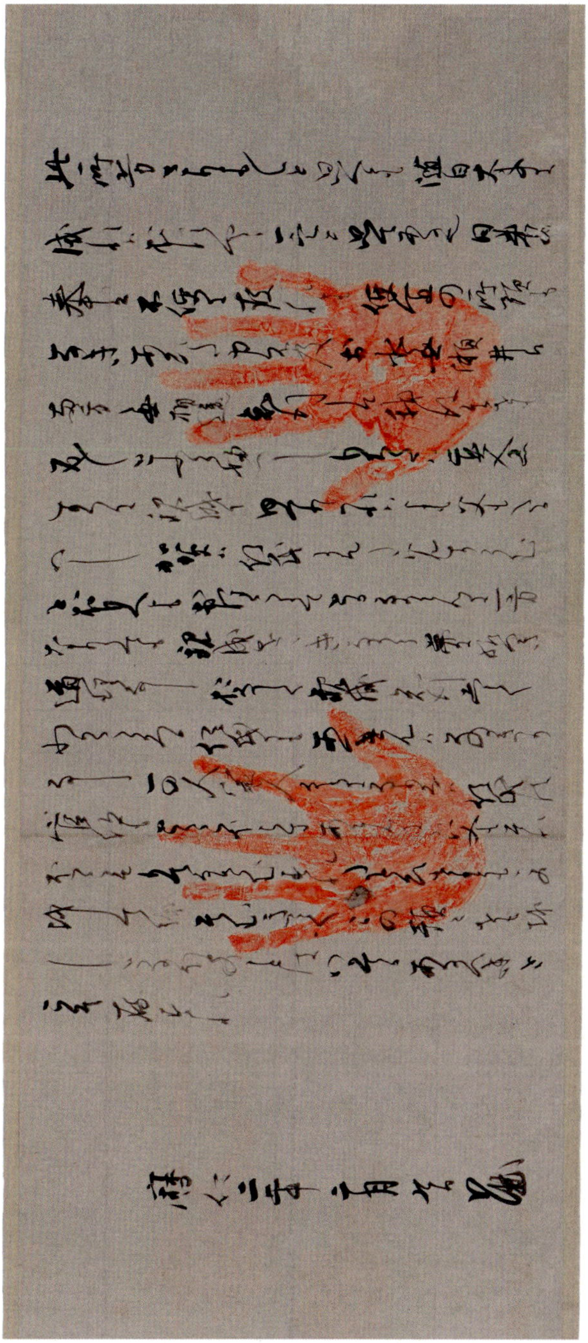

Mit eigenen Handabdrücken signiertes Vermächtnis von Kaiser Gotoba (1180–1239), Autograph, 2. Jahr Ryakunin, 2. Monat, 9. Tag (1239/3/15).
(Abdruck mit freundlicher Genehmigung des Minase Jingū, Shimamoto/Japan, und des Kyōto National Museum, Japan)

Inhalt

Abkürzungsverzeichnis

Alle nicht näher erklärten Abkürzungen beziehen sich auf Quelleneditionen, die vorrangig in den Regesten im Kapitel 4.2 verwendet werden.

DNS	Dai Nihon shiryō
GMns	auf Kaiser Gotoba zurückgehendes Minase-Gut im Lehnsbesitz der Familie Minase
H	Hyakurenshō
KI	Kamakura ibun
NI	Nanbokuchō ibun
NJG	Nationalmuseum für japanische Geschichte (Kokuritsu Rekishi Minzoku Hakubutsukan), Sakura
ŌY	Ōyamazaki chōshi
T	Takatsuki shishi
TM	Tōdaiji monjo
TMns	Minase-Gut im Eigentum des Tōdaiji
ZGR	Zoku Gunsho ruijū

Vorbemerkungen

Für die Umschrift wird das modifizierte Hepburn-System angewendet. Japanische Begriffe werden durchgängig klein und kursiv geschrieben. Eine Ausnahme bilden geographische und persönliche Eigennamen sowie Ära- und Epochenbezeichnungen. Personennamen stehen in der in Japan üblichen Reihenfolge – d.h. Familiennamen vor Vornamen – und werden in allen Teilen in großer Standardschrift geschrieben. Nur zwischengeschaltete Postpositionen wie *no* (の) werden klein wiedergegeben (Bsp. Fujiwara no Sadaie). Geographische Bezeichnungen stehen ebenfalls in Standardschrift, bei mehrteiligen Geographika ist das jeweils erste Wort groß geschrieben, alle weiteren Teile folgen in kleiner Schrift (Bsp. Settsu no kuni, Minase no shō). Bestimmte, mit einem Namen verbundene Titel und Funktionen werden in großer Standardschrift geschrieben (Bsp. Gotoba Tennō, Iwakura no Miya). Sind Wörter, für die normalerweise Standardschrift benutzt wird, Teil einer kursiv gesetzten Phrase (z.B. Eigennamen in zitierten Quellenpassagen), werden sie der Einheitlichkeit halber und aus ästhetischen Gründen ebenfalls kursiv gesetzt.

Auf die Angabe der japanischen Schriftzeichen (Kanji, Kana) wird in den Hauptkapiteln und im Regestenteil weitestgehend verzichtet. Sie werden nur dort genannt, wo sie für das Verständnis wichtig sind, z.B. bei Analysen unter Einbeziehung terminologischer und lexikalischer Aspekte. Die Zeichenliste im Kapitel 5.2 erfasst stattdessen die originalen Schreibweisen der in den Kapiteln 1 bis 4 vorkommenden japanischen Namen und Begriffe.

Da das Quellenmaterial unter verschiedenen, teilweise vergleichenden Aspekten und Fragestellungen ausgewertet wird, sind gelegentliche Rückgriffe auf bereits Ausgeführtes erforderlich und einige Wiederholungen unvermeidbar.

1. Zeitlicher Rahmen und Gegenstand der Studie

1.1 Zeitlicher Rahmen der Studie, Einordnung in den historischen Kontext

Die vorliegende Arbeit setzt die Studie *Grundherrschaft in Japan: Entstehung und Struktur des Minase no shō* fort.[1] Darin wurden alle tradierten Quellen des Landgutes Minase (Minase no shō) der Jahre 756 (Gründung des Gutes) bis 1188 (Ende Heian-Zeit) übersetzt und unter der Fragestellung ausgewertet, wie sich die Herausbildung und Entwicklung einer monastischen Grundbesitzung im heianzeitlichen Japan vollzog. Nunmehr soll untersucht werden, welche Auswirkungen die Ereignisse und Prozesse der nachfolgenden Kamakura- und Muromachi-Zeit auf die Situation der großen Landgüter von Hofadel und Klerus (*shōen*)[2] in der hauptstadtnahen Region Minase hatten, in der die drei Hauptkräfte des japanischen Mittelalters (Hofadel, Kriegeradel, Klerus) auf engem Raum agierten und interagierten. Wie machte sich die Etablierung der *bakufu*-Herrschaft in Funktionsweise und Verwaltung der zentraljapanischen *shōen* bemerkbar, welchen Einfluss nahmen die Shōgunatsregierungen und ihre Amtsträger auf die Güter? Zu diesem Zweck wird der zweite Teil des Minase-Konvolutes vom Beginn der Kamakura-Zeit bis zum letzten auf uns gekommenen Minase-Dokument aus dem Jahr 1519 übersetzt und kommentiert. Beide Minase-Studien zusammen ergeben die bislang einzige Analyse des kompletten Konvoluts und dessen erste vollständige Übersetzung in eine westliche Sprache. Da die Schriftstücke einen Zeitraum vom 8. bis 16. Jahrhundert umfassen, zeichnen sie trotz vorhandener zeitlicher Schwankungen in Quantität und Qualität wie wenige andere Konvolute ein Gesamtbild von den Anfängen der *shōen* bis zu ihrem Untergang, denn das Minase-Gut gehörte gleichzeitig zu den ersten und letzten *shōen* in Japan.

Die 340 Jahre vom ausgehenden 12. bis zum frühen 16. Jahrhundert, die den zeitlichen Rahmen dieser Untersuchung bilden, wurden von einer Reihe markanter Ereignisse und Entwicklungen bestimmt. Die politische und wirtschaftliche Ordnung blieb unter Teilhabe

1 Brochlos, Astrid: *Grundherrschaft in Japan: Entstehung und Struktur des Minase no shō*. Wiesbaden: Harrassowitz 2001 (Asien- und Afrika-Studien der Humboldt-Universität zu Berlin ; 8).

2 Als *shōen* bezeichnet man in der mittelalterlichen Geschichte Japans die großen grundherrschaftlichen Landbesitzungen v.a. des hauptstädtischen Hofadels und Klerus (Tempel- und Schreinkomplexe). Sie existierten vom 8. bis zum 16. Jahrhundert, wobei das 8. bis 10. Jahrhundert als Phase der frühen *shōen* mit noch unreifen Herrschaftsstrukturen gilt. In den nachfolgenden Jahrhunderten bestimmten sie jedoch Japans gesamte sozialökonomische Struktur und stellten bis zum Ende der Muromachi-Zeit die grundlegende Agrarverfassung mit einer ausgeprägten mittelalterlichen Herrschaft über Land und Leute dar. Sie waren ursächlich dafür verantwortlich, dass die traditionellen Eliten des Hofadels und Klerus bis ins 16. Jahrhundert hinein politisch überlebten und ein wirkungsvolles Gegengewicht zum Kriegeradel bildeten. Im 11./12. Jahrhundert nahmen die *shōen* circa 50 Prozent der Nutzfläche des Landes ein, davon befand sich wiederum mehr als die Hälfte im Besitz des Klerus, insbesondere der prominenten buddhistischen Tempel im Raum Nara und Kyōto. Zu den größten von ihnen zählte der Tōdaiji in Nara, dessen Domäne das hier im Mittelpunkt stehende Minase-Gut war. Erst mit den inneren Kriegen und Umbrüchen der Sengoku-Zeit (1477–1568) zerfiel das *shōen*-System, worauf im Folgenden noch einmal eingegangen wird.

verschiedener Gruppen mit jeweils beachtlichem Einfluss sehr vielfältig, was sich mehr oder weniger deutlich auch in den Minase-Quellen niederschlug.[3]

Das Ende des 12. Jahrhunderts und die ersten Jahrzehnte des 13. Jahrhunderts waren geprägt von Rivalitäten zwischen der traditionellen zivilen Elite des Hofadels und einflussreichen Klerus einerseits und der aufstrebenden, an Macht und Einfluss gewinnenden Schicht der Krieger andererseits. An der politischen Spitze der einen stand der Kaiserhof in Kyōto, die anderen wurden vom *shōgun* und dessen Regierungsapparat, dem *bakufu* in Kamakura, geführt. Die Spannungen und Machtkonflikte zwischen den Lagern erreichten ihren ersten Höhepunkt im Jahr 1221 (3. Jahr Jōkyū) im sogenannten Jōkyū-Krieg (*Jōkyū no ran*). Dessen Schlachten wurden auch in unmittelbarer Umgebung von Kyōto ausgefochten und führten schließlich zur Einnahme der Stadt durch die *bakufu*-Truppen. Der amtierende Kaiser Gotoba – in den untersuchten Quellen eine mehrfach erwähnte, wichtige historische Figur – wurde Zeit seines Lebens aus der Hauptstadt verbannt, der kaiserliche Hof geriet unter den maßgeblichen Einfluss des *bakufu* und verlor an Bedeutung. Zur Untermauerung dessen setzte das *bakufu* in allen Provinzen und Gütern, die vorher noch unter höfischer Kontrolle gestanden hatten, eigene Verwalter ein, was sich natürlicherweise auf deren Existenz auswirkte.[4] Das betraf auch die zentraljapanische Kinai-Region, wie z.B. an den Regesten # 7 und 10 zu sehen ist, wenngleich Mass betonte, dass die dort erwähnte und in unserem Kontext interessierende Provinz Settsu niemals eine Hochburg des *bakufu* wurde (1974: 77). Nichtsdestoweniger wird das Eindringen von Amtsträgern des *shōgun* in die Landgüter von Hofadel und Klerus und in die Kinai-Region auch in etlichen Minase-Dokumenten offenkundig.

Eine bedeutsame Schwächung des Kamakura-*bakufu* brachten ein halbes Jahrhundert später die beiden Invasionsversuche der Mongolen mit sich (1274 und 1281). Sie läuteten den Untergang der Kamakura-Herrschaft ein, der in den 1330er Jahren mit der Kenmu-Restauration von Kaiser Godaigo seinen Abschluss fand. Die Mongolenangriffe konnten zwar erfolgreich abgewehrt werden. Aber sie sorgten für nachhaltigen Unmut unter den Kriegergeschlechtern und führenden buddhistischen Einrichtungen, da weder die einen für ihren militärischen Einsatz noch die anderen für ihren geistig-spirituellen Beistand (Gebete und Sutrenlesungen für den Schutz des Reiches) angemessen belohnt werden konnten. Der Regierung in Kamakura mangelte es an ausreichend materiellen Ressourcen, zumal die Abwehr der Mongolen eher Mittel verschlungen statt zusätzliche Gewinne an Land oder Gütern gebracht hatte. So wandten sich viele in ihrer Unzufriedenheit wieder dem Rivalen des *shōgun* zu, dem kaiserlichen Hof in Kyōto. Dieser sah es als Chance, seine an das *bakufu* verlorene Macht wiederherzustellen. Kaiser Godaigo tat sich in diesem Bemühen

3 Der nachfolgende kurze Überblick über prägnante Vorgänge im untersuchten Zeitraum bleibt bewusst skizzenhaft und konzentriert sich auf Dinge, die für die Thematik dieser Arbeit relevant sind und sich mehr oder weniger direkt in den untersuchten Schriftstücken wiederfinden. Den Quelleninhalten soll ein grober historischer Hintergrund gegeben werden, um ihr Verständnis zu erleichtern. Eine Vielzahl wissenschaftlicher Abhandlungen liefert bei Bedarf umfassendere und detailliertere Informationen zur Kamakura- und Muromachi-Zeit.

4 Laut Mass hatte die Niederlage der kaiserlichen Truppen im Jōkyū-Krieg eine Welle von *jitō*-, d.h. Vogt-Ernennungen in den Landgütern von Hofadel und Klerus sowie die landesweite Besetzung von lokalen Ämtern mit Kantō-Vasallen (also Vasallen des Kamakura-*bakufu*) zur Folge. Kamakura, so Mass, wurde stärker und wichtiger als der kaiserliche Hof (Mass 1974: 135).

Anfang des 14. Jahrhunderts besonders hervor. Seine Allianz mit den Kriegeradelsgeschlechtern, die in Opposition zu Kamakura standen – darunter auch führenden wie den Ashikaga –, ermöglichte 1333 zwar den Sturz des Hōjō-Clans als der seinerzeit tragenden Säule des *bakufu*. Aber der Machtkampf zwischen der höfischen und der Kamakura-Fraktion setzte sich noch bis 1336 fort und wurde von Schlachten, Aufruhr und zahlreichen Gesetzlosigkeiten begleitet, die den Hauptstadtbereich, aber auch den Raum Minase erfassten und die Region erschütterten (siehe z.B. Regesten # 29 und 32).[5]

Begleitend zu den militärischen Auseinandersetzungen initierte Godaigo die prohöfische Kenmu-Restauration (*Kenmu no shinsei*, 1333–1336), die die im Grunde konträren Interessen von Godaigo und dem – noch – verbündeten Kriegeradel verschärfte und zum offenen Konflikt sowie zum Zerfall dieser Allianz führte. Am Ende floh Godaigo 1336 ins südlich von Kyōto gelegene Yoshino, um von dort aus weiter zu regieren, Ashikaga Takauji setzte an seiner Stelle in Kyōto mit Kōmyō Tennō einen ihm gefügigen Gegenkaiser ein. Bis 1392 rivalisierten die Gruppierungen um Godaigo und seine Nachfolger einerseits sowie um den Ashikaga-Clan und dessen Gegenkaiser andererseits um die rechtmäßige Thronfolge in Kyōto; in die Geschichte eingegangen ist diese von Unruhen und Kämpfen geprägte Periode als *Nanbokuchō jidai* („Zeit der südlichen und nördlichen Dynastie"). Kenmu-Restauration und Nanbokuchō-Periode markierten den Übergang von der Kamakura- zur Muromachi-Zeit, letztere wegen der Vorherrschaft der Ashikaga auch als Ashikaga-Zeit bezeichnet.

Rein räumlich gesehen, rückten Hofadel, Klerus und Kriegeradel, die drei führenden Eliten des Landes, in der Ashikaga-Zeit wieder enger zusammen, da die Ashikaga-*shōgun*e nicht mehr im ostjapanischen Kamakura, sondern in Muromachi residierten, das heute zum Stadtgebiet von Kyōto gehört. Dies hatte eine Reihe von Gründen, Begleiterscheinungen und Folgen, auf die hier nicht weiter eingegangen werden soll, da es darüber zahlreiche Abhandlungen auch in westlichen Sprachen gibt. Für die Auswertung der Minase-Dokumente sollte jedoch festgehalten werden, dass das Muromachi-*bakufu* zwar durchaus eine hegemoniale Größe darstellte, seine Herrschaft aber nur im Zusammenwirken mit den anderen Eliten (Hofadel, Klerus) ausüben konnte. Das religiöse Establishment spielte in dieser Kräftekonstellation eine gewisse Sonderrolle, da es sowohl für den Kaiserhof wie auch für das *bakufu* als spiritueller Ratgeber und als Beschützer des Reiches fungierte. Es war somit eine geistig-politische Größe, die weder von der kaiserlichen Regierung noch vom *bakufu* ignoriert oder gar ausgeschaltet werden konnte oder sollte (Segal: 152). Und auch als Wirtschaftskraft war der Klerus sehr bedeutsam: Ende des 12. Jahrhunderts, zu Beginn der Kamakura-Zeit, besaß er mehr als 60 Prozent aller *shōen* in Japan. In der Muromachi-Zeit ging der Anteil insgesamt gesehen zwar zurück, in der Hauptstadtregion blieb er aber weiterhin sehr hoch (Gay: 61). Zu den größten und wichtigsten *shōen*-Eigentümern zählte durchgängig der Tōdaiji in Nara.

5 Als Beispiel sei hier eine große Schlacht angeführt, die sich dem *Taiheiki* zufolge am 12. Tag des 3. Monats im Jahr Genkō 3 (1333) bei Yamazaki zutrug (vgl. ŌY: 80). Da Yamazaki (heute Ōyamazaki) räumlich direkt an Minase angrenzt, muss man wohl davon ausgehen, dass auch das Minase-Gebiet von den Kämpfen und deren Folgen betroffen war.

Die drei als *kenmon/kenmon seika* bzw. Portale bezeichneten Eliten[6] waren durchaus aufeinander angewiesen. Die Machtverteilung wechselte zwar und war oft schwammig, aber in der Summe führte die Verzahnung der Portale zu einem Nebeneinanderbestehen sowohl alter wie auch neuer Elemente: zu einem Fortbestehen von Überresten der alten höfischen Regierung und des *shōen*-Systems bei gleichzeitiger Etablierung von entwicklungsbestimmenden neuen *bakufu*-Elementen wie *shugo* und *jitō*. Viele Landgüter, insbesondere die zentraljapanischen in der Kinai-Region, zeichneten sich durch eine Gemengelage von Verfügungsrechten mehrerer Herren an ein und derselben Domäne aus. Piggott hebt hervor, dass sich der Tōdaiji in heftiger Konkurrenz mit anderen Grundherren befand, denn „mixed proprietorship *shōen* – estates in which several proprietors shared tax collection rights – seem to have been common, at least in Yamato Province" (Piggott: 55, Anm. 22). „Many of the temple's fields there were contiguous, mixed with the fields of other temple and shrine proprietors" (ebd.: 63). Was Piggott mit Blick auf die Yamato-Region beschreibt, stellt Gerber auch für den Raum Ōyamazaki fest, dessen mittelalterliche Bodenverfassung er als ein „Flickwerk an domänen- und dienstherrlichen Einheiten" charakterisiert (Gerber: 573). Und in der Tat klingt Derartiges auch in den Regesten # 12 und 17 für den Raum Minase an.

Die Verzahnung der Kräfte sorgte zwar einerseits für eine gewisse Stabilität. Andererseits führte die sich zwangsweise ergebende Überlappung der Interessen natürlich immer wieder zu Konflikten. Solche treten in zahlreichen mittelalterlichen Quellen Japans deutlich zutage, so auch in einer Reihe von Minase-Dokumenten. Auf regionaler Ebene etablierten sich zudem im Verlaufe des 15. und 16. Jahrhunderts v.a. aus der Schicht der *shugo* und *jitō* lokale Eliten, die in Konkurrenz zu den zentralen Portalen das System ins Wanken und schließlich zu Fall brachten, weil weder das Muromachi-*bakufu* und noch weniger eine der beiden anderen Portale der Herausbildung dieser Lokalherrschaften etwas entgegenzusetzen vermochten. Aufgrund ihrer Verortung direkt in oder nahe bei den Domänen konnten sie ein Landgut oder eine Region leichter als die stadtsässigen, fernab lebenden Grundherren oder Regierungskräfte beherrschen. Bereits zum Ende des 15. Jahrhunderts wurde deutlich, dass das Muromachi-*bakufu* – wie wohl auch die anderen Portale – die Entwicklungen in den Provinzen nicht mehr unter Kontrolle hatten, sondern nur noch auf sie reagieren konnten, wofür wir auch in den Minase-Dokumenten in Form von wiederholten Verfügungen gegen Übergriffe, schlechte Amtsausübung und Amtsmissbrauch v.a. der *shugo* und ihrer Vertreter vor Ort Hinweise finden. Die Initiative lag offenbar bereits in den Händen der lokalen Eliten, die nach autonomer Regionalherrschaft strebten (Mass/Hauser: 7), und „the realities of power changed more dramatically during the fourteenth to sixteenth centuries

6 Der Begriff *kenmon/kenmon seika*, im Deutschen meist mit „Portale" wiedergegeben, geht auf Kuroda Toshio zurück, der in seiner Abhandlung *Chūsei no kokka to tennō* im Jahr 1963 erstmals die Theorie vom *kenmon*-System (*kenmon taisei*) vertrat, das seiner Ansicht nach die mittelalterliche Ordnung Japans bestimmte (Kuroda: 261ff). Man versteht darunter die konkurrierenden und gleichzeitig miteinander verflochtenen, aufeinander angewiesenen Hauptkräfte des japanischen Mittelalters: den Hofadel inkl. Kaiserhaus, die großen Tempel und Schreine sowie den Kriegeradel. Sie waren fast ausnahmslos in den Städten Kyōto, Nara und Kamakura angesiedelt, von wo aus sie mittels zentraler Ämter (*mandokoro*) ihre Belange regelten, inkl. Verwaltung der oft fernab gelegenen Landbesitzungen. Ausführliche Erläuterungen zu den *kenmon* und zu Kurodas *kenmon*-Theorie in englischer Sprache liefert u.a. Gay (51f).

than earlier or later" (ebd.: 2). Ihren Ausdruck fand dieser Prozess wiederum auch in militärischen Unruhen und Konflikten, die als Ōnin-Krieg und Sengoku-Zeit in die japanische Geschichte eingegangen sind. Der Ōnin-Krieg (*Ōnin no ran*, 1467–1477) entbrannte zwischen verschiedenen Ashikaga-Vasallen um die *shōgun*-Nachfolge. Dieser Streit weitete sich jedoch landesweit aus und leitete die sogenannte Sengoku-Zeit ein, die „Zeit der kämpfenden Provinzen" (*Sengoku jidai*, 1467–1568), die für eine einhundertjährige Periode zunehmender innerer Zerrüttung, eine langsame Entmachtung und schließlich den Fall der Ashikaga stand. Zur gleichen Zeit gab es jedoch auch Fortschritte in der agraren Produktionsweise, es entwickelten sich Geldwesen, Handel und Gewerbe, es entstand eine urbane Mittelschicht und die ständische Differenzierung schritt voran. Einiges von dem Geschilderten spiegelt sich in den untersuchten Schriftstücken wider. Zum einen begegnen uns beispielsweise die Ablösung von Sach- durch Geldleistungen, aber auch Beschwerden wegen widerrechtlich erhobener Sonderabgaben spielen eine Rolle. Hier ist insbesondere die *hanzei*-Abgabe zu erwähnen, die für die *shugo* zu einem wichtigen Werkzeug wurde, um in zunehmendem Maße an den *shōen* in ihrem Amtsbereich partizipieren zu können. Ihnen selbst erleichterte sie sehr die Etablierung als Lokalmacht, die betroffenen Domänen hingegen wurden spürbar geschwächt. Nach Wintersteen trieb sie die Auflösung des *shōen*-Systems mit voran: Unter den ersten drei Ashikaga-Herrschern verschlechterte sich die Situation der *shōen* aufgrund der Kämpfe zwischen dem nördlichen und südlichen Kaiserhof ohnehin merklich. Sofern sie nicht durch diese kriegerischen Auseinandersetzungen des 14. Jahrhunderts zerstört wurden, mussten sie Eingriffe in Form der *hanzei*-Praxis erdulden; die *shōen* waren im 14. Jahrhundert unausweichlich dem Untergang geweiht (Wintersteen 1988b: 210, 220). Die *hanzei*-Abgabe illustriert auch recht anschaulich die bereits oben angesprochene generelle Verlagerung der Macht von der zentralen auf die lokale Ebene. Sie war anfänglich vom *bakufu* als temporäre Sonderleistung und nur in wenigen Provinzen eingeführt worden, um die Truppen der Ashikaga und ihrer Verbündeten in den militärischen Auseinandersetzungen am Übergang von der Kamakura- zur Muromachi-Ära zu unterstützen. Ab Mitte des 14. Jahrhunderts ist aber bereits eine Ausweitung auf alle hauptstadtnahen Provinzen und eine Tendenz zur Verstetigung zu beobachten, was zahlreiche Beschwerden betroffener Grundherren beim *shōgun* zur Folge hatte. So auch seitens des Tōdaiji (Regest # 42). Aber selbst wenn das *bakufu* per Unterlassungsverfügung eingreifen wollte, hielten sich viele *shugo* nicht daran. Das lag u.a. daran, dass die Ashikaga ihre Herrschaft in den Provinzen nur mit ihrer Hilfe umsetzen konnten, was ihre Position gegenüber den *shugo* schwächte (Wintersteen a.a.O.: 219). Da die *hanzei*-Leistung nur von den *shugo* eingefordert werden durfte, verschaffte sie diesen auch einen deutlichen Vorteil im Konkurrenzkampf mit anderen aufstrebenden lokalen Kräften, die nicht mittels dieser Einnahmen ihren Wohlstand und ihre militärische Stärke ausbauen konnten.

Die *shugo*, nun schon mehrfach erwähnt und im Deutschen im Allgemeinen als Provinz- oder Militärgouverneure (auf Provinzebene) bezeichnet, waren eine zentrale Erscheinung der Kamakura- und mehr noch der Muromachi-Herrschaft. Das äußert sich u.a. in der Häufigkeit ihrer Involvierung in Verwaltungsakte aller Art und den dazugehörigen Schriftverkehr. So hat ein Drittel der hier untersuchten Minase-Dokumente mit dem *shugo* der Provinz Settsu oder seinem Stellvertreter vor Ort zu tun: Entweder fungierten sie als Absender/Mittler/Empfänger der Schriftstücke oder sie waren Gegenstand derselben (z.B. bei Klagen über Fehlverhalten o.ä.). Die *shugo* stellten die wichtigste Verbindung des *bakufu* zu den Provinzen und seinen dort ansässigen Vasallen dar und waren vor Ort die höchsten Vertreter des *shōgun*, damit also auch Ansprechpartner für alle Nicht-Vasallen, wenn es um Belange ging, die Instanzen des *bakufu* tangierten. Den *shugo* unterstanden im Auftrag der Shōgunatsregierung u.a. Aufgaben der regionalen Justiz-, Polizei- und Abgabenverwaltung; von Bedeutung dabei waren die Klärung von Streitfällen um Bodenbesitz, das Recht, Güter von Verbrechern zu konfiszieren und nach eigenem Ermessen anderen zu übertragen, womit sie den Kreis ihrer Unterstützer und ihre Machtposition ausbauen konnten, sowie das bereits erwähnte Recht, vom *bakufu* erhobene Abgabenleistungen einzutreiben (Beispiel *hanzei*).[7] Im Laufe der Zeit, insbesondere in der Muromachi-Periode, veränderte sich ihre Rolle ganz erheblich. Hatten sie anfänglich entscheidend mit dafür gesorgt, dass sich die Kamakura-Herrschaft aufbauen und festigen konnte, gehörten sie später stattdessen zu den wichtigsten Totengräbern des Shōgunats. Sie lösten sich zunehmend von der Zentralgewalt und erlangten auch bzw. vor allem unter Ausnutzung ihrer Amtsbefugnisse einen beachtlichen Grad an Unabhängigkeit. Ihr machtorientiertes Ausbrechen aus dem Gefüge des *bakufu* untergrub dessen Verbindung zu den Provinzen und damit zu dessen Vasallen und Einkommensquellen. Indem sie sich anstelle der Shōgunatsverwaltung als regionale Herrscher in ihren Territorien etablierten, waren sie wesentlich an der Destabilisierung und schließlich am Untergang des Muromachi-*bakufu* beteiligt.

Zeitgleich wurden die anderen beiden Portale – Hofadel und Klerus – in ihren existenziellen Grundfesten erschüttert. Die Lage der *shōen*, Grundlage ihrer Einkünfte und Handlungsfähigkeit, war bereits seit dem Ende des 12. Jahrhunderts v.a. durch das Wirken der *jitō* – im Deutschen i.d.R. mit „Vogt" wiedergegeben – zunehmend schwieriger geworden. *Jitō* waren landsässige Verwalter im Dienste des *bakufu*, die im Unterschied zu den *shugo*, die als *bakufu*-Vertreter auf Provinzebene agierten, direkt in die *shōen*-Verwaltung eingriffen und einen Teil ihrer Erträge abschöpften, da mit dem Posten Einnahmerechte am betref-

7 Diese weitreichenden Befugnisse bildeten sich jedoch erst im Verlaufe der Kamakura- und v.a. auch in der Muromachi-Zeit heraus. Der 1232 promulgierte Rechtskodex des Kamakura-Shōgunats (*Goseibai shikimoku*) definierte die Aufgaben und Rechte der *shugo* noch deutlich enger. Bereits der dritte von insgesamt 51 Artikeln stand unter der Überschrift „Wie die *shugo* der Provinzen [ihr Amt] ausüben sollen" (*Shokoku shugonin bugyō no koto* 諸國守護人奉行事). Dem zufolge oblag ihnen ausdrücklich nur die Rekrutierung von Personen für den Wachdienst bei Hofe (*ōban'yaku*), die Untersuchung von Mord und Rebellion (gegen den kaiserlichen Hof oder gegen das *bakufu*) sowie die Verfolgung, Festnahme und Bestrafung von Mördern und Rebellen. Diese drei Grundbefugnisse wurden als *daibon sankajo* (auch *taibon sankajo*) bezeichnet, als die „drei Klauseln für schwere Verbrechen". Außerdem hatten sie zu überwachen, dass gegen die zu der Zeit – kurz nach den Jōkyū-Unruhen – häufigen Überfälle durch marodierende Räuberbanden, Wegelagerer und Piraten vorgegangen wurde. Untersagt war es ihnen allerdings, sich in die Aufgabenbereiche der zivilen Provinzverweser (*kokushi*) und die vom *bakufu* eingesetzten Vögte (*jitō*) sowie in die Hoheitsbereiche der *shōen*, Tempel und Schreine einzumischen. *Shugo*, die dem zuwiderhandelten, sollten beim *bakufu* angeklagt, öffentlich gerügt und umgehend aus dem Amt entlassen werden. Auch die später legitime eigenmächtige Beschlagnahme und persönliche Verwendung oder Weitervergabe des Besitzes von Verbrechern (Grundstücke, Häuser, Mobiliar) war laut Artikel 4 des *Goseibai shikimoku* noch verboten. Dies durfte nur auf Weisung des *bakufu* geschehen und *shugo*, die dies missachteten, drohte ebenfalls der Verlust ihres Amtes. Vgl. Originaltext unter http://mahoroba.lib.nara-wu.ac.jp/y05/html/357/s/p003.html bis .../p005.html. Siehe auch Satō Shin'ichi et al.: 3ff. Modern-japanische Textversion der Tamagawa-Universität et al. unter http://www.tamagawa.ac.jp/sisetu/kyouken/kamakura/goseibaishikimoku/index.html, Stand 20.02.2019.

fenden Gut verbunden waren. Sie kontrollierten in ihrem Verantwortungsbereich v.a. die Abgaben und Dienste, übten aber auch lokale Gerichtsbarkeit aus. In der *shōen*-internen Verwaltungsstruktur waren sie den *gesu* vergleichbar, den vom Grundherren eingesetzten lokalen Verwaltern mit nahezu gleichen Befugnissen. Überlicherweise wurden die Aufgaben zwischen den örtlichen Vertretern von *bakufu* und Grundherren aufgeteilt. Dieses Nebeneinanderbestehen von *jitō* und *gesu* war laut Mass (1974: 136) ein wichtiges Element der dualen Herrschaft der Kamakura-Zeit. Häufig überschritten die *jitō* die Grenzen ihrer Befugnisse, was zu Unmut bei den Eigentümern und Verwaltern der betroffenen Güter führte. Ein Großteil der Klagen von Grundherren nach 1185 hatte daher die Forderung nach Abberufung oder Bestrafung eines *jitō* zum Inhalt (Mass 1974: 129), was auch im Umfeld der Regesten # 9 und 10 zum Ausdruck kommt. Mitte des 13. Jahrhunderts hatten sich die Grundherren jedoch in gewisser Weise mit der Situation abgefunden. Statt vom *bakufu* die Abberufung der *jitō* zu fordern, bemühten sie sich nun vermehrt um Kompromisse mit ihnen in Form sogenannter *ukesho* (ebd.: 201). Das waren Vereinbarungen, mit denen die Grundherren die Verwaltung ihrer Güter ganz oder teilweise in die Hände der *jitō* legten, die sich dafür im Gegenzug zur Zahlung einer jährlichen Rente verpflichteten. Die *jitō* sahen das als Chance, persönliche Herrschaft über das betreffende Gebiet zu erlangen, was zu Auseinandersetzungen mit den Grundherren und vielfachen Beschwerden beim *bakufu* führte. Zur Befriedung wurden die fraglichen Güter dann oft hälftig zwischen Grundherr und *jitō* geteilt, und beide erhielten die volle Verfügungsgewalt über jeweils ihren Teil der Domäne. Bei dieser als *shitaji chūbun* bezeichneten Übereinkunft trat der Grundherr zwar einen Teil seiner Einnahmen und Rechte an den *jitō* ab, musste dafür aber dessen Einmischung in die Belange seines verbliebenen Territoriums nicht mehr akzeptieren. Für die *jitō* war es ein ganz wesentlicher Schritt auf dem Weg, sich ähnlich der *shugo* als eigenständige lokale Machthaber zu etablieren. Nicht selten setzten sie mehrere Stellvertreter in ihren Amtsbereichen ein und schufen damit eigene lokale Hierarchien, in die auch örtliche Beauftragte der Grundherren eingebunden wurden.

Im Zuge der landesweiten Zerrüttungen und Zerfallserscheinungen während der Muromachi-Zeit brach die Verbindung der Grundherren zu ihren Gütern dann immer mehr zusammen, was nicht nur einen spürbaren Rückgang oder gar Totalausfall der jeweiligen Einnahmen zur Folge hatte, sondern letztlich die Auflösung des *shōen*-Systems als Ganzes bewirkte. Die mehrheitlich stadtsässigen Grundherren waren bei der Verwaltung ihrer Ländereien wie die Zentralregierung bei der Kontrolle der Provinzen auf ihre ortsansässigen Vertreter und Amtsleute angewiesen, die das System jedoch genau wie die *shugo* und *jitō* zunehmend untergruben und sich u.a. durch Übernahme von Domänenland zu lokalen Potentaten entfalteten. Im Großraum Nara/Kyōto, wo auch das Minase-Gebiet liegt, dauerte dieser Prozess zwar etwas länger als in den hauptstadtferneren Provinzen, da die Grundherren hier aufgrund der räumlichen Nähe zu ihren Besitzungen länger Einfluss auf die Entwicklungen nehmen konnten. Die Störung der internen Herrschaftsstruktur potenziert durch einen massiven äußeren Druck seitens des *bakufu* (z.B. durch Übergriffe von *bakufu*-Kräften) führte aber dazu, dass die meisten Grundherren die direkte Herrschaft über ihre Güter nicht mehr aufrechterhalten konnten. Sie suchten zunächst einen Ausweg in einem „Vereinbarungssystem" (*ukeoi sei*/*ukeoi taisei*), das den Zerfallsprozess der *shōen* aber nicht aufhalten konnte, sondern ihn im Gegenteil letztlich wohl noch beschleunigte. Denn die lokalen Kräfte wie die örtlichen Verwalter (*daikan*), die mit ihrem Bestreben nach

Machtausbau und Eigenständigkeit de facto seit langem ein Teil des Problems waren, erhielten im Rahmen von Übernahmevereinbarungen, den sogenannten *daikan uke* („Stellvertreterkontrakte“), gegen Zahlung eines festgelegten jährlichen Zinses die volle Verfügungsgewalt über das gesamte Gut oder Teile davon, vergleichbar den *jitō uke*[8] oder auch den o.g. *shitaji-chūbun*-Vereinbarungen mit den *jitō*. Der Grundherr selbst zog sich aus den Belangen der Gutsverwaltung komplett zurück. Sein Interesse daran reduzierte sich auf die Zahlung des vereinbarten Jahreszinses. Die zugrunde liegende Vereinbarung war allerdings an die pünktliche Zahlung dieses Zinses gebunden. Blieb sie aus oder ergaben sich andere Probleme auf seiten des Nutzungseigentümers, konnten der Vertrag gelöst und die Verfügungsrechte einer anderen Person übertragen werden. Diese Praxis begünstigte das Streben der lokalen Potentaten nach Auf- und Ausbau einer regionalen Herrschaft ungemein, verschaffte es ihnen am Ende doch einen wichtigen Zuwachs an Grundbesitz. Regest # 60, das letzte auf uns gekommene Dokument des Tōdaiji-Gutes Minase, widerspiegelt genau diese Situation für den Tempel in seinem Verhältnis zum Minase no shō zu Beginn des 16. Jahrhunderts. Es ist davon auszugehen, dass dies eine deutliche Begleiterscheinung für die Auflösung der Herrengewalt des Tōdaiji über das Minase-Gut war.

1.2 Gegenstand der Analyse und verwendete Quellen

Im Fokus der Untersuchung steht das Gebiet Minase, ehemals Teil der Provinz Settsu (Settsu no kuni). Es büßte auch während der Kamakura- und Muromachi-Zeit nichts von der Bedeutung ein, die es bereits in der vorangegangenen Heian-Zeit hatte.[9] Politisch und wirtschaftlich waren die Nähe zu den damaligen hauptstädtischen Zentren Kyōto und Nara sowie die direkte Lage am Yodo-Fluss (Yodogawa) von großem Gewicht. In den Städten konzentrierten sich die politischen und geistig-religiösen Eliten des Landes, in der Muromachi-Zeit zusätzlich die militärischen; der Yodo-Fluss mündete in die Bucht von Ōsaka und fungierte als zentraler Verkehrsweg mit einem Hauptumschlaghafen in Yamazaki/Ōyamazaki, d.h. in direkter Nachbarschaft zu Minase.[10] Abgaben- und andere Warentransporte wie auch Reisegesellschaften von Kaiserhof und Shōgunatsregierung nahmen ihren Weg über Minase/Yamazaki, wo entsprechend Lagerplätze, Brücken, Zollstationen und nicht zuletzt Residenzen für den Aufenthalt von Reisenden entstanden, die entweder auf der Durchreise waren oder gezielt länger hier Quartier nahmen, um sich beispielsweise an den jahreszeitlichen Schönheiten der Natur zu erfreuen, Jagden zu veranstalten oder Zuflucht vor Unruhen in der Hauptstadt zu suchen u.a.m.[11] Auch die Ursprünge der Villa Minase (Minase Dono, Minase Rikyū) gehen darauf zurück, die Kaiser Gotoba (reg. 1183–

8 Mit den *jitō uke* wurde eine Domäne dem Vogt (*jitō*) de facto als Immunitätsbezirk überschrieben und verpflichtete diesen einzig zur Abgabe eines fixierten Rentenbetrages (Gerber: 83).

9 Siehe dazu die in Anm. 1 genannte Vorgängerstudie, insbesondere S. 36f und 47ff.

10 Zum mittelalterlichen Ōyamazaki siehe die umfangreiche Studie von Gerber *Gemeinde und Stand: die zentraljapanische Ortschaft Ōyamazaki im Spätmittelalter*.

11 In den verschiedenen Quellenkonvoluten finden sich zahlreiche Erwähnungen dieser Art. Die Edition der Schriftdokumente zur Geschichte von Yamazaki/Ōyamazaki – *Ōyamazaki chōshi shiryōhen* – enthält z.B. eine Reihe von Notizen über höfische Reisegesellschaften wie auch über Aufenthalte des *shōgun* in der Region (a.a.O.: 59, 60, 87). Siehe auch Regesten # 2, 3, 5, 6, 29.

1198) nach seiner Abdankung als Sommerresidenz errichten ließ und die in unserer Untersuchung wiederholt eine Rolle spielt. Erwähnt werden müssen auch die Ölhändler und die Ölgilde, die die Entwicklung von Handel und Gewerbe in und um Yamazaki maßgeblich beeinflussten.[12]

Die Region war also in vielerlei Hinsicht bedeutsam. Ihre zentrale Lage stellte sie in den Brennpunkt der gesellschaftlichen, wirtschaftlichen und sozialen Entwicklungen und konnte diese – je nach Situation – sowohl forcieren als auch bremsen. Die *shōen* entfalteten sich im hauptstadtnahen Bereich, zu dem Minase gehörte, besonders früh und zahlreich[13] und kollabierten später als in hauptstadtferneren Gegenden (darauf wurde unter Pkt. 1.1 bereits kurz eingegangen).

Gegenstand der Analyse bilden zwei übereinstimmend als Minase no shō bezeichnete und mit den gleichen Schriftzeichen (水無瀬荘, 水無瀬庄) geschriebene Domänen, die in direkter Nachbarschaft zueinander rechtsseitig des Minase-Flusses kurz vor dessen Einmündung in den Yodo-Fluss angesiedelt waren. Heute gehören beide Areale verwaltungsmäßig zur Gemeinde Shimamoto, Bezirk Mishima, Präfektur Ōsaka.

Das ursprüngliche und im Allgemeinen allein bekannte Minase no shō im Besitz des Tōdaiji in Nara bildet den Ansatzpunkt dieser Arbeit.[14] Es wurde im Jahr 756 gegründet und blieb bis zu seiner Auflösung im frühen 16. Jahrhundert im Eigentum des Tempels. Bis zur Mitte der Heian-Zeit partizipierte jedoch der kaiserliche Hof an den Gutseinkünften, die der Tempel teilweise an staatliche Einrichtungen – zentrale wie lokale – abzuführen hatte, und der Tōdaiji war bei der Ausübung seiner Herrengewalt noch auf die Unterstützung staatlicher Instanzen angewiesen. Das ist bis ins 11. Jahrhundert hinein quellenmäßig belegt, wenn auch in abnehmendem Maße. Im Verlaufe des 11. Jahrhunderts löste sich die Verflechtung mit dem höfischen Staat, begünstigt durch dessen allgemeine Krise, und der Tempel baute eine uneingeschränkte boden- und personenrechtliche grundherrliche Gewalt über das Minase-Gut auf:

- er wurde alleiniger Nutznießer der Gutseinkünfte;
- in Form der als *fuyu-ken* und *fu'nyū-ken* bezeichneten Immunitäten („Recht des Nicht-Lieferns“, „Recht des Nicht-Betretens“) wurde er von der Pflicht entbunden, innerhalb der Gutsgrenzen die Ausübung staatlicher Gewalt zu akzeptieren: es mussten keinerlei öffentliche Abgaben und Dienste mehr geleistet werden, auch Aktivitäten staatlicher Beauftragter wie Landvermessung, polizeiliche und richterliche Handlungen mussten nicht mehr zugelassen werden;
- die ursprünglich freien Zinsbauern („Staatsvolk“, *kōmin*) wandelten sich bis zum Ende des 11./Anfang des 12. Jahrhunderts zu grundhörigen Bauern („Gutsvolk“, *shōmin*), die

12 Ausführlich dazu bei Gerber *Gemeinde und Stand.*

13 Allein für die Provinz Settsu führte Tanaka (298) circa 150 *shōen* auf, die Datenbank des NJG enthält insgesamt 351 namentliche Einträge für *shōen*-Besitz in Settsu (www.rekihaku.ac.jp/up-cgi/login.pl?p=param/soue/db_param, Stand 21.09.2018).

14 Das Gebiet befindet sich heute im Zentrum des Stadtteils Tōdaiji (Shimamoto-chō, Tōdaiji 3 chōme; geografische Position 34°53'20.0"N 135°39'59.4"E).

das Gutsland bewohnten und bewirtschafteten und alle Abgaben und Dienste nur noch dem Tōdaiji als Grundherren schuldeten.[15]

Nunmehr geht es darum, anhand der auf uns gekommenen Schriftdokumente die weitere Entwicklung dieses Gutes vom 12. bis zum 16. Jahrhundert zu verfolgen. Bis auf wenige Ausnahmen[16] sind diese in Konvoluten des Tōdaiji selbst überliefert und archiviert: *Tōdaiji monjo*, *Tōdaiji yōroku* und *Tōdaiji zoku yōroku*, *Minase no shō monjo* (Bestandteil der Sammlung *Tōdaiji toshokan shozō monjo*). Editionen liefern die großen nationalen Sammelwerke wie das *Kamakura ibun*, *Nanbokuchō ibun*, *Dai Nihon komonjo* und *Dai Nihon shiryō*. Intensiv zurückgegriffen wird auch auf die sehr guten regionalhistorischen Editionen *Ōyamazaki chōshi*, *Shimamoto chōshi* und *Takatsuki shishi*.

Bis 1330 stehen uns Dokumente in relativer Dichte zur Verfügung. Danach nimmt ihre Zahl ab, aus dem 15. Jahrhundert sind keine Schriftquellen zum Tōdaiji-Gut Minase erhalten, erst aus den Jahren 1518 und 1519 gibt es wieder zwei Dokumente, die gleichzeitig die letzen Erwähnungen dieses Gutes sind (Regesten # 59 und 60). Die Gründe für die Überlieferungslücke können vielfältig sein und lassen sich im Nachhinein nicht aufklären. Es kann Zufall gewesen sein, es kann – gewollt oder ungewollt – partielle Zerstörungen gegeben haben (z.B. durch spätere Verwendung eventuell vorhandener Schriftstücke als Makulatur[17]), es kann genauso gut sein, dass es im betreffenden Zeitraum keine bedeutsamen Vorgänge zum Minase-Gut und dadurch weder Schriftverkehr noch irgendwelche anderen erhaltenswerten Niederschriften gegeben hat. Oder dass dem Tempel das Gut u.U. nicht mehr sehr wichtig war. Andere Tōdaiji-Güter sind im betreffenden Zeitraum quellenmäßig durchaus belegt. Um die vorhandene Lücke zu überbrücken, wurden die Schriftdokumente des erwähnten zweiten Minase-Gutes in die Analyse einbezogen, die Informationen über Vorgänge in dieser Region im Verlaufe des 15. Jahrhunderts vermitteln.[18]

Dieses zweite im Raum Minase angesiedelte und daher ebenfalls als Minase no shō bezeichnete Gut war über die Villa Minase und die später an gleicher Stelle eingerichtete Gedenkhalle für Kaiser Gotoba (Gotoba'in Mieidō, heute Minase Jingū) mit der kaiserlichen Familie verbunden. Eine kaiserliche Verfügung aus dem Jahr 1337 beschreibt die Lage wie folgt (Regest # 31):

---

15 Die Entstehung und frühe Entwicklung des Gutes wird ausführlich in der unter Anm. 1 genannten Studie dargestellt.

16 Zu nennen sind hier z.B. das Familienarchiv von Kanō Kōkichi, 1895–1942, japanischer Philosoph und Pädagoge (*Kanō Kōkichi shi shūshū monjo*) sowie das Archiv des Tempels Daibaiji in Sendai, ehemals Provinz Mutsu (*Mutsu Daibaiji monjo*), Regesten # 16 und 17.

17 Um kostbares Papier zu sparen, war es durchaus üblich, nicht mehr benötigte Schriftstücke noch einmal zu verwenden, indem man ihre Rückseite beschrieb. Derartige Dokumente werden als *uramonjo* („hinten/rückwärtig [beschriebene] Schriftstücke") bezeichnet. Wenn das spätere, rückseitige Schreiben auch nicht mehr von Belang war, wurde es häufig vernichtet. Trotzdem ist dank solcher *uramonjo* eine beachtliche Anzahl wertvoller Schriftzeugnisse mehr oder weniger zufällig auf uns gekommen, die ansonsten gewiss verlorengegangen wären. Ein Beispiel für solch ein *uramonjo* liefert Regest # 3.

18 Ungewöhnlich sind derartige Brüche in der Schrifttumsüberlieferung auf keinen Fall. Im Archiv des Hauses Hikita beispielsweise, in dem Dokumente mit Relevanz für die Geschichte der Gemeinde Yamazaki/Ōyamazaki tradiert wurden, sind im 13./14. Jahrhundert ebenfalls fast 100 Jahre nicht belegt (Gerber: 413).

Die in der Provinz Settsu gelegenen Güter Minase und Inouchi umgeben die Gedenkhalle für den ehemaligen Kaiser Gotoba in direkter Nachbarschaft. [...][19]

Erstmalige Erwähnung als Grundbesitz, nicht nur als kaiserliche Villa, fand dieses Minase-Areal im Jahr 1239 in Gotobas Vermächtnis. Darin überließ er seine Besitzungen (*shiryō*) Minase und Inouchi den Höflingen Minase Chikanari und dessen Vater Nobunari als Lehen (*chigyō*), um sich für ihre langjährigen Dienste u.a. als Verwalter seiner Villa in Minase erkenntlich zu zeigen und damit sie dort nach seinem Tode die Seelenzeremonien für ihn abhalten sollten (Regest # 9).[20] Das Gebiet blieb danach dauerhafter Lehnsbesitz der Minase-Familie, was z.B. ein Jahrhundert später, im Jahr 1336, in einer Verfügung des Exkaisers Kōgon noch einmal ausdrücklich bekräftigt wurde (Regest # 30).[21] Die explizite Bezeichnung als *shōen* begegnet uns erstmals im Jahr 1252 im Zusammenhang mit der Übertragung eines innerhalb der Gutsgrenzen gelegenen Allmendareals an den nahe gelegenen Nishi-Kannonji (Regest # 12). Die letzten Belege für dieses Minase-Gut stammen aus den Jahren 1541 und 1544. Da es sich jeweils nur um kurze Notizen handelt, wurden sie im Kapitel 4 nicht als extra Regest aufgenommen. Die Notiz vom Oktober 1541 ist eine Aufzeichnung aus der Regierungszeit von Kaiser Gonara[22] über ein nicht näher beschriebenes Verbot, welches dem Hosokawa-Vasallen „Kizawa Nagamasa[23], [dem] Gut Minase in Settsu, [der Gemeinde] Ōyamazaki in Yamashiro, [sowie den Tempeln] Chōfukuji und Ryūanji“ zur Kenntnis gegeben wurde.[24] Die zweite Notiz und letzte Erwähnung des Gotoba'in-Mieidō-Besitztums Minase, die d. Verf. ermitteln konnte, ist ein Tagebuchein-

19 Das Gebiet wäre heute im zentralen und west-/nordwestlichen Bereich des Stadtteils Hirose angesiedelt (Shimamoto-chō, Hirose 1 chōme bis 3 chōme; geografische Position 34°53′7.0″N, 135°40′22.0″E).

20 Das Gut Inouchi ist nach Auffassung der Verfasserin bereits gut zehn Jahre früher belegt. Zusammen mit der Villa Minase wurde es im Jahr 1228 in einer Nachlassverfügung der Mutter von Kaiser Gotoba erwähnt (Regest # 8). Die entsprechende Textstelle (水無瀬殿, dahinter in kleinerer Schrift 加井内庄) deutet d. Verf. als „Villa Minase zuzüglich Gut Inouchi“, was mit Blick auf die späteren Erwähnungen des Inouchi no shō im Zusammenhang mit dem Gut Minase durchaus Sinn macht. In der Datenbank des NJG wird 加 jedoch als Namensbestandteil gewertet und 加井内庄 daher als eigenständiges Gut Kaiuchi aufgeführt (www.rekihaku.ac.jp/up-cgi/login.pl?p=param/soue/db_param, Code-Nr. 0599037, Stand 29.12.2018) neben dem Gut Inouchi 井内庄 (Code-Nr. 0599011). Laut Datenbankeintrag lag das Kaiuchi no shō ebenfalls in der Provinz Settsu, nähere Ortsangaben sind jedoch unbekannt, und abgesehen von der o.g. Nachlassverfügung aus dem Jahr 1228 konnte es bislang in keinem anderen Dokument nachgewiesen werden (a.a.O.).
Das Inouchi no shō begegnet uns in Schriftstücken der Kamakura- und Muromachi-Zeit, i.d.R. im Zusammenhang mit dem Lehnsgut Minase (GMns). Seine genaue Lage ist nicht bekannt, aufgrund der überlieferten Daten weiß man jedoch, dass es direkt an das Territorium des Gotoba'in Mieidō grenzte (siehe Regest # 31) und in unmittelbarer Nachbarschaft des Minase no shō (GMns) lag, mit dem es wohl später verschmolz (siehe Regest # 55).

21 Eigentumsmäßig beteiligt waren neben Gotoba selbst auch dessen Mutter Shichijō Nyōin und anschließend seine Gattin Shumeimon'in. Letztere war den Lehnsinhabern und Nutzungseigentümern (*ryōke*) aus dem Hause Minase als Obereigentümerin (*honke*) übergeordnet (siehe Regesten # 8 und # 12–14).

22 Gonara Tennō: 1497–1557, regierte als 105. Kaiser 1526–1557. Wegen finanzieller Probleme des Hofes erfolgte die Inthronisierung nach einer landesweiten Spendensammlung jedoch erst zehn Jahre später.

23 Kizawa Nagamasa: 1493(?)–1542, hochrangiger Kriegeradliger, u.a. *shugo* von Yamashiro, erst Vasall der Hatakeyama, dann der Hosokawa.

24 *Gonara Tennō ki*, hier wiedergegebene Textstelle: https://clioimg.hi.u-tokyo.ac.jp/viewer/view/idata/T38/1541/12-2-2/6/0041?m=all&s=0041, Stand 11.02.2019.

trag von Yamashina Tokitsugu aus dem Jahr 1544.[25] Dort notiert er am 21. Tag des 7. Monats knapp, dass der *shōgun* Ashikaga Yoshiharu aufgefordert worden war, dem *shugo* von Settsu, Hosokawa Harumoto, durch Rokkaku Sadayori[26] eine Anweisung „die *kuji* des Minase-Gutes betreffend“ erteilen zu lassen. Auch hier gibt es leider keinerlei Hinweise darauf, was genau hinsichtlich der *kuji*-Abgabe (dazu Kapitel 3.2) angeordnet werden sollte. Festzuhalten bleibt jedoch, dass mit Hilfe dieser beiden Notizen das Lehnsgut der Familie Minase circa 20 Jahre länger nachweisbar ist als das Tōdaiji-Gut Minase. Das Minase-Lehnsgut ist allerdings deutlich unbekannter und seine quellenmäßigen Nennungen werden vielfach irrtümlicherweise dem gleichnamigen benachbarten Tōdaiji-Gut zugeordnet. Selbst die *shōen*-Datenbank des Nationalmuseums für japanische Geschichte (NJG) vermischt beide Güter sehr stark, bezieht schriftliche Dokumente des Tōdaiji-Gutes Minase einschließlich Ersterwähnung auf das Lehnsgut des Minase-Clans und führt letzteres auch als Besitztum des Tōdaiji auf.[27] In der vorliegenden Studie werden beide *shōen* erstmals in deutlicher Abgrenzung zueinander untersucht und dargestellt.

Die für das Lehnsgut der Familie Minase relevanten Schriftdokumente sind mehrheitlich im Minase Jingū als Teil des Konvolutes *Minase Jingū monjo* überliefert. Hinzu kommen Einträge in höfischen Annalen, privaten Tagebüchern und anderen persönlichen Niederschriften wie Gelübden/Gebeten/göttlichen Offenbarungen u.ä.[28] sowie in Archiven anderer religiöser Einrichtungen der Region (Hōshakuji, Nishi-Kannonji u.a.). Ediert liegen die Dokumente in den bereits oben genannten lokalhistorischen und nationalen Sammelwerken vor, zusätzlich wurde auf die Sammlungen *Zoku Gunsho ruijū* und *Kokushi taikei* zurückgegriffen.

25 Yamashina Tokitsugu: 1507–1576, hochrangiger Höfling, der maßgeblich an der kaiserlichen Finanzverwaltung beteiligt war. Sein Tagebuch (*Tokitsugu kyōki*) enthält Aufzeichnungen aus den Jahren 1527 bis 1576. Hier wiedergegebene Textstelle: https://clioimg.hi.u-tokyo.ac.jp/viewer/view/idata/T38/1544/12-3-2/3/0019?m=all&s=0019, Stand 11.02.2019.

26 Rokkaku Sadayori: 1495–1552, hochrangiger Kriegeradliger und Territorialherrscher (*shugo daimyō*), Inhaber diverser hoher *bakufu*-Ämter. Unter Yoshiharu war er stellvertretender Generalgouverneur des *shōgun* (*kanrei-dai*). In dieser Funktion sollte er im Namen des *shōgun* die o.g. Anweisung für Harumoto verfassen. Hosokawa Harumoto (1514–1563) war 1532–1547 *shugo* von Settsu.

27 Siehe www.rekihaku.ac.jp/up-cgi/login.pl?p=param/soue/db_param, Code-Nr. 0506003 , Stand 10.02. 2019. Es erfolgt jedoch ein Hinweis darauf, dass das Lexikon japanischer historischer Ortsnamen des Heibonsha-Verlages (*Heibonsha Nihon rekishi chimei taikei*) beide Güter als eigenständige Einheiten behandelt.

28 Minase-Einträge fanden sich u.a. im:
a) *Hyakurenshō*: gilt als das letzte große Werk der Hofannalistik der Kamakura-Zeit, unbekannter Verfasser. Weiteres bei Goch: 27.
b) *Meigetsuki*: Tagebuch des Fujiwara no Sadaie (Teika), verfasst zwischen 1180 und 1235. Es enthält neben literarischen Eintragungen auch vielfältige Notizen über politische, wirtschaftliche und gesellschaftliche Ereignisse und Normen seiner Zeit und ist damit eine wichtige Quelle zur Kamakura-Zeit.
c) *Minakawa-ke monjo*: Familienarchiv des Hauses Minakawa, einem auf die Fujiwara zurückgehenden Kriegeradelsgeschlecht. Das Archiv umfasst Schriften von der Kamakura- bis zur Edo-Zeit.
d) *Gotoba'in goreitakuki*: in der Nanbokuchō-Zeit zusammengestellte, chronologisch nicht geordnete Sammlung von Prophezeiungen, Gebeten, Gelübden u.ä. Schriften. Einige Einträge betreffen Gotoba, so ist u.a. sein Vermächtnis aus dem Jahr 1239 aufgenommen. Die Texte umspannen einen Zeitraum von 1236 bis 1350. Eröffnet wird die Sammlung mit einer Weissagung für eine Hofdame aus dem Hause Minase aus dem Jahr 1339 (Ryakuō 2/7/7). Den Abschluss bildet ein Vermerk aus dem Jahr 1309 (Einkei 2/8/27) den Kaiser und die Halle für Staatszeremonien im Daitokuji in Kyōto betreffend.

Beide Minase-Güter zusammen genommen vermitteln einen guten Überblick über die *shōen*-Entwicklung im Raum Minase bis zum frühen 16. Jahrhundert. Sie ermöglichen zudem die Analyse sowohl eines klerikalen Gutes (Tōdaiji) wie auch eines Gutes, das über Gotoba und die kaiserliche Familie, die Villa Minase und die Familie Minase an den Hofadel gebunden war. Es kann auf diese Weise ausschnittsweise nachgezeichnet werden, welchen Einflüssen die Domänen der zwei traditionellen gesellschaftlichen Eliten – des Hofadels und des Klerus – im Verlaufe der Kamakura- und Muromachi-Zeit ausgesetzt waren. Ihre große räumliche Nähe zueinander dürfte zur Folge gehabt haben, dass Veränderungen und Geschehnisse, politische, soziale und wirtschaftliche Prozesse in gleicher oder zumindest sehr ähnlicher Weise in beiden Gütern ihren Niederschlag fanden.

Sowohl die Schriftdokumente zum Tōdaiji-Gut Minase wie auch die zum Lehnsgut der Familie Minase sind in der vorliegenden Studie erstmals vollständig zusammengestellt, analysiert und kommentiert worden. Auch Übersetzungen in eine westliche Sprache liegen bislang für keine der hier erfassten Quellen vor.
Zur Vermeidung von Verwechslungen werden die beiden Güter – wo nötig – mit Kürzeln versehen, die ihre Zugehörigkeit deutlich machen. (TMns) markiert das Tōdaiji-Gut Minase, (GMns) bezeichnet das auf Kaiser Gotoba zurückgehende Minase-Gut im Lehnsbesitz der Familie Minase.

2. Auswertung der Quellen unter statistischen und inhaltlichen Gesichtspunkten

Ausgewertet wurden sämtliche Schriftdokumente, die aus dem Zeitraum 1188 bis 1544 zu den beiden Minase-Gütern auf uns gekommen sind. Insgesamt wurden sechzig Dokumente im Regestenteil übersetzt und kommentiert. Sie bilden die Grundlage der Studie. Eine Reihe weiterer Texte ist in Form von Fußnoten oder Kommentaren indirekt in die Untersuchung eingeflossen, teils als partielle Übersetzung, teils nur als inhaltliche Verweisung.

Die ausgewählten Quellen sollen sowohl unter inhaltlichen als auch unter statistischen Gesichtspunkten ausgewertet werden. Natürlich ist bei letzterem Zurückhaltung und Vorsicht geboten, da das Konvolut infolge des langen Überlieferungszeitraums eine Fülle von Veränderungen erfahren haben kann. Dennoch kann eine solche Betrachtung unter Berücksichtigung der zeitgenössischen gesellschaftlichen Vorgänge lohnenswert sein und zu interessanten Einblicken führen. Denn wenn die Dokumente einer bestimmten Phase z.B. ausschließlich oder mehrheitlich ein bestimmtes Thema zum Inhalt haben, darf wohl mit einiger Berechtigung davon ausgegangen werden, dass der entsprechende Sachverhalt den Nerv der Zeit traf und im Mittelpunkt der Aufmerksamkeit der beteiligten Personen oder Institutionen stand oder stehen musste. Es soll daher überprüft werden, ob es Auffälligkeiten bei Anzahl und/oder Inhalt der Dokumente gab (zeitliche Verteilung, Schwerpunktsetzung, Zusammenhänge mit politischen oder anderen Prozessen), in wessen Namen welche Dinge thematisiert wurden und wer zu welchem Zeitpunkt vorrangig als Empfänger/Aussteller/Absender in Aktion trat.

Mit Ausnahme der erwähnten Überlieferungslücke im 15. Jahrhundert für das Tōdaiji-Gut verteilen sich die Dokumente relativ gleichmäßig über den gesamten untersuchten Zeitraum. Zwei Phasen weisen jedoch eine gewisse Ballung von Schriftstücken auf, die in einen ursächlichen Bezug zum Zeitgeschehen gesetzt werden können. Das wären zum einen die Jahre 1200–1249, speziell 1221–1240, also vorrangig die Zeit des Jōkyū-Krieges und seiner Folgen. Das *bakufu* war aus dem Konflikt siegreich hervorgegangen und hatte eine Welle von Veränderungen in Gang gesetzt, mit denen es seine Position der höfischen Administration gegenüber zu festigen suchte. Dazu gehörten in allen Provinzen *shugo*-Ernennungen, aber vor allen Dingen auch landesweite Eingriffe in die *shōen*-Verwaltung mittels der Entsendung einer Reihe neuer *jitō* in die Landgüter von Hofadel und Klerus, was zu Unmut und Beschwerden seitens der Betroffenen führte. Das spiegelt sich in den Dokumenten aus jenen Jahren wider.[1] Sie betreffen u.a. die Ernennung von *shugo* und *jitō* in der Provinz Settsu (Regest # 7, 1221, war eine der ersten *jitō*-Ernennungen nach dem Jōkyū-Krieg) wie auch die Abberufung des *jitō* aus Minase (Regest # 10, 1240). In dem letztgenannten

1 Mass (1985: 23) erwähnt, dass das *bakufu* laut *Azuma kagami* nach dem Jōkyū-Krieg 3.000 Landgüter konfisziert und zahlreiche neue *jitō*-Posten eingerichtet haben soll, was historisch jedoch nicht belegt sei.

Schreiben beklagt der Aussteller Ashikaga Yoshiuji – ein Neffe des *bakufu*-Begründers Minamoto no Yoritomo und Inhaber diverser höherer Ämter – ganz offen, dass es klare Anweisungen zur Abberufung des *jitō* gäbe, dass es aber mehrfach Schwierigkeiten mit dem Befehl gegeben habe sowie Versuche, diesen zu umgehen. Konkrete Gründe für die Abberufung werden zwar nicht genannt,[2] es deuten sich hier jedoch schon Probleme zwischen der Zentralregierung (*bakufu*) und ihren lokalen Amtsträgern an. Goble zufolge hat es während der gesamten Kamakura-Zeit Klagen des *bakufu* über die Amtsführung seiner Beamten gegeben, besonders häufig seien sie allerdings aus den Jahren 1238 bis 1261 überliefert (Goble: 43). Die Jahre nach dem Jōkyū-Krieg waren also nicht nur im Verhältnis zwischen den alten Eliten und dem Shōgunat schwierig, sondern auch *bakufu*-intern.

Anhand der uns vorliegenden Quellen können wir nachvollziehen, dass sich die Situation in der folgenden Muromachi-Zeit nicht verbesserte. Hier bildete die Phase der Nanbokuchō-Zeit, einer von Unruhen und Instabilität gezeichneten Periode zu Beginn der Ashikaga-Herrschaft (auf S. 7 wurde darauf eingegangen), einen ersten Schwerpunkt. Die Minase-Quellen konzentrieren sich auf die Jahre 1357–1385 und haben fast ausschließlich (7 von 10 Texten) Probleme mit lokalen Amtsleuten der Shōgunatsregierung zum Inhalt. Es geht v.a. um unberechtigte Abgabenforderungen (4 Texte, Regesten # 40–43) sowie um Amtsverfehlungen von *bakufu*-Beauftragten (3 Texte, Regesten # 36–38).

Die Schriftstücke # 40 bis 43 datieren aus den Jahren 1374 bis 1385 und drehen sich im Wesentlichen um die Bestätigung bereits bestehender Freiungen, die von örtlichen Abgabenverantwortlichen ignoriert worden waren, und damit im Zusammenhang um die Forderung nach Einhaltung entsprechender Zutrittsverbote zu den Gütern. Es ging sowohl um Abgaben für den kaiserlichen Hof wie auch um Abgaben für das *bakufu*. Beispiele sind die *tanmai*- und *hanzei*-Leistungen. Das Wesen dieser Abgaben wird an späterer Stelle noch beleuchtet. Hier steht nur im Fokus, dass es sich in beiden Fällen ursprünglich um temporär erhobene zentrale Sondersteuern für den kaiserlichen Hof und die Shōgunatsregierung handelte, die von den lokalen Amtsträgern jedoch trotz explizit bestehender Freiungen anhaltend eingefordert wurden. Inhalt und teilweise auch Tonfall des daraus resultierenden Schriftverkehrs machen deutlich, dass die Erhebungs- und Zutrittsverbote immer wieder missachtet wurden und wiederholt neu eingeklagt werden mussten. Dabei dürfte nicht nur die Eigenmächtigkeit der lokalen Zuständigen eine Rolle gespielt haben, sondern – mitten in der Nanbokuchō-Zeit – auch die Rivalitäten zwischen dem nördlichen und südlichen Hof. In den Regesten # 40 und 41, beide aus dem Jahr 1374, begegnen wir einer Konstellation, die vor solch einem Hintergrund gesehen werden kann: Vertreter des *bakufu* und des *bakufu*-treuen nördlichen Hofes drängen darauf, dass den Abgesandten des Sumiyoshi-Schreins das Betreten der Güter und Einziehen von Abgaben für Bauarbeiten am Schrein verwehrt wird. Der im heutigen Ōsaka, Stadtbezirk Sumiyoshi, gelegene Schrein unterstützte den konkurrierenden südlichen Hof und wurde während der Nanbokuchō-Zeit von diesem als Residenz genutzt.

2 Möglicherweise steht die Abberufung des *jitō* im Jahr 1240 im Zusammenhang mit Gotobas Vermächtnis von 1239/2/9 (Regest # 9). In einem Brief, den Gotoba einen Tag später (1239/2/10) an Minase Nobunari verfasste, betont er, dass sein letzter Wille gleichermaßen vom Hofadel wie vom Kriegeradel zu respektieren sei und dass Kamakura seinen *jitō* zurückziehen und aufhören müsse, seinen Kriegern Ämter in Minase zu übertragen (KI 8:5383, ebenso Regest # 9, Anm. 9).

Die Dokumente # 36, 37 und 38 datieren aus den Jahren 1357, 1366 und 1367. Sie betreffen die offenbar kritikwürdige Amtsführung eines gewissen Akutagawa Umanojō Nobusada. Die Akutagawa waren eine führende Kriegeradelsfamilie aus Settsu, die dort in der Muromachi-Zeit wiederholt als Abgesandte des *bakufu* (*shisetsu*) eingesetzt waren. Auch Nobusada stand den Quellen zufolge in Settsu im Dienst des *shōgun*, genaue Lebensdaten und Funktionen konnten allerdings nicht ermittelt werden. Anlass für das Schriftstück # 36 war eine Klage des Minase-Verwalters Sadakatsu (GMns), der zufolge Nobusada u.a. die Verwaltungshoheit des Gutes verletzt hatte. Auf diese und möglicherweise weitere solcher Beschwerden folgten (mindestens) die drei genannten Schriftstücke im Auftrag des *shōgun*. Sie beinhalten neben einem deutlichen Tadel am Fehlverhalten des Nobusada auch die wiederholt formulierte Aufforderung an ihn, sich nicht in die Hoheitsbelange des Minase-Gutes einzumischen (Regesten # 36 und 38). Im Dokument # 37 wird dem Verwalter bestätigt, dass bestimmte, konkret aufgeführte Nassfeldflächen zum Gutsterritorium gehören. Aufschlussreich ist dabei die Verwendung der Begriffe *watashijō* und *satatsuke*. Ersteres waren Begleitschreiben, die während der Muromachi-Zeit v.a. im Zusammenhang mit Landbesitzvorgängen (Klärung von Streitfällen, Besitzübertragungen etc.) im Schriftverkehr der Shōgunatsverwaltung ausgefertigt wurden. Bei *satatsuke* handelte es sich im mittelalterlichen Prozesswesen um Schriftstücke, mit denen bei Bodenstreitigkeiten eine Partei die Rechte am strittigen Areal zugesprochen bzw. bestätigt bekam, sofern sie vorher die Rechtmäßigkeit ihrer Ansprüche belegen konnte. In der hier betroffenen Nanbokuchō-Ära wurden sie dem Prozesssieger vom zuständigen *shugo* oder – wie im Fall des Dokumentes # 37 – von Beauftragten des *shōgun* ausgestellt und übermittelt. Es wird hier also deutlich, dass Nobusada ganz offensichtlich anhaltende Versuche unternommen hatte, das Minase-Gut (GMns) ganz oder teilweise zu usurpieren, indem er wohl auch behauptete, bestimmte Bereiche würden nicht zum Gutsbesitz gehören. Der Streitfall wurde vermutlich Anfang oder Mitte der 1360er Jahre der Shōgunatsregierung zur Entscheidung vorgelegt, die zugunsten des Grundherren bzw. seines Verwalters urteilte. Die daraus hervorgegangene schriftliche Bestätigung der Besitzansprüche (# 37) war für Verwalter und Eigentümer des Gutes ein entscheidender Beleg, um sich gegen weitere Übergriffe zur Wehr setzen zu können.[3]

Auch die Dokumente # 46 bis 58 aus den Jahren 1438 bis 1517 handeln fast durchgängig von Schwierigkeiten bei der Umsetzung von Freiungen und Zutrittsverboten. Beispielhaft seien hier die Schriftstücke # 51 bis 53 kurz erläutert, da sie verschiedene Facetten der vielschichtigen Konflikte veranschaulichen: Im 4. Monat des Jahres 1458 (Regest # 51) ordnete der *shōgun* Ashikaga Yoshimasa an, dass die beiden Minase-Territorien Inouchi und Zenpōji umgehend als völlig eigenständig verwaltete Besitzungen (*mattaku ryōchi*) und als Gebiete ohne Zutrittsrecht für Beauftragte des *shugo* (*shugo-shi fu'nyū no chi*) anzusehen sind. Der Gewohnheit entsprechend dürften keine Abgaben und Dienstpflichten für den *shugo* eingefordert werden. Diese nur wenige Zeilen umfassende Verfügung ist aus verschiedenen Gründen aufschlussreich. Zum einen war sie eine sehr klare und bemerkenswert weitreichende Freiungsanweisung, bestätigte sie dem Minase-Verwalter (GMns) doch von

3 Das Schreiben im Regest # 57 zeigt solch einen Fall: Der Verwalter des Minase-Gutes (GMns) forderte darin die Einhaltung des Zutrittsverbotes zum Gut unter Berufung auf eine entsprechende Verfügung des *shōgun*, die sich in seinem Besitz befände.

Seiten des *bakufu* eine umfassende Immunität dieser Areale. Die Shōgunatsregierung verzichtete darauf, ihre Beauftragten in diese Gebiete zu entsenden, um dort Verwaltungsgewalten auszuüben, und erklärte sie stattdessen zu Territorien, die vollständig (*mattaku*) der Besitz- und Verwaltungshoheit (*ryōchi*) ihres Eigentümers resp. Verwalters unterstanden.[4] Wie weiter oben bereits erwähnt, waren die einzelnen Portale – Hofadel, Klerus, Kriegeradel – bis zu einem gewissen Grad aufeinander angewiesen und zu diversen gegenseitigen Zugeständnissen gezwungen. Dazu gehörte auch die Anerkennung hoheitlicher Rechte in Bezug auf die Landbesitzungen, obwohl die Shōgunatsregierung auf die Teilhabe an deren Erträgen durchaus angewiesen war. Auf diese Weise konnte das *shōen*-System viele Jahrhunderte überdauern, und ihre Eigentümer (Hofadel, Klerus) konnten lange Zeit eine bedeutende gesellschaftliche Kraft bleiben, die wiederum alles daransetzte, die *shōen* – Hauptquelle ihrer Einkünfte – am Leben zu erhalten. Zu einem entscheidenden Störfaktor in diesem System wurden die lokalen Potentaten, die als örtliche und regionale Verwalter die Administration der Landgüter in den Händen hielten. Die stadtsässigen Eigentümer waren wie die ebenfalls stadtsässige Shōgunatsregierung darauf angewiesen, dass ihre Verwalter und Amtsleute vor Ort in ihrem Sinne agierten. Dass sie das im Verlaufe der Kamakura- und vor allem in der Muromachi-Zeit immer weniger taten, tritt auch in dieser *shōgun*-Verfügung zutage. Denn sie bekräftigte einen schon länger bestehenden, bereits zur „Gewohnheit" gewordenen Zustand, der von den örtlichen Abgabenbeamten aber offensichtlich ignoriert worden war, sodass der *shōgun* die Einhaltung der Freiung einfordern musste. Ein halbes Jahr später, im 10. Monat des Jahres 1458 (Regest # 52), gab der *shugo* von Settsu diesen Befehl an seinen Stellvertreter vor Ort weiter und ordnete dessen umgehende Umsetzung an, die genannten Güter dürften ab sofort nicht mehr zum Zwecke der Abgabenerhebung betreten werden. Trotz dieser eindeutigen Vorgaben scheinen es die örtlichen Zuständigen mit der Einhaltung der Freiung und des Zutrittsverbotes nicht sehr genau genommen und Anlass zu weiteren Beschwerden gegeben zu haben. Denn dreißig Jahre später, im 9. Monat des Jahres 1486 datiert ein Schreiben, in dem der Stellvertreter des *shugo* von Settsu einen lokalen Beamten dringend ermahnt, der *shōgun*-Verfügung aus dem Jahr 1458 Folge zu leisten und keine Abgaben mehr zu erheben (Regest # 53). Dass die Ermahnung dauerhaft fruchtete, darf angesichts der Aussagen weiterer Quellen und der gesamten gesellschaftlichen Situation bezweifelt werden. Tatsächlich sind aus den Jahren 1513 und 1517 Schriftstücke ganz ähnlichen Inhalts überliefert. Minase Hidekane wandte sich im 3. Monat des Jahres 1513 als Verwalter des Minase-Gutes (GMns) an eine nicht näher bezeichnete höhere Instanz und beklagte, dass die Beauftragten des *shugo* das Zutrittsverbot zum Gut missachteten (Regest # 57). Er verwies darauf, dass er eine Verfügung des *shōgun* besitze, der zufolge *shugo*-Beauftragte kein Zutrittsrecht zu seinem Territorium besäßen. Denkbar, dass es sich dabei um die oben besprochene Anordnung vom 4. Monat des Jahres 1458 handelte (Regest # 51). 1517 wies der *shugo* von Settsu dann seinen Stell-

4 *Ryōchi* war in der Rechtsvorstellung der Kamakura-Zeit gleichbedeutend mit *chigyō* („ein Territorium verwalten"), was im Allgemeinen mit „Lehen" übersetzt wird. Später bedeutete es, ein Gebiet vollständig zu besitzen und zu verwalten/zu beherrschen. Zöllner definiert *ryōchi* daher als allodialen Besitz (Zöllner: 147). In früheren Dokumenten wird Minase (GMns) noch als *chigyō* bezeichnet, was auf noch schwächer ausgeprägte Verfügungsrechte als im hier betroffenen Zeitraum, Mitte des 15. Jahrhunderts, schließen lässt (siehe Regesten # 19 aus dem Jahr 1294 und # 30 aus dem Jahr 1336).

vertreter aufgrund einer (weiteren?) Mitteilung des Verwalters Hidekane an, im Besitztum Minase der Gewohnheit entsprechend keine Abgaben und Dienste mehr für den *shugo* einzufordern und den entsprechenden Beauftragten den Zutritt zum Gutsgebiet zu untersagen (Regest # 58). Die vom *shōgun* ausgesprochenen und mehrfach bekräftigten Immunitätsrechte wurden also weiterhin auf lokaler Ebene ignoriert.

Ein gleiches Bild zeichnen bereits die wenige Jahre vorher verfassten Dokumente # 46 (1438) bis # 48 (1442). Unter Bezugnahme auf eine Mitteilung des Minase-Verwalters Minase Suekane erlässt der *shōgun* Ashikaga Yoshinori am 4. Tag des 4. Monats des Jahres 1438 die Verfügung, dass im Gut Minse (GMns) der Gewohnheit entsprechend keine Abgaben für das *bakufu* eingefordert werden dürfen und die Entsendung von Beauftragten des *shugo* zum Zwecke der Abgabenerhebung zu unterbleiben hat. In diesem Fall reicht der zuständige *shugo*, Hosokawa Mochiyuki, den Befehl bereits drei Tage später (1438/4/7) an seinen Stellvertreter vor Ort, Nagashio Munenaga, weiter mit der Anweisung, ihn unverzüglich umzusetzen. Eine Reaktion Munenagas ist jedoch erst vier Jahre später belegt. Am 5. Tag des 2. Monats im Jahr 1442 wies er einen untergeordneten lokalen Amtsträger an, in Befolgung der am 7. Tag, 4. Monat, Eikyō 10 (d.h. 1438) ergangenen Verfügung des *shōgun* künftig die Entsendung von Abgabenbeauftragten zu unterlassen. Ob die Weitergabe der *shōgun*-Verfügung tatsächlich vier Jahre gedauert hat oder ob es sich bei dem Schreiben aus dem Jahr 1442 um eine wiederholte Aufforderung handelte, muss offen bleiben. Wahrscheinlicher ist Letzteres, eine frühere Reaktion Munenagas ist allerdings nicht überliefert.

Die Schriftstücke # 46 bis 48 sowie # 51 bis 53 vermitteln darüber hinaus einen Einblick in die Befehls- und Kommunikationsstruktur jener Zeit: Nachdem der *shōgun* oder ein von ihm beauftragter *bakufu*-Beamter eine Verfügung erlassen hatte, wurde diese dem *shugo* der betreffenden Provinz übermittelt. Dieser leitete sie – i.d.R. mit eigenem Begleittext ergänzt – an seinen Stellvertreter vor Ort weiter, der für die Information der lokalen Amtsträger und für die Umsetzung der Verfügung verantwortlich war. Somit waren die *shugo* und ihre Stellvertreter eine entscheidende Schnittstelle bei der Durchsetzung von zentralen Anweisungen an die Basis wie auch bei der Weiterleitung von Informationen jeglicher Art (inkl. Klagen, Beschwerden u.ä.) von der Basis an die Zentrale. Verständlich, dass es systemgefährdend wurde, wenn diese Schnittstelle nicht mehr zuverlässig funktionierte. Die bereits oben schon einmal erwähnten zwei Verfügungen des *shōgun* aus den Jahren 1357 und 1367 (Regesten # 36 und 38) sind auch vor dem Hintergrund genau dieser Problematik zu verstehen. Denn in der zugrunde liegenden Klageschrift hatte sich der Minase-Verwalter nicht nur über die Missachtung seiner Hoheitsrechte durch Nobusada beschwert, sondern auch darüber, dass jener Mitteilungen nicht den Vorschriften entsprechend weiterleiten würde. Die Klage ist textlich zwar nicht original auf uns gekommen, die Reaktionen des *bakufu* nehmen jedoch in ihren Formulierungen Bezug auf sie, sodass man ihren Inhalt indirekt rekonstruieren kann. Als Antwort auf diese Beschwerde verfügte der *shōgun* im 10. Monat des Jahres 1357, dass diese äußerst dreisten Behinderungen schnellstens unterbunden werden müssten (Regest # 36):

Die lokalen Amtsträger haben [Schriftstücke direkt] über ihre [Amts]stellen zu empfangen und weiterzuleiten. Wenn Gesandte oder Regierungsbeamte Unzufriedenheit [mit ihrer Amtsführung aufkommen] lassen, hat man nach Maßgabe der bestehenden Vorschriften dagegen vorzugehen. So lautet die Anordnung.

Wenngleich das Shōgunatsrecht diverse Bestrafungen für Nachlässigkeit im Amt vorsah – dazu gehörten je nach Schwere der Verfehlungen u.a. temporäre oder dauerhafte Amtsenthebung, Konfiszierung von Besitz u.a. –, schien Nobusada auch in dieser Hinsicht keine Veranlassung gesehen zu haben, seinen Pflichten regelkonform nachzukommen und den Anweisungen seines obersten Dienstherren, des *shōgun*, Folge zu leisten.[5] Denn zehn Jahre später, im 12. Monat des Jahres 1367, war auch dieses Fehlverhalten erneut Gegenstand der Verfügung des *shōgun* (Regest # 38), und Nobusada musste auf ein Neues ermahnt werden, den Verwalter nicht daran zu hindern, Schriftstücke weiterzuleiten und zu empfangen. Allerdings enthalten die Minase-Quellen mit Dokument # 49 aus dem Jahr 1448 auch einen Beleg für eine erfolgte Amtsenthebung aufgrund von gesetzwidrigem Verhalten und dadurch verursachten Unruhen im Raum Minase/Ōyamazaki. Sie basierte ebenfalls auf einer Mitteilung des Minase-Verwalters (GMns) und wurde vom *shugo* der Provinz Settsu ausgestellt, der seinem Stellvertreter vor Ort die Anweisung erteilte, den Delinquenten auf jeden Fall sofort abzuberufen, wenngleich eine entsprechende Verfügung des *shōgun* erst noch ergehen würde. Bei schwerwiegenden Vergehen wurde also auch gehandelt, und der *shugo* hatte die Befugnis, eine Amtsenthebung anzuordnen, selbst wenn die vorgeschriebene *shōgun*-Verfügung dazu noch nicht vorlag.

All das spiegelt die vielschichtige Gesamtsituation jener Jahre wider. Sie war u.a. dadurch geprägt, dass das Shōgunat und seine Amtsträger zwar einerseits mit den Akteuren der anderen Portale verflochten waren und im eigenen Interesse gewisse Zugeständnisse einräumen mussten (Freiungen, Zutrittsverbote, bis hin zur Anerkennung vollständig eigenverwalteter Territorien). Dass sie aber andererseits z.B. mittels Sonderleistungen wie der *hanzei*-Abgabe zusätzliche Ressourcen zur Stärkung ihrer Truppen erschließen und gleichzeitig ihre Widersacher schwächen wollten, dass sie generell in starkem Maße versuchten, in den Provinzen und Landgütern Dominanz zu erlangen oder vorhandene Positionen zu sichern, dass die lokalen Amtsträger dabei aber auch gleichzeitig deutliche Tendenzen zu eigenmächtigem Handeln entwickelten und damit die Verbindung zwischen Zentrale (*shōen*-Eigentümer, *bakufu*) und Basis empfindlich störten bzw. *zer*störten. Als Folge dessen mussten Grundherren oder ihre örtlichen Verwalter die Einhaltung von bereits gewährten Hoheits- und Gewohnheitsrechten sowie die Unterlassung von widerrechtlichen Übergriffen an oberster Stelle einfordern, lokale *bakufu*-Vertreter mussten seitens der

5 Amtsinhaber hatten Vorgänge innerhalb einer bestimmten Frist zu erledigen. Taten sie dies auch nach dreimaliger Aufforderung nicht oder ignorierten sie eine Angelegenheit, die ihnen von Untergebenen dreimal vorgetragen worden war, wurde das ihrem Vorgesetzten oder dem Regenten gemeldet, die dann i.d.R. sofortiges Handeln anwiesen. Blieb auch diese Weisung erfolglos, führte das zur Untersuchung und gegebenenfalls zur Konfiszierung der Ländereien des betreffenden Beamten (Goble: 45). Aufgrund der zahlreichen Schriftdokumente, die uns teilweise wiederholt von Amtsverfehlungen der gleichen Person berichten, darf man wohl annehmen, dass dieser rechtliche Grundsatz in der Praxis nicht zuverlässig durchgesetzt wurde.

Shōgunatsregierung – teilweise wiederholt – zur Umsetzung von Anweisungen aufgefordert werden und dergleichen mehr.[6]

Ab der zweiten Hälfte des 14. Jahrhunderts setzte eine sehr starke inhaltliche Konzentration der Quellen ein. Von 1366 bis 1519 liegen insgesamt 24 Quellen vor, von denen sich 17 – über den gesamten Zeitraum verteilt – mit Abgabenfreiungen und Zutrittsverboten befassen (Bestätigung bestehender oder Gewährung neuer Freiungen, Beschwerden aufgrund von widerrechtlichen Abgabenforderungen, Verfügungen wegen Missachtung von Freiungen und Zutrittsverboten). Jeweils drei Dokumente betreffen Landübertragungen (Verkauf, Schenkung, dauerhafte Überlassung gegen Zahlung eines jährlichen Zinses) sowie Anweisungen als Reaktion auf Amtsverfehlungen von *bakufu*-Beauftragten (inkl. Amtsenthebung). Ein Schriftstück hat Abgaben für Sutrenlesungen im Tōdaiji zum Gegenstand. Wenn wir dieses vereinzelte, thematisch aus der Reihe fallende Dokument unberücksichtigt lassen, standen 87 Prozent aller untersuchten Quellen im Zusammenhang mit dem Konflikt zwischen Grundherren und *bakufu* um Verfügungs- und Hoheitsrechte einerseits sowie dem Konflikt zwischen dem *bakufu* und seinen zunehmend aus der Struktur ausbrechenden lokalen Amtsträgern andererseits. Nimmt man die Texte zu den Landübertragungen hinzu, die ja zumindest teilweise ein Nebenprodukt der genannten Konflikte waren, so beträgt die Rate nahezu 100 Prozent. Mit anderen Worten: Ab der zweiten Hälfte des 14. Jahrhunderts sind zu den Minase-Gütern ausschließlich Schriftstücke überliefert, die als Spiegelbild der gesellschaftlichen Prozesse jener Zeit bezeichnet werden können. Das *bakufu* verlor die Kontrolle über die Provinzen und *shōen*, da seine Kräfte vor Ort (*shugo*, *shugo*-Stellvertreter und andere Abgesandte) zunehmend eigenmächtig handelten. Sie ignorierten anhaltend übergordnete Verfügungen und Anweisungen, um Land und Einnahmen zu usurpieren, was sie in ihrem Bestreben voranbrachte, sich als Territorialmacht zu etablieren. Parallel dazu verloren auch die Grundherren nach und nach die Herrschergewalt über ihre Güter, wogegen sie sich zwar eine Zeit lang mit verschiedenen Mitteln zu wehren versuchten, letztlich jedoch kapitulierten und sich von ihren Ländereien lösten, indem sie sie örtlichen Verwaltern übertrugen, die lediglich gegen Zahlung eines Jahreszinses die volle Verfügungsgewalt über das Areal erhielten. Das kam dem Zusammenbruch des *shōen*-Systems gleich und bedeutete einen beachtlichen Impuls für die Entfaltung lokaler Potentaten. Als letztes Dokument aus dem Konvolut des Tōdaiji-Gutes Minase ist eine Vereinbarung genau diesen Inhalts überliefert. Im 3. Monat des Jahres 1519 bestätigt ein gewisser Nagakiyo die Übernahme des Gutes als Nutzungseigentum. Er sichert dem Tempel als Gegenleistung die Zahlung eines festen jährlichen Zinses zu und erklärt, dass seine Verfügungsrechte bei Zahlungsverzug oder anderen Nachlässigkeiten erlöschen und an eine andere Person übergehen (Regest # 60):

6 In der Muromachi-Zeit gingen gerichtsbarkeitliche Aufgaben zunehmend an die Shōgunatsregierung – also an die Krieger – über, da ihre Durchsetzung Stärke erforderte (oder zumindest die glaubhafte Androhung von Stärke, d.h. Gewalt). Dadurch entschieden *bakufu*-Instanzen nicht mehr nur in Angelegenheiten, die Krieger betrafen, sondern auch bei Streitfällen, in die auch oder ausschließlich Angehörige des Hofadels und Klerus involviert waren (Gay: 64).

> Der festgelegte Zins [*hon'yaku*, A.B.] für das genannte Areal beträgt 15 *kanmon*[7]. In den letzten Jahren war er auf die Hälfte, [d.h. auf] 7 *kan* 500 *mon* festgesetzt worden. Wenn das Speicherhaus wieder vollständig hergerichtet ist, werde ich dem Tempel die ursprüngliche Summe liefern, [und zwar] in der Mitte des zwölften Monats eines jeden Jahres. Die dem *shugo* zu entrichtenden Sonderabgaben sind den früheren Regelungen entsprechend für die [Arbeit seiner] örtlichen Vertreter [abzuliefern]. Die Abgaben für den Tempel werden auf keinen Fall gemindert. Ich werde dem Tempel den festgesetzten jährlichen Zins [*ukekiri*, A.B.] korrekt entrichten, unabhängig davon, ob es Einbußen [bei der Ernte] durch Dürre, Hochwasser oder Sturm gab und ohne Rücksicht auf die Mühen des Weges etc. Keinem einzigen der o.g. Punkte darf zuwidergehandelt werden. Falls es zum Verzug bei der Zinszahlung oder zu Nachlässigkeiten kommen sollte, wann immer das auch sei, werden die Verfügungs- und Einnahmerechte [*daikan shiki*, A.B.] einer anderen Person übertragen.

Mehrere Punkte sind bei der Auswertung dieses Schriftstückes anzumerken:

Erstens: Es handelt sich bei diesem Schreiben um ein typisches Dokument der Kategorie *daikan uke*, die eng mit dem Auflösungsprozess der *shōen* verknüpft war. Im Ergebnis der zunehmenden Auseinandersetzungen zwischen Grundherren und lokalen Verwaltern um die Rechte an den Gütern und deren Erträgen erhielten die landsässigen Verwalter (*daikan*) auf der Basis einer schriftlichen Vereinbarung (*uke*) die Verfügungs- und Einnahmerechte (*daikan shiki*) an einem Gut übertragen. Sie wurden damit dessen Nutzungseigentümer. Im Gegenzug hatten sie dem ursprünglichen Eigentümer – wie in unserem Fall deutlich ausgesprochen – jährlich einen festgesetzten, ernteunabhängigen Zins zu zahlen.

Zweitens: Im ersten Satz wird der bis dahin erhobene Zins als *hon'yaku* bezeichnet. Diese Art Grundzins wurde zwar prinzipiell im Voraus festgelegt, konnte aber je nach tatsächlich eingebrachter Ernte neu ausgehandelt und angepasst, also z.B. bei Verlusten aufgrund von Dürre oder Überschwemmungen reduziert werden. Der Text des Dokumentes lautet entsprechend, dass der Zins eigentlich auf 15 *kanmon* festgesetzt worden war, in den zurückliegenden Jahren aber nur die Hälfte betrug.[8] Etwas später im Text versichert Naga-

---

7 *Kanmon* war eine Gewichts- und Münzeinheit. Als Münzeinheit entsprach 1 *kanmon* der Menge von 1.000 auf einer Schnur aufgefädelten *mon*, das waren Kupfermünzen mit einem Einzelgewicht von circa 3,75 Gramm. Die hier erwähnten 15 *kanmon* entsprachen daher einer Menge von 15.000 Kupfermünzen. Allerdings fassten die *kanmon*-Schnüre nicht hundertprozentig verlässlich 1.000 Münzen, oft waren es auch deutlich weniger (Segal: 90, Anm. 56).

8 Tatsächlich hat es in den Jahren vor 1519 im Raum Settsu/Kyōto und entlang des Yodo-Flusses eine Reihe von zerstörerischen Naturkatastrophen wie Erdbeben, Tsunami, Hochwasser u.ä. gegeben, was die Absenkung des Grundzinses wegen vernichteter Ernten und auch Gebäudeschäden erklären würde. Im August 1510 erschütterte z.B. ein schweres Erdbeben die zentraljapanischen Provinzen Kawachi und Settsu, in den Jahren 1511, 1516 und 1517 gab es – teilweise mehrmals im Jahr – im Flusssystem von Yodo-, Kizu-, Uji- und Katsuragawa große Flut- und Hochwasserereignisse. Da sich das Minase-Gebiet direkt auf Höhe des Zusammenflusses dieser Flüsse befindet, wo zudem als fünfter Wasserlauf auch noch der Minase-Fluss in das System einmündet, dürfte es heftig in Mitleidenschaft gezogen worden sein. Der Zeitraum war historischen Berichten zufolge von lang anhaltenden, schweren Hungersnöten geprägt (Arakawa/Usami: 323; Fujiki: 333ff).

kiyo dann, dass er dem Tempel künftig grundsätzlich wieder den vollen vereinbarten Zinssatz zahlen wird, ohne dass es Abzüge wegen Ernteausfällen o.ä. geben wird. Verwendet wird an dieser Stelle der Begriff *ukekiri*. Das war die Bezeichnung für einen jährlichen Zins, den ein Grundherr für die Überlassung des Nutzungseigentums auf der Basis einer *daikan-uke*-Vereinbarung erhielt. Im Unterschied zu den *hon'yaku* waren die *ukekiri* fix, d.h. sie waren i.d.R. nicht mehr verhandelbar und mussten ohne Berücksichtigung von Ernteschwankungen u.ä. in der vertraglich vereinbarten Höhe gezahlt werden. Bei Ernteausfällen wurde der Zins also nicht reduziert, bei Ernteüberschüssen aber auch nicht erhöht. Der Grundherr (hier der Tōdaiji) zog sich komplett zurück und beschränkte sich auf das Einziehen des fest vereinbarten jährlichen Zinses. Nagakiyo übernahm alle Rechte und Pflichten in Bezug auf das Gut einschließlich der Verpflichtung, Leistungsforderungen (Abgaben) von anderer Seite zu erfüllen.

Drittens: Zwar bestätigt der letzte Satz des Dokumentes explizit, dass der Tōdaiji in seiner Funktion als Obereigentümer das Recht besaß, die Besitzbefugnisse wieder zu entziehen und einer anderen Person zu überlassen, falls z.B. die Zinszahlung nicht korrekt erfolgte oder andere Vereinbarungen nicht eingehalten wurden. Bei auftretenden Problemen konnte er den Überlassungsvertrag also wieder lösen. Im Grunde genommen beschreibt der Kontrakt jedoch eine dauerhafte Überlassung der Nutzungsrechte, wenn Nagakiyo alle Auflagen erfüllte. Einige Formulierungen zeigen zudem an, dass die Verfügungsrechte bereits längere Zeit in seinen Händen – oder einer anderen Person – gelegen haben, der Abgabe-/Übernahmeprozess zwischen dem Tempel und einem Untereigentümer also schon längere Zeit im Gange war. So geht es um die Zinszahlung „in den letzten Jahren" und um „die ursprüngliche Summe" des geschuldeten Zinses. Der Terminus *ukekiri* für den künftig zu zahlenden Zins lässt auf eine nun veränderte Qualität des Überlassungsverhältnisses schließen. Inhalt und Formulierungen der Vereinbarung mit Nagakiyo signalisieren, dass es sich um eine vollständige und dauerhafte Übertragung aller Verfügungsrechte handelte, was in der Auflösungsphase der *shōen*, wie gesagt, gängige Praxis war.[9]

Zu dieser thematischen Zäsur, die mit der Situation der *shōen* als System korrespondierte, passt die Aussteller/Empfänger-Verteilung. Bis zur Mitte des 14. Jahrhunderts war das Gros des Schrifttums noch *shōen*-intern, d.h. Aussteller/Absender und Empfänger waren Grundherr (Hofadel, Klerus) sowie deren zentrale und lokale Verwalter, einmal wurde die Gutsbevölkerung angesprochen (Regest # 14). Ab den 1360er Jahren änderte sich das schlagartig: Fortan wurde die Mehrheit der Dokumente von *bakufu*-Kräften ausgestellt und an solche auch adressiert. Es handelte sich dabei in vielen Fällen um Anordnungen des *shōgun* und nachgeordnete Anweisungen an lokale Amtsträger im Zusammenhang mit der Umsetzung seiner Erlasse.

Die folgende Tabelle gibt abschließend eine kurze Übersicht über die Themenbereiche, die in den untersuchten Schriftstücken angesprochen werden. Da sich die Bereiche inhaltlich teilweise überlappen oder aber mehrere gleichzeitig Gegenstand eines Dokumentes sein

9 Conlan erwähnt ein ähnliches Beispiel für das Ōyama no shō, einem Besitztum des mächtigen Kyōtoer Tempels Tōji in der Provinz Tanba. Bereits 1460 erhielt ein lokaler Krieger die Verfügungsrechte über dieses Gut, im Gegenzug hatte er dem Landeigentümer jährlich 20 *kanmon* zu zahlen (Conlan: 139).

können, wurde eine Reihe von Quellen mehrfach zugeordnet, was sich in der Prozentverteilung niederschlägt.

Thematische Schwerpunkte der untersuchten Quellen

Thema	Anteil betroffener Dokumente
lokale Verwalter und Amtsträger, sowohl von Seiten der Grundherren als auch von Seiten des *bakufu*	57 %
Abgaben und Dienste	48 %
Verfügungs-, Nutzungs-, Besitzrechte	30 %
Übergriffe (vorrangig seitens lokaler Amtsträger)	22 %
Größe und Nutzung	18 %
Zutrittsrechte/-verbote	15 %
Landübertragungen, Schenkungen	10 %
Auswirkungen politischer Unruhen	8 %

3. Ausgewählte Aspekte der Quellenanalyse

Im Folgenden sollen einige ausgewählte Aspekte der vorliegenden Schriftstücke genauer analysiert und dahingehend untersucht werden, welchen Aussagewert sie vor dem Hintergrund des jeweiligen Zeitgeschehens die Situation der Minase-Güter betreffend haben. Wie die o.g. Übersicht zeigt, geht es in etwa der Hälfte aller Dokumente um Abgaben- und Dienstpflichten, der Themenbereich war also von einigermaßen zentraler Bedeutung. Ungefähr ein Drittel der Quellen befasst sich – teilweise im Zusammenhang mit einer Abgabenproblematik – mit Verfügungs-, Nutzungs- und Besitzrechten. Die Überlieferungen zu diesen Sachbereichen sollen kurz besprochen und kommentiert werden.

3.1 Abgaben und Dienste: Minase-Gut im Eigentum des Tōdaiji

In dem Bemühen, die Entstehung und Etablierung von immunen Gütern besser unter Kontrolle zu halten und unerlaubten Erweiterungen von Immunitätsrechten einen Riegel vorzuschieben, verfügte Kaiser Gotoba am 22. Tag des 3. Monats im Jahr Kenkyū 3 (1192) unter anderem, dass alle Tempel und Schreine eine Liste ihrer Besitzungen zu erstellen und vorzulegen haben (KI 1:523). Das bewirkte auch beim Tōdaiji umfangreiche Bestandsaufnahmen, deren Ergebnisse in ein detailliertes Güterverzeichnis aus dem Jahr 1214 eingeflossen sind (Regest # 4).[1] Es führt insgesamt 31 Besitzungen in zehn Provinzen mit Lage, Größe, Zustand, Feldkategorien, Erträgen und Abgaben auf, darunter auch das Minase-Gut, und vermittelt ein recht anschauliches Bild von der Beschaffenheit und Nutzung der *shōen* zu Beginn des 13. Jahrhunderts. Das Minase-Gut fiel mit circa 15 Hektar[2] bewirtschafteter Nassfeldfläche – knapp drei Viertel davon steuerbar – im Vergleich gesehen zwar relativ klein aus.[3] Gleichzeitig erbrachte es jedoch mit circa 240 Liter Reis pro Hektar den sechsthöchsten Abgabenertrag von allen genannten Besitzungen.[4] Das Verzeichnis gibt an, dass die Minase-Bauern pro *tan* Nassfeld 4 *to* Reis abzuführen hatten, das waren circa 28,8 Liter pro 0,12 Hektar. Dieser Ertrag wurde als *shotō-kanmotsu*-Reis (*shotō kanmotsu mai*), d.h. als jährlicher Grundzins an den Tempel abgeführt, auch der Unterhalt der Lastpferde wurde

1 Piggott (56f) liefert eine ausführliche Analyse dieses Registers.

2 Die Umrechnungen sind lediglich Näherungswerte, da es bis zum Ende des 16. Jahrhunderts kein einheitliches Maßsystem in Japan gab. Erst nach der Sengoku-Zeit (1467–1568), erstmals unter Oda Nobunaga, setzten Bemühungen zur überregionalen Vereinheitlichung ein. Bis dahin differierten die Werte teilweise stark. Näheres siehe Kapitel 5.1.

3 Laut Piggott (56) gab der Tōdaiji die Gesamtfläche seiner Güter im Jahr 1214 mit mehr als 1.000 Hektar an. Über die Hälfte der im Regest # 4 erfassten Güter war deutlich größer als Minase, mindestens doppelt bis dreimal so groß bis hin zu circa 200 Hektar (Ōi-Gut, Provinz Mino) und 350 Hektar (Kuroda-Gut, Provinz Iga) (vgl. Piggott: Anhang 2, [85]ff).

4 Vgl. Piggott: Anhang 2, a.a.O.

hiervon bestritten.[5] Das verbleibende Viertel der bebauten Nassfeldfläche war nicht mit Grundzins belegt, sondern diente als sogenanntes Gutsbedarfsland (*shōreiritsuyō*). Es wurde von allen Gutsbauern gemeinsam bewirtschaftet, und seine Erträge mussten als Beitrag zu den Verwaltungs- und Personalkosten sowie zum allgemeinen Unterhalt des Gutes abgeführt werden. So waren die Erträge von 2 *tan* (circa 2.400 m^2) als Brunnengebühr (*iryō*) vorgesehen und wurden für die Einrichtung und Wartung der Bewässerungsanlagen eingesetzt. Eine ebenso große Fläche war als Götter- bzw. Schreinland (*shinden*) deklariert. Das waren besonders geschützte Flächen zur Unterstützung von Schreinanlagen. Zum Tōdaiji gehörte seit seiner Gründungszeit der Tamukeyama Hachimangū, auch als Tōdaiji Hachimangū bekannt. Er wurde im Jahr 748 für die Shintō-Gottheit Hachiman errichtet, die zur Schutzgottheit für den Großen Buddha des Tōdaiji erklärt wurde, und befindet sich noch heute innerhalb des Tōdaiji-Areals.[6] Dass Shintō-Gottheiten als Schutzgötter für buddhistische Tempel fungierten, war insbesondere in der Nara-Zeit gängige Praxis, was eine enge und nachhaltige Verflechtung in geistlichen wie in weltlichen Belangen mit sich brachte. Es liegt die Vermutung nahe, dass die Erzeugnisse der hier aufgeführten Schreinfelder ganz oder teilweise diesem Tōdaiji Hachimangū zugute kamen, denn er wird in zwei späteren Quellen in enger Beziehung zum Minase-Gut erwähnt (siehe Regesten #18 und 42).

Dem Register das Jahres 1214 verdanken wir des Weiteren Angaben darüber, welche Verwalter der Tōdaiji in Minase eingesetzt hatte, denn unter das Gutsbedarfsland fielen auch die Gehaltsfelder seiner örtlichen Beauftragten. Aufgeführt werden drei Posten: *gesu* (auch *geshi*), *kumon* (Schriftwalter) und *chōshi* (Abgabeneinzieher). Die *gesu* waren die führenden lokalen *shōen*-Verwalter im Auftrag des Grundherren, häufig mit Polizeigewalt ausgestattet. Ihre Befugnisse sind denen der *jitō* vergleichbar, den im Kapitel 2 beschriebenen landsässigen Verwaltern im Auftrag des *bakufu*. Auch für deren Unterhalt musste ein bestimmter Teil des Gutsertrages abgeführt werden. In Gestalt eines zusätzlichen Grundzinses (*kajishi*) oder in Form von Gehaltsfeldern (*kyūden*), d.h. festgelegten exempten Feldflächen, deren Erträge nur dem *jitō* zuflossen.[7] Das 1214er Verzeichnis benennt etwas mehr

5 Bei *kanmotsu* handelte es sich ursprünglich um die Abgaben, die an die höfische Regierung abzuführen waren im Unterschied zu den als *nengu* („Jahresabgabe") bezeichneten grundherrlichen Grundzinsen. Beide, sowohl *kanmotsu* als auch *nengu*, wurden i.d.R. in Form von Reis bezahlt. Ab der Kamakura-Zeit verdrängte *kanmotsu* den Begriff *nengu* allmählich und wurde zunehmend auch für die Zinsforderung der Grundherren verwendet. Der dem Begriff inhärente Bezug zum Empfänger der Leistung verlor sich damit und es kam zu einer terminologischen Vermischung. Die Erhebung von *kanmotsu* stand nicht mehr zwingend für eine öffentliche, also staatliche Besteuerung der betreffenden Feldflächen, sondern bezeichnete genauso auch die grundherrliche Zinsforderung. *Shotō* wurde ab dem 10. Jahrhundert i.S.v. „angemessen, passend, entsprechend" den Benennungen der verschiedenen Ding- und Dienstpflichten vorangestellt, man sprach also z.B. – wie im Regest # 4 zu sehen – von *shotō kanmotsu, shotō jishi* usw., ohne dass es eine besondere klassifizierende Bedeutung gehabt hätte. Später verselbstständigte sich der Begriff, stand dann vielfach allein anstelle von *kanmotsu* etc. und konnte nur noch im Kontext gedeutet werden.

6 Allerdings erfolgte im Zuge der Trennung von Shintō und Buddhismus (*shinbutsu bunri*) während der Meiji-Ära eine Loslösung des Tamukeyama Hachimangū vom Tōdaiji, seitdem ist er eine selbstständige Institution (https://narakanko-enjoy.com/?p=8921, Stand 15.06.2018).

7 Die Zahlung konnte auch in regionalen Produkten erfolgen, wie das Beispiel des Akanabe no shō in der Provinz Mino zeigt. Der dort eingesetzte *jitō* sollte vom Tōdaiji jährlich eine festgelegte Menge Seiden- und Baumwollstoffe erhalten. Wegen der Bereitstellung der Stoffe insgesamt wie auch wegen ihrer

als 3,3 *chō* (circa 7.200 m^2) als Unterhaltsland für den *gesu* des Tōdaiji, erwähnt aber keinerlei *jitō*-Abgaben. Daher ist davon auszugehen, dass dem Minase-Gut kein Verwalter des *bakufu* zugewiesen war, obwohl diese von der Shōgunatsregierung seit dem Ende des 12. Jahrhunderts landesweit in einer Vielzahl von klerikalen und Adelsgütern eingesetzt worden waren. In den ersten Jahrzehnten der Kamakura-Herrschaft, etwa bis zum Jōkyū-Krieg, betraf dies jedoch vornehmlich Güter, deren Eigentümer in der Zeit des Genpei-Krieges Partei für den Taira-Clan ergriffen hatten. Der Tōdaiji gehörte – wie die meisten großen Tempel in Nara – nicht dazu.[8] Aus diesem Grunde wäre es erklärlich, dass Minase Anfang des 13. Jahrhunderts nicht unter der Verwaltung eines *jitō* stand. Des Weiteren wurden Mass zufolge *jitō*- und *gesu*-Posten in einem *shōen* i.d.R. nicht gleichzeitig besetzt, sondern meist nur einer von beiden, und der jeweilige Amtsinhaber übernahm die Befugnisse und Aufgaben der anderen Position mit (Mass 1974: 137).[9] Aufgrund dessen waren die Grundherren verständlicherweise bemüht, in ihren Ländereien nur ihre eigenen Verwalter, die *gesu*, tätig werden zu lassen und die Ernennung von *jitō* zu verhindern (Mass 1974: 140). Für Minase (TMns) scheint das Anfang des 13. Jahrhunderts zugetroffen zu haben.

Neben dem Grundzins für den Grundherren (*shotō kanmotsu*) und den Leistungen für Personal und Unterhalt des Gutes, erzeugt auf den Flächen des Gutsbedarfslandes, treffen wir im Verzeichnis des Jahres 1214 auf eine weitere Feld- und Abgabenkategorie: „mehr als 3 *chō*" (circa 3,6 Hektar) des Minase-Landes werden als Trockenfelder ausgewiesen, für die *shotō jishi* abzuliefern war (1 *to* pro *tan*, d.h. circa 7,2 Liter pro 0,12 Hektar). Dabei handelte es sich um einen grundherrlichen Bodenzins, der bis zur Muromachi-Zeit vorrangig für Trockenfelder, dann jedoch nur noch für Hausgrund und daher vornehmlich im städtischen Umfeld erhoben wurde. Entrichtet wurde er in Form von Reis (*jishimai*) oder anderen agraren wie handwerklichen Produkten, ab dem 14. Jahrhundert zunehmend in Geld (*jishisen*/*jishizeni*). Im 1214er Verzeichnis ist vermerkt, dass die Trockenfeldabgabe durch Minase in Form von örtlichen Erzeugnissen (*shōbutsu*) erfolgte, und aus einer Reihe späterer Schriftstücke geht hervor, dass es sich dabei wohl hauptsächlich um gefärbtes Leder handelte (siehe Regesten # 25, 26, 28, 59). Auf andere Sachleistungen finden sich in den auf uns gekommenen Schriften keine Hinweise. Die Minase-Region spielte also auch in der hier behandelten Zeitspanne als Jagdgebiet eine wichtige Rolle, so wie es schon für die Nara- und Heian-Zeit quellenmäßig belegt ist. Hinsichtlich der sozialen Schichtung ist interessant, dass Berufsgruppen angesiedelt gewesen sein müssen, die die Tierhäute zu

Qualität gab es aber immer wieder Auseinandersetzungen, sodass ab circa Mitte der Kamakura-Zeit zunehmend in Münzen gezahlt wurde. Das führte wiederum zu Konflikten aufgrund von strittigen Äquivalenzwerten Stoffe/Münzen. Insgesamt kam es zu wiederholten Klageschriften und Prozessen zwischen Tempel und *jitō*, die teilweise dem für die Kinai-Region zuständigen obersten Shōgunatsvertreter in Kyōto (*Rokuhara tandai*) zum Entscheid vorgelegt wurden (Inaba: 77).

8 Der Genpei-Krieg (*Genpei gassen*, 1180–1185) war die entscheidende Auseinandersetzung zwischen den Minamoto und den Taira im Vorfeld der Gründung des Kamakura-*bakufu*. Im Zuge der Kämpfe brandschatzten die Taira-Truppen im Jahr 1180 große Teile des Tōdaiji, da er sich nicht auf ihre Seite gestellt hatte. Außerdem fungierte die Clan-Gottheit der Minamoto – Hachiman – als Schutzgottheit des Tōdaiji. Nach Beendigung des Krieges wurde er mit maßgeblicher Unterstützung der Minamoto wieder aufgebaut.

9 Dass andere *shōen* im Umfeld des Minase-Gutes (TMns) seinerzeit durchaus der Verwaltung eines *jitō* unterstellt waren, belegen z.B. die Regesten # 7 und 10, letzteres betrifft die Abberufung des *jitō* vom Lehnsgut der Familie Minase (GMns).

Leder verarbeiten und einfärben konnten, also insbesondere Gerber. Diese gehörten zu der sozial geächteten Bevölkerungsschicht der *eta*, da sie aufgrund ihrer Tätigkeit aus religiösen Gründen als unrein galten (Umgang mit toten Tieren bzw. Teilen davon). Sie siedelten wie alle anderen Ausgestoßenen (aufgrund des Berufes oder als Strafe für Verbrechen) abseits der dörflichen Gemeinschaften in „Sondergemeinden" (*buraku*), die in sehr vielen Fällen entlang von Flussufern errichtet wurden.

Die Verwendung der Sachleistungen des Minase-Gutes entsprach den Gegebenheiten in anderen monastischen Gütern, wie sie auch von Keirstead allgemein beschrieben werden (39f). Die Abgaben flossen ein in die Verwaltungs- und Unterhaltsaufwendungen für reisende Tempelgesandte, insbesondere für Reisen ins Kantō-Gebiet (Regesten # 22, 24 und 25), sowie in die Aufwendungen für die geistig-religiösen Aktivitäten des Tempels. Dazu zählten Sutrenlesungen und sogenannte *dangi*, das waren Studienzirkel zur Auslegung und Erörterung der buddhistischen Schriften und Lehre sowie zur Unterweisung darin (Regesten # 23, 28, 33 und 59). Regest # 26 erwähnt zudem den Einsatz bei jahreszeitlichen Zeremonien im Tempel. Die Verwendung der Abgaben widerspiegelt die Aufgaben des Tōdaiji als Leit- und Schutztempel dem Reich und anderen Tempeln gegenüber. Im Mittelpunkt seiner Tätigkeiten stand von Anfang an der spirituelle Beistand für Staat und Kaiserhaus. Dies erforderte Gebete und Sutrenlesungen für deren Schutz und Wohlergehen wie auch die Durchführung bestimmter jahreszeitlicher Zeremonien innerhalb und außerhalb des Tempelbezirks. Beides machte einen wesentlichen Bestandteil des Tempellebens aus. Bedingt durch die im Verlaufe der Kamakura-Zeit gewachsene Bedeutung der Mönchsgelehrten, kam im 13. Jahrhundert die Ausrichtung von Studien- und Lehrzirkeln hinzu. Einhergehend damit wurden in einer Reihe von Tempelgütern bestimmte Flächen oder Teile des Gutsertrages als Abgabe für die Tätigkeiten der Mönchsgelehrten festgeschrieben (Piggott: 58f). Einen wichtigen Platz unter deren Aufgaben nahm die Durchführung von oder Teilnahme an Zeremonien und Sutrenlesungen außerhalb des Tempels ein, z.B. am kaiserlichen Hof in Kyōto. Die in den Regesten # 22 und 25 (beide 1299) aufgelisteten Abgaben für Reisen in die Kantō-Region können in solch einem Zusammenhang gesehen werden. Leider sind die genauen Ziele dieser Reisen nicht genannt; es könnte ein in den östlichen Provinzen gelegener (Zweig-)Tempel gewesen sein oder auch der Sitz des *bakufu* selbst, das unter Minamoto no Yoritomo maßgeblich am Wiederaufbau des Tōdaiji nach dessen Brandschatzung im Jahr 1180 beteiligt gewesen war (siehe FN 8). Beide Schriftstücke geben jedoch den Verwendungszweck an, nämlich Lesungen und Erörterungen der Schriften des Seshin:

> Mitteilung über Abgaben, die dem Tempel für Kantō-Reisen zu erbringen sind
> Dem Tempel sind zu liefern:
> [...]
> 15 *kan* [vom] Gut Minase — zu verwenden für Lesungen und Erörterungen der Schriften des Seshin[10]

10 Siehe Regest # 25. Seshin ist der japanische Name des indischen Mönches Vasubandhu. Er lebte im 4./5. Jahrhundert und verfasste neben einer Vielzahl anderer Schriften mit den *Jōdo ron* („Erörterungen über das Reine Land") auch das Grundlagenwerk der buddhistischen Jōdo-Schule. Die Verwendung der Abgaben für die Lesung seiner Schriften wird außer in den hier bereits genannten Regesten # 22 und 25

Die hier angeführten Regesten geben nicht nur einen Einblick in die Verwendung der Abgabenleistungen, sondern sie zeigen uns auch an, dass zur Zeit ihrer Abfassung ein Übergang stattfand von Sachleistungen zu Geldleistungen (*kan*, *kanmon*). Die Regesten # 22 bis 24 aus dem Jahr 1299 listen für Minase ausschließlich Geldleistungen auf, Regest # 25 (1299) führt Geld- und Sachabgaben auf, Regest # 26 (1299) nur Sachabgaben, Regest # 28 (1330) nennt explizit „1 *kan* 500 *mon* vom Gut Minase für 30 Lesungen anstelle von Leder", und im Regest # 33 (1344) finden wir erneut sowohl Sach- als auch Geldleistungen: einige Güter lieferten Reis, andere Güter – darunter Minase – lieferten stattdessen Geld. Diese Mitteilung enthält allerdings auch einen beachtenswerten kleinen Vermerk über den damaligen geldmäßigen Äquivalenzwert (*washi*)[11] von Reis, d.h. es wird die Geldsumme benannt, die anstelle einer bestimmten Menge Reis zu zahlen war:

Zur Zeit [ersetzen] 100 *mon* jeweils 1 *to* 2 *shō* Reis.[12]

Die hier aufgeführten Schriftstücke widerspiegeln zusammen genommen die allgemeine Entwicklung in der späten Kamakura- und frühen Muromachi-Zeit: Einerseits vollzog sich vom Ende des 13. bis zum Anfang des 15. Jahrhunderts eine wesentliche Veränderung derart, dass die Abgaben – insbesondere die Grundzinsen – nicht mehr in Gütern, sondern in Geld zu entrichten waren. Andererseits sah man sich dabei mit dem nicht unerheblichen Problem des „Umtauschsatzes" konfrontiert, sodass es manche Grundherren vorzogen, diesen Übergang nicht konsequent zu verfolgen und die Abgaben auch weiterhin lieber ganz oder teilweise in Form von Sachleistungen zu erheben (vgl. Segal: 150). Das traf auch auf den Tōdaiji zu, in dessen Dokumenten ab Mitte des 13. Jahrhunderts zwar zunehmend Abgabenleistungen in Form von Geld Erwähnung finden, parallel dazu aber auch Sachleistungen noch viele Jahrzehnte lang nachweisbar sind. Piggott weist darauf hin, dass es aufgrund der schwankenden Qualität der Münzen für den Tempel sehr schwierig war, passende Umtauschsätze zu bestimmen und durchzusetzen, sodass er statt Geld auch Seidenballen in einer genau definierten Länge und Qualität als Zahlungsmittel akzeptierte (Piggott: 72). Regest # 23 (1299) bestätigt beispielsweise „den Empfang von 15 *kan* für Studien und Unterweisungen [in den buddhistischen Lehren und Schriften] vom Gut Minase sowie von 1 Ballen Obi-Seide vom Gut Ōi". Hier muss allerdings angemerkt werden, dass diese Seidenlieferungen vom Ōi-Gut wohl keine klassischen Ersatzleistungen darstellten, sondern dauerhaft eingefordert wurden. Denn die Provinz Mino, zu der Ōi gehörte, war berühmt für seine qualitativ hochwertige Seide, aus der u.a. Zeremonialgewänder der Mönche gefertigt wurden.

In der Gesamtheit der Schriftstücke zum Tōdaiji-Gut Minase werden bis auf drei Ausnahmen ausschließlich Leistungen erwähnt, die dem Tempel in seiner Funktion als Grundherr abzuliefern waren. Die Ausnahmen betreffen zum einen die *yakubutaku*-Abgabe. Dabei

auch in den Regesten # 26 (1299), # 33 (1344) und # 59 (1518) erwähnt, wo es konkret um ihren Einsatz als Opfergabe für Lesungen aus den 30, von Seshin verfassten Faszikeln der Abhidharma-Lehrtexte (jap. *kusha*) geht.

11 *Washi* wurde in der Kamakura- und Muromachi-Zeit i.S.v. „Kurs, Marktkurs, Preis" verwendet. Zum Ende der Muromachi-Zeit löste ihn der gleichbedeutende Begriff *sōba* ab.

12 https://clioimg.hi.u-tokyo.ac.jp/viewer/image/idata/850/8500/05/1819/0032.tif, Stand 09.11.2018.

handelte es sich um eine Sonderabgabe in Form von Arbeits- oder Sachleistungen, die für den intervallmäßigen Neubau von Shintō-Heiligtümern erbracht werden mussten. Sie wurden von Beauftragten der höfischen Regierung eingezogen, und für eine Freiung bedurfte es einer entsprechenden kaiserlichen Order. Die Auflistung im Regest # 1 (1188) fasst die Ergebnisse einer Revision entsprechender Freiungsdokumente im Archiv des Tōdaiji zusammen und führt eine solche für das Minase-Gut aus dem Jahr 1169 auf. Dies ist die letzte Erwähnung der *yakubutaku*-Leistung im gesamten Minase-Konvolut (TMns).

Die zweite Ausnahme begegnet uns erst im letzten Minase-Dokument, im Regest # 60 aus dem Jahr 1519. Dort wird in einer kurzen Bemerkung eine als *rinji kaeki* bezeichnete Ding- und Dienstpflicht genannt, die für die örtlichen Vertreter des *shugo* zu erbringen war, also für Amtsträger des *bakufu*. Da diese Leistung in den Quellen zum Lehnsgut Minase (GMns) eine größere Rolle spielt, wird auf sie im Abschnitt 3.2 ausführlicher eingegangen.

Die dritte Ausnahme betrifft die ebenfalls von Seiten der Shōgunatsregierung eingeforderte *hanzei*-Abgabe, eigentlich *hanzeibun* („Entrichtung des halben Anteils"). Ihre generelle Bedeutung v.a. für die Entwicklung der *shōen* und *shugo* wurde im Kapitel 1.1 bereits umrissen. Das *bakufu* erhob sie seit 1352 und entzog den betroffenen Gütern damit jeweils die Hälfte der Erträge, durch Missbrauch seitens der *shugo* teilweise noch mehr. Das wurde zu einer erdrückenden Last für die Güter, der sie sich kaum entziehen konnten. Konoe Michitsugu (1333–1387), Abkömmling der jahrhundertelang äußerst einflussreichen hofadeligen Konoe-Familie und Inhaber höchster Ämter bei Hofe, klagte: „*Hanzei* ist nicht ungesetzlich, sondern durch das *bakufu* legitimiert. Angehörige des Hofadels können schwerlich darüber Urteile fällen, denn es gibt keine Präzedenzfälle, an die man sich halten könnte. Es bleibt uns nur, uns direkt beim *bakufu* zu beschweren" (zitiert nach Segal: 195, dort leider ohne Quellenangabe). Und offenbar wurde der Beschwerdeweg auch reichlich in Anspruch genommen. Denn bereits ab 1355 sah sich die Shōgunatsregierung mehrfach gezwungen, Verfügungen zur Regelung der *hanzei*-Pflicht und zur Schlichtung von Konflikten zwischen Grundherren und *shugo* zu erlassen. Zu den wichtigsten zählte dabei sicherlich eine Verfügung aus dem Jahr 1368, mit der die Leistungspflicht für Besitzungen von Kaiserhaus, Hofadel und Klerus – also für die größten Grundeigentümer – und insbesondere für deren vollständig immune Güter[13] wieder aufgehoben wurde. Wie das im Regest # 42 wiedergegebene Dokument aus dem Jahr 1376 zeigt, wurde die Abgabe von diesen Gütern aber anscheinend darüber hinaus weiterhin eingefordert. Denn im 7. Monat des besagten Jahres beschloss die Versammlung der Mönche des Tōdaiji nach wiederholt erhobenen *hanzei*-Forderungen:

> Das Gut Minase in der Provinz Settsu gehört schon seit langer Zeit dem Hachimangū dieses Tempels. [...] Seine *hanzei*-Abgabe wurde [uns] in den letzten Jahren zur Durchführung notwendiger Baumaßnahmen überlassen. Dessen ungeachtet, wollte sie der stellvertretende Militärgouverneur dieser Provinz, Nara Gorō Emonjō, durch Beamte einziehen lassen. [...] Als Mutō im vorangegangenen Jahr mit seiner gesetzeswidrigen Forderung nach Ablieferung des *hanzei*-Anteils Unruhe verbreitete, hatte die Mönchsgemeinschaft Klage erhoben, damit dem unverzüglich ein

13 Sogenannte *ichien shōen*: Güter, bei denen der jeweilige Grundherr die uneingeschränkte Herrscher- und Verfügungsgewalt über Land und Leute besaß.

> Ende gesetzt würde. Umso mehr, da die Gesetze den Tempeln und Schreinen die uneingeschränkte Verwaltungshoheit über ihre Güter zugestehen. Es soll daher eine Anordnung ergehen mit dem Inhalt, dass wir eine Unterbindung dieses Unruhe stiftenden Verhaltens fordern. [...][14]

Der Hinweis, die Gesetze würden „den Tempeln und Schreinen die uneingeschränkte Verwaltungshoheit über ihre Güter zugestehen", stellt einen Bezug zur o.g. Verfügung und der darin festgelegten Freiung für klerikale Güter dar. Der dabei verwendete Terminus *ichien kanryō* (ganzheitlich bzw. voll umfänglich verwaltetes Gebiet) ist durchaus bemerkenswert. Damit wurde prononciert zum Ausdruck gebracht, dass das Minase-Gut als vollständig immunes Besitztum des Tōdaiji angesehen wurde, für das der Tempel die uneingeschränkte Herrscher- und Verfügungsgewalt beanspruchte.

Eine weitere Aussage dieses Beschlusses verdient Erwähnung. Dem einleitenden Satz zufolge gehörte das Gut Minase schon lange zum Hachimangū des Tempels, womit der o.g. Tamukeyama bzw. Tōdaiji Hachimangū gemeint ist. Wie Piggott betont, war die Beteiligung z.B. von Tochtertempeln an der Gutsverwaltung ein weit verbreitetes und praktikables Mittel zur Verbesserung der *shōen*-Administration (Piggott: 69). Die hier erwähnte Zugehörigkeit des Minase-Gutes zum Tōdaiji Hachimangū geht vermutlich auf eine Stiftung zurück, über die wir nur indirekt und leider ohne zeitliche Details durch eine Dokumentenliste aus dem Jahr 1291 Kenntnis haben, die ein Schreiben aufführt „betreffend die Stiftung des Gutes Minase als Grundstück [zur Unterstützung] der Lehr- und Studientätigkeit (*dangi*) des Hachimangū" (Regest # 18). Die Lieferung von Minase-Erträgen „für Studien- und Unterweisungszwecke im Tempel" findet wenig später im oben bereits zitierten Regest # 23 aus dem Jahr 1299 konkrete Erwähnung.

3.2 Abgaben und Dienste: Minase-Gut im Lehnsbesitz der Familie Minase

Das von Kaiser Gotoba als Lehen überlassene Gut Minase (GMns) war mit der hofadeligen Elite verbunden. Eine so aufschlussreiche Quelle zu Größe und Nutzung wie das im Regest # 4 erfasste und unter 3.1 kommentierte Verzeichnis zu den Tōdaiji-Gütern liegt uns hierzu leider nicht vor. Aber aus dem Jahr 1366 ist eine Mitteilung auf uns gekommen, die einige Angaben zur Größe enthält (Regest # 37):

> Zum Besitztum des Gotoba'in Mieidō gehören innerhalb des Gutes Minase in der Provinz Settsu mehr als 2 *chō* 9 *tan* Nassfeldfläche, davon ungefähr 2 *chō* Nassfelder [der Familie] Yoshimine, 2 *tan* im ursprünglichen Kernareal des Gutes und 7 *tan* von der Familie Tsuda in Besitz genommene Grenzfelder [...].[15]

Mit den genannten 2 *chō* 9 *tan* (umgerechnet knapp 3,5 Hektar) war das Lehnsgut Minase deutlich kleiner als das gleichnamige Tōdaiji-Gut. Ursprüngliches Kernareal, d.h. Gründungsareal waren sogar nur 2 *tan* (circa 2.400 m^2), das Gros der Fläche (2,7 *chō* bzw. knapp 3,3 Hektar) kam erst später hinzu. Zum einen – vermutlich durch Stiftung – seitens

14 Voller Wortlaut im Regestenteil.
15 Voller Wortlaut im Regestenteil.

der Familie Yoshimine, zum anderen durch Usurpation an das Gut angrenzender Felder durch die Familie Tsuda.[16] Über den Zweck der Gründung und die vorgesehene Nutzung des Areals erfahren wir etwas aus dem Vermächtnis von Kaiser Gotoba aus dem Jahr 1239:

> Die beiden Areale Minase und Inouchi überlasse ich unterschiedslos als Lehen, damit man die Trauerzeremonien für mein Seelenheil in der nächsten Welt abhalten möge.[17]

Die beiden Lehnsempfänger, Minase (ursprünglich Fujiwara no) Nobunari und sein Sohn Chikanari, gründeten auf dem Areal pflichtgemäß im Jahr nach Gotobas Tod, also 1240, zur Abhaltung der Seelenzeremonien und zu seinem ehrenden Gedenken den Gotoba'in Mieidō, als dessen Besitztum das Minase-Gut in allen Quellen geführt wurde.[18] In erster Linie wurde diese Fläche also für Gotobas Gedenkhalle genutzt. Nachfolgend und mit zunehmender Größe dürfte sie auch zu deren Unterhalt und Aktivitäten beigetragen haben. Aus mehreren Schriftstücken zwischen 1294 und 1355 wissen wir darüber hinaus, dass die Gedenkhalle in einen großen Zen-Tempel umgebaut oder durch einen solchen ersetzt werden sollte. Zwar war die Errichtung eines Tempels namens „Daikōzenji an der Stelle der ehemaligen Villa Minase [bereits] von Kaiser Gotoba angewiesen" worden (Regest # 32), aber realisiert wurde dieses Vorhaben augenscheinlich nicht. Deshalb verfügte Kaiser Fushimi 1294 und 1297, „dass an der Stelle der ehemaligen Villa Minase ein großer Tempel errichtet werden soll", da es dort „[noch] kein Tempelgebäude gibt" (Regesten # 20 und 21). Mehr als fünfzig Jahre später gab es das immer noch nicht, sodass sich Kaiser Gomurakami im Jahr 1350 zu folgendem Gelübde genötigt sah (Regest # 34):

> Erstens, an der Stelle der einstigen kaiserlichen Villa Minase soll der Tempel Daikōzenji errichtet werden.
> Zweitens, der Mieidō von Minase soll zu einem Ort der Verehrung der Götter werden.
> [...]
> Die ehemalige Villa Minase soll in einen Zen-Tempel namens Daikōzenji umgewandelt werden.[19]

Vordergründig landwirtschaftliche Nutzfläche mit ausgeprägter grundherrlicher (Leihe-) Struktur und Nutzung ist das Lehnsgut Minase also wohl nie gewesen, zumindest was das Kernareal betraf. Das zeigt sich auch an der Art der Leistungspflichten. In den untersuchten

16 Die zitierte Mitteilung spricht von *kanō Tsuda oryō*: von [der Familie] Tsuda usurpiertes Land (*oryō*), das [dem Gutsgebiet] hinzugefügt wurde (*kanō*). Ausführlicher zu dieser Textstelle im Regest # 37, Anm. 11.

17 Regest # 9, voller Wortlaut im Regestenteil.

18 Der Gotoba'in Mieidō fungierte als Schutz- bzw. Obereigentümer (*honke/honjo*), die Minase agierten als Nutzungseigentümer (*ryōke*).

19 Die Regesten # 20 und 21 sowie 32, 34 und 35 vermitteln den Eindruck, dass bereits auf Gotobas Geheiß hin im Bereich der Villa Minase ein Tempel namens Daikōzenji errichtet werden sollte und man immer wieder den Bau solch einer Anlage dort plante bzw. anwies, dass es aber anscheinend bei entsprechenden Vorsätzen geblieben ist. Ein Tempel dieses Namens lässt sich, auch historisch gesehen, nur in Nord-Kyūshū nahe der Stadt Fukuoka ausmachen. Kōzenji gibt es zwar mehrfach in Japan, mit direktem Bezug zur Region Minase konnten jedoch keine Nachweise gefunden werden. Erwähnungen von Kōzenji in der Provinz Settsu führen zu Tempeln in den heutigen Städten Ōsaka und Amagasaki.

Schriftstücken finden fast ausschließlich sekundäre und Sonderabgaben Erwähnung, die mehrheitlich gutsextern zu erbringen waren, also für den Kaiserhof oder für das *bakufu* (*rinji kaeki*, *tanmai*/*tansen*, *yakubutaku*). Gutsintern, also vom Grundherren erhoben wurden laut vorliegenden Quellen die als *kuji* bezeichneten vermischten Abgaben, die die verschiedenen Ding- und insbesondere Dienstpflichten zusammenfassten, die nicht unter den – von der Bedeutung her primären – Grundzins fielen. Eine Grundzinszahlung in Form der *hon'yaku* findet nur ein einziges Mal in einem der letzten erfassten Dokumente Erwähnung, im Regest # 56 aus dem Jahr 1501 (Näheres s.u.). Das Lehnsgut der Familie Minase (GMns) hatte anscheinend andere Abgabenpflichten zu erfüllen als das monastische Tōdaiji-Gut Minase (TMns). Von zwei Abgabenarten abgesehen (*rinji kaeki* und *yakubutaku*), sind alle Leistungen jeweils nur für eines der beiden Güter belegt, also entweder für das TMns oder für das GMns. Das mag im Einzelfall dem Zufall geschuldet gewesen sein. So ist beispielsweise die *hanzei*-Abgabe im Regest # 42 zwar Gegenstand im Zusammenhang mit dem Tōdaiji-Gut Minase, sie findet aber nirgendwo Erwähnung für das Gut der Familie Minase (GMns), noch nicht einmal in Form einer Freiung. Dass das GMns von keinerlei *hanzei*-Forderungen betroffen war, scheint aber eher unwahrscheinlich. Wahrscheinlicher ist es, dass es schlicht keine schriftlichen Überlieferungen dazu gibt. Ungeachtet dessen fällt auf, dass in der Gesamtheit aller untersuchten Schriftstücke je nach Besitztum verschiedene Abgabenformen thematisiert wurden.

Nachweise für Abgabenleistungen des Lehnsgutes Minase[20] begegnen uns in den untersuchten Quellen ab Anfang des 14. Jahrhunderts. Die erste Erwähnung findet sich im Jahr 1314 in einer Verfügung von Exkaiser Gofushimi. Darin wird dem Hause Minase die Freiung von der *tanmai*-Abgabe bestätigt (Regest # 27):

> Was die Reis[abgaben] für die Bauarbeiten am Sumiyoshi-Schrein anbelangt, so werden die Güter Minase und Inouchi auf der Grundlage des mit Handabdrücken besiegelten Vermächtnisses des abgedankten Kaisers Gotoba [von der Leistungspflicht] befreit.

Tanmai war eine seit dem Ende der Heian-Zeit belegte, nach der Fläche (*tan*) berechnete Abgabenform, die anfänglich in Reis (*mai*) zu entrichten war. Mit Verbreitung des Geldwesens wurde sie ab dem 15. Jahrhundert zunehmend in Münzen (*sen*) beglichen, weshalb aus ihr namentlich die *tansen* wurden. Inhaltlich stellte die *tanmai*/*tansen*-Abgabe eine temporär erhobene, öffentliche Sondersteuer für den kaiserlichen Hof und dem Hof angegliederte religiöse Einrichtungen wie z.B. den Ise-Schrein dar, die unabhängig vom Grundzins und zusätzlich zu diesem für die Ausrichtung von bestimmten Zeremonien, bei Thronbesteigungen oder Abdankungen, für Bau- und Reparaturvorhaben (wie in der oben zitierten Verfügung), später auch anlässlich der Ernennung eines neuen *shōgun* u.a.m. auferlegt wurde. Ursprünglich war es also eine höfische Abgabe, für deren Freiung es einer entsprechenden kaiserlichen Anordnung bedurfte. Etwa ab der Mitte des 15. Jahrhunderts wurde die *tanmai*/*tansen*-Leistung stattdessen zunehmend durch das *bakufu* vereinnahmt,

20 Im Folgenden ist mit Minase-Gut ausschließlich das Mieidō-Besitztum gemeint, ohne dass jeweils durch eine besondere Kennzeichnung (GMns) darauf hingewiesen wird. Diese erfolgt nur, wenn eine direkte Abgrenzung zum Tōdaiji-Gut Minase (TMns) erforderlich ist.

zu dessen wichtigsten Einnahmequellen sie gehörte. Mit Billigung des *bakufu* wandelten die *shugo* sie in eine dauerhafte, reguläre Abgabe um, die sie dann allerdings auch in wachsendem Maße für eigene Zwecke verwendeten (Ayamura: 167). Auch für die *shugo* wurde sie zur Haupteinnahmequelle und war deshalb von einiger Bedeutung.

Insgesamt 11 der untersuchten 60 Schriftstücke erwähnen die *tanmai*/*tansen*-Abgabe. In allen Fällen ging es um das Lehnsgut der Familie Minase (GMns), für eine Erhebung dieser Abgabe im Tōdaiji-Gut Minase (TMns) gibt es keinerlei Belege. Anscheinend war sie dort nicht relevant, obwohl sie in anderen Gütern des Tempels durchaus eingefordert wurde.[21] Die erste Erwähnung ist die o.g. Verfügung aus dem Jahr 1314, die letzte datiert 1517 (Regest # 58). Analog zur allgemeinen Entwicklung sprechen die Quellen bis 1413 (Regest # 44) von *tanmai*, ab 1438 (Regest # 46) findet sich nur noch die Bezeichnung *tansen*. Inhaltlich geht es ausschließlich um Freiungen von dieser Leistung, um die Bekräftigung bereits bestehender Freiungen sowie um Aufforderungen an lokale Amtsträger, solche einzuhalten. Bis Anfang des 15. Jahrhunderts wurden diese Dokumente von Seiten der höfischen Regierung im Namen von Kaisern oder Exkaisern ausgestellt (Regesten # 27, 40 und 44), ab Regest # 46 (1438) waren die Initiatoren ausschließlich *shōgun* und *bakufu* (Regesten # 46, 51 und 54) sowie deren regionale und lokale Amtsträger wie die *shugo* und ihre Stellvertreter (Regesten # 47, 48, 52 und 58). Das geht mit dem oben beschriebenen Übergang von höfischer zu Shōgunatsanbindung konform. Allerdings griffen die Shōgunatsdokumente wiederholt vorangegangene, noch im höfischen Auftrag ausgestellte Schriftstücke inhaltlich auf, sodass sich nicht das Bild eines kompletten Bruches ergab. Beispielsweise wird mit dem letzten auf uns gekommenen höfischen Schreiben aus dem Jahr 1413 dem (vermutlich) Verwalter Minase Tomotaka im Namen von Exkaiser Gokomatsu bestätigt, dass das Minase-Gut aufgrund verschiedener früherer kaiserlicher Freiungen weiterhin keine *tanmai*-Abgaben zu leisten brauche:

> Wiederholten kaiserlichen Entscheidungen zufolge sind die beiden Güter Minase und Inouchi von der *tanmai*-Abgabe für Bauarbeiten am Sumiyoshi-Schrein befreit.[22]

Die erste entsprechende Verfügung von *shōgun* Ashikaga Yoshinori an die Adresse von Hosokawa Mochiyuki, *shugo* der Provinz Settsu, aus dem Jahr 1438 (Regest # 46) schließt daran an:

> Hinsichtlich der Mitteilung des Verwalters Minase Shōshō Suekane über die [Erhebung der] *tansen*-Abgabe und [anderer] Sonderabgaben im Gut Minase in der Provinz Settsu ergeht die Verfügung, dass [das Gut] der Gewohnheit entsprechend [von der Leistungspflicht] zu befreien ist und dass es die Beauftragten des *shugo* umgehend zu unterlassen haben, [das Gutsterritorium] zu betreten.

Einen solchen Bezug – der Gewohnheit entsprechend – nehmen auch die Regesten # 51 (1458) und # 58 (1517).

---

21 In den Datenbanken *Komonjo*, *Kamakura ibun* und *Dai Nihon shiryō* des Historiographischen Institutes der Universität Tōkyō finden sich entsprechende Nachweise für eine Reihe von Tōdaiji-Besitzungen.

22 Regest # 44, voller Wortlaut im Regestenteil.

Es zeigt sich also, dass das Kaiserhaus bis Anfang des 15. Jahrhunderts noch die Macht besaß, in Gutsbelange einzugreifen, indem es z.B. Freiungen aussprach oder gegebenenfalls auch ablehnte,[23] und dass sich die Shōgunatsregierung einerseits nachfolgend durchaus an derartige Entscheidungen gebunden fühlte und laut Gay (59) andererseits allmählich die Verwaltungshoheit über das Abgabensystem übernahm, wozu auch das Recht gehörte, Freiungen zu gewähren. Inhaltlich standen die vorliegenden Dokumente bis Mitte des 15. Jahrhunderts expressis verbis im Zusammenhang mit Bauarbeiten am Sumiyoshi-Schrein und damit mit dem Kaiserhof, also mit dem ursprünglichen Wesen dieser Abgabenart. Ab Regest # 46 (1438) erfolgte keine Nennung des Verwendungszweckes mehr und die entsprechenden Verfügungen wurden nur noch vom *shōgun* oder seinen Beauftragten ausgestellt. Die *tanmai*/*tansen*-Leistung war also offenbar zu einer allgemeinen, nicht zweckgebundenen, regulären Abgabenart und zu einer Angelegenheit zwischen Gut und *bakufu* geworden. Die Regesten # 51 und 58 (1458 und 1517) stellen sie darüber hinaus in einen direkten Kontext mit Pflichten, die explizit für den *shugo* zu erbringen waren, was den Schluss nahe legt, dass sich dieser zum Hauptnutznießer entwickelte.

Die *tanmai*/*tansen* gehörten zu den komplexen *rinji kaeki*, auch *rinji kayaku* gelesen.[24] Dies war eine besonders in der Muromachi-Zeit von der Shōgunatsregierung auferlegte außerordentliche/einstweilige (*rinji*) vermischte Ding- und Dienstpflicht (*kaeki*), d.h. eine – zumindest dem Namen nach – temporäre Sonderabgabe[25], die aber eine wichtige Einnahmequelle des *bakufu* darstellte und von den Gütern zusätzlich zu den Abgaben für den Grundherren zu entrichten war. In den Minase-Quellen taucht sie begrifflich erstmals in einer Shōgunatsverfügung aus dem Jahr 1385 auf, in der der Stellvertrerter des *shōgun* (*kanrei*) dem *shugo* von Settsu mitteilt:

> Das zum Besitztum des Gotoba'in Mieidō gehörende Gut Minase in der Provinz Settsu braucht keine Sonderabgaben [*rinji kaeki*, A.B.] zu leisten.[26]

Die oben bereits zitierte *shōgun*-Verfügung aus dem Jahr 1438 (Regest # 46) bekräftigt die Freiung des Minase-Gutes von den „*tansen*- und [anderen] Sonderabgaben" (*tansen narabi rinji kaeki*). Diese beiden Dokumente erwähnen die *rinji kaeki* ganz allgemein, d.h. ohne konkrete Angaben zu Leistungsart und Leistungsempfänger. Das änderte sich in späteren Schriftstücken. So nimmt die im Regest # 48 erfasste Weisung aus dem Jahr 1442 zwar direkten Bezug auf die noch allgemein gehaltene *shōgun*-Verfügung aus dem Jahr 1438, anders als diese spricht sie aber nunmehr konkret von *ninbu rinji kaeki*, also von Sonderabgaben in Form von Arbeitsleistungen der dienstpflichtigen Bevölkerung (*ninbu*, auch *ninpu* gelesen). Gleiches trifft auf ein Schreiben des *shugo*-Stellvertreters aus dem Jahr 1486 zu (Regest # 53). Dass es sich dabei um Arbeitsdienste handelte, die für den *shugo* zu erbringen waren, können wir den Schriftstücken der Jahre 1458 und 1517 entnehmen, die übereinstimmend von „Arbeits-/Dienstpflichten für den *shugo*" (*shugo eki ninbu*)

23 Auch die Regesten # 30 (1336) und # 31 (1337) beinhalten kaiserliche Verfügungen, die den Status von Minase festlegen und bestimmte Handlungen dort untersagen.

24 Eine Anweisung aus dem Jahr 1517 bezeichnet die Forderung als *tansen rinji kaeki* (Regest # 58).

25 Gerber (585) nennt sie „provisorische Abgabe".

26 Regest # 43, voller Wortlaut im Regestenteil.

sprechen (Regesten # 51, 52 und 58). Im Zusammenhang mit den *tanmai/tansen* wurde bereits darauf hingewiesen, dass man dies als Indiz für die wachsende Rolle der *shugo* in Bezug auf Abgabenverwaltung und -nutzung werten kann. Der Inhalt von Regest # 60 (1519) zeigt darüber hinaus an, dass die *rinji-kaeki*-Pflicht für hofadelige und klerikale Güter gleichermaßen galt, denn dort ist die Leistung zugunsten des *shugo* bzw. seiner Beauftragten vor Ort auch für das Tōdaiji-Gut Minase nachgewiesen:

> Die dem *shugo* zu entrichtenden Sonderabgaben [*shugo hō rinji kaeki*, A.B.] sind den früheren Regelungen entsprechend für die [Arbeit seiner] örtlichen Vertreter [abzuliefern].[27]

Zwar ist es die erste – und gleichzeitig letzte – Erwähnung dieser Abgabenform für das Tōdaiji-Gut, aufgrund der Formulierung „den früheren Regelungen entsprechend“ wissen wir aber, dass dieser Leistungspflicht schon länger nachgekommen wurde. Und zwar – dem Wesen der *rinji kaeki* gemäß – zusätzlich zu den von Seiten des Grundherren erhobenen Abgaben, die dadurch „nicht im geringsten gemindert“ werden durften, wie es im Text des Schreibens weiter heißt.

Die bis hierher besprochenen Leistungspflichten waren alle gutsextern, d.h. sie wurden nicht vom Grundherren erhoben (Familie Minase, Gotoba'in Mieidō), sondern mehrheitlich vom *bakufu*. Als einzige grundherrliche Abgabenformen finden wir in den untersuchten Dokumenten *kuji* und *hon'yaku* erwähnt. Unter *kuji* fasste man im mittelalterlichen Abgabensystem ähnlich der *rinji kaeki* die verschiedenen Ding- und insbesondere Dienstpflichten zusammen, die nicht unter den Grundzins fielen. In bestimmten Fällen ersetzten die *kuji* auch den regulären Grundzins, etwa bei nicht-agraren Flächen, bei exempten Feldern (z.B. Gehaltsfeldern lokaler Amtsleute) oder bei Brachen (wegen Überflutung u.ä.). Sie wurden unterschiedlich berechnet – auf Tages-, Monats- oder Flächenbasis – und konnten außer in Reis auch in vielfältigen, vornehmlich regionalen Produkten abgegolten werden (Öl, Salz, Fische, Stoffe, Papier u.a.m.). Auf diese Weise dienten sie der Versorgung sowohl mit hochwertigen Waren wie auch mit täglichen Bedarfsgütern, wenngleich in der Muromachi-Zeit auch bei den *kuji* ein Übergang von Sach- zu Geldabgaben einsetzte (*kujisen*).[28] Auf Freiungen von der *kuji*-Pflicht stoßen wir in den Regesten # 50 (1450) und # 56 (1501), allerdings ohne genauere Benennung der zu erbringenden Leistungen und wiederum nur für das Familienlehen Minase (GMns), nicht für das Tōdaiji-Gut Minase.[29] Das erstgenannte Dokument erlässt einem Teil des Gutes ganz allgemein „die verschiedenen Ding- und Dienstpflichten“ (*sho kuji*), das zweite Dokument bleibt die *kuji* betreffend zwar ebenso allgemein – verwendet wird der Begriff *manzō kuji* (wörtl. „zehntausend vermischte öffentliche Dinge“) –, stellt diese jedoch in direkten Gegensatz zu dem weiterhin abzuliefernden Grundzins, dessen Höhe und Lieferzeit genau beziffert wird:

27 Voller Wortlaut im Regestenteil.

28 Keirstead weist darauf hin, dass *kuji* nur von persönlich freien, i.d.R. der bäuerlichen Oberschicht angehörenden Leihebauern (*hyakushō*) erhoben wurden, sodass ihre Entrichtung an einen bestimmten sozialen Status gebunden war (Keirstead: 41).

29 Die letzte auf uns gekommene Erwähnung des Lehnsgutes Minase, der oben erwähnte Tagebucheintrag des Yamashina Tokitsugu aus dem Jahr 1544, betrifft ebenfalls die *kuji*-Abgabe. Er bleibt jedoch völlig allgemein und lässt nicht erkennen, worum genau es ging (siehe Kapitel 1.2).

> Das oben genannte Areal gehört dem Gotoba'in Mieidō. [...] Es dürfen keinerlei Ding- und Dienstpflichten, sondern nur der im Februar eines jeden Jahres zu entrichtende reguläre Zins [in Höhe von] 10 *mon* pro *tan* eingefordert werden.[30]

Es handelt sich bei dem Dokument um die amtliche Bestätigung des Verkaufs von 2 *tan* Nassfeldern (circa 2.400 m^2) innerhalb des Besitztums Minase (GMns). Neben der Angabe der Grenzpunkte des betroffenen Areals werden auch bestimmte an die Transaktion geknüpfte Bedingungen formuliert. Der erwähnte Zins wird als *hon'yaku* bezeichnet, der im Kapitel 2 erwähnte im Voraus festgelegte Grundzins. Gerber charakterisiert ihn als typische grundherrschaftliche Abgabe und als Marker für den Bestand des domänenherrschaftlichen Systems (Gerber: 390). Die Höhe des Zinses wurde hier – nicht unüblich zu Beginn des 16. Jahrhunderts – mit einer bestimmten Geldmenge (10 *mon* pro *tan*) festgelegt, nicht mehr mit einer Sachmenge (i.d.R. Reis) und gegebenenfalls Nennung eines Äquivalenzwertes in Münzen, wie es unter 3.1 bei Besprechung des Übergangs von Sach- zu Geldleistungen aufgezeigt wurde.

Eingangs wurde erwähnt, dass zwei Abgabenarten im Zusammenhang mit beiden Minase-Gütern belegt sind. Das betrifft zum einen die bereits besprochene *rinji-kaeki*-Leistung. Die zweite ist die *yakubutaku*-Abgabe, die im Abschnitt 3.1 schon für das Tōdaiji-Gut erläutert wurde. Wie dort gibt es auch zum Lehnsgut der Familie Minase nur eine Einzelerwähnung dieser Abgabenform in Form einer Freiung aus dem Jahr 1490 (Regest # 55):

> Das Gut Minase (Inouchi und Zenpōji), Domäne des Gotoba'in Mieidō in Sesshū, ist schon lange von den Sonderreisabgaben [*yakubutakumai*, A.B.] für Bauarbeiten am Äußeren Schrein von Ise befreit. Wir fordern Sie deshalb auf, [die Erhebung dieser Abgaben] einzustellen. So lautet die Anordnung.

Bemerkenswert ist, dass es sich bei dieser Freiung nicht mehr um eine kaiserliche Verfügung handelte, die ursprünglich zum Erlass dieser Abgabe erforderlich war (vgl. Regest # 1), sondern dass sie nunmehr auf *bakufu*-Ebene verhandelt wurde und an den Stellvertreter des *shugo* von Settsu (hier in der Schreibung Sesshū) gerichtet war. Das deckt sich jedoch mit den allgemeinen Entwicklungen, auf die bereits mehrmals hingewiesen wurde, nämlich dass die Shōgunatsregierung bzw. zunehmend dann ihre einzelnen Amtsträger – insbesondere *shugo* und lokale Potentaten – bedingt durch ihr generelles Erstarken während der Muromachi-Zeit auch die Verwaltungshoheit über das Abgabensystem erlangten.

Zusammenfassend fällt auf, dass es sich bei den abgabenbezogenen Dokumenten zum Lehnsgut der Familie Minase (GMns) inhaltlich fast ausschließlich um Freiungen und entsprechende Folgeanweisungen handelt. Nur eine einzige Leistung ist – zumindest in der Gesamtschau der untersuchten Schriftstücke – tatsächlich eingefordert worden: der im Regest # 56 erwähnte *hon'yaku*-Grundzins. Dies unterscheidet sich signifikant von den abgabenbezogenen Dokumenten zum Tōdaiji-Gut Minase (TMns) und legt den Schluss nahe, dass die Produktivität des Lehnsgutes Minase keine sehr hohe Wertigkeit besaß und/oder dass aus anderen Gründen auf dessen Leistungen verzichtet wurde. Infrage kämen

30 Regest # 56, voller Wortlaut im Regestenteil.

dafür politisch-religiöse Hintergründe, da das GMns z.B. zum Unterhalt des Gotoba'in Mieidō beizutragen hatte, in dem mittlerweile neben Kaiser Gotoba auch die Kaiser Tsuchimikado und Juntoku verehrt wurden.

Beim Tōdaiji-Gut Minase betreffen nur zwei der insgesamt 12 Schriftstücke mit Bezug zu Leistungspflichten eine Freiung: das Dokumentenverzeichnis im Regest # 1 führt eine zu dem Zeitpunkt bereits länger vorliegende kaiserliche Freiungsorder für die *yakubutaku*-Abgabe auf und Regest # 42 enthält einen Beschluss der Mönchsversammlung, die dem Tempel zustehende Freiung von der *hanzei*-Abgabe einzufordern. Alle anderen diesbezüglichen Quellen befassen sich mit erbrachten oder zu erbringenden Leistungen.

Des Weiteren handelte es sich bei den überlieferten Leistungspflichten und Freiungen des GMns fast ausschließlich um gutsexterne Abgabenarten, für das TMns sind hingegen mehrheitlich gutsinterne Leistungen belegt, der äußere Abgabendruck schien eindeutig geringer. Als einer der großen, führenden Tempelkomplexe und v.a. aufgrund seiner spirituellen Schutzfunktion für Reich, Kaiserhaus und *bakufu* hatte der Tōdaiji eine besondere Stellung inne, die ihm auch in seiner Funktion als Grundherr Privilegien verschaffte.

3.3 Nutzungs-, Besitz- und Zutrittsrechte

Dreißig Prozent der untersuchten Quellen treffen direkt oder indirekt Aussagen über die bestehenden Verfügungs-, Nutzungs- und Besitzrechte. Darunter fallen Besitzverzeichnisse (Regesten # 4 und 8), Besitzbestätigungen (z.B. Regest # 37), Gebietsschenkungen u.a. Landübertragungen (z.B. Regesten # 9, 12, 17, 56, 60) sowie Schriftstücke, in denen es um das sogenannte *fu'nyū-ken* ging, das „Privileg des Zutrittsverbotes" (z.B. Regesten # 51 und 57). Es erlaubte den Grundherren und ihren Verwaltern vor Ort, gutsexternen Amtsträgern, wie Beauftragten der höfischen Regierung oder des *bakufu*, das Ausüben hoheitlicher Gewalten – Abgabenerhebung, Vermessungen, Polizei- und Gerichtsgewalt u.ä. – im Gutsterritorium zu untersagen.[31] In Einheit mit den unter 3.1 und 3.2 beschriebenen Abgabenfreiungen, den *fuyu-ken* („Recht des Nicht-Lieferns"), verschaffte es den Gütern eine komplexe grundherrschaftliche Immunität. Der Tōdaiji hatte für sein Minase-Gut bereits bis zur Mitte des 11. Jahrhunderts endgültig ein Zutrittsverbot und einen umfassenden Freiungsstatus durchgesetzt.[32] Diese Herrschergewalt hatte offenbar Bestand, denn die in dieser Studie erfassten Schriftstücke mit Bezug zu Zutrittsverboten betreffen ausschließlich das Lehnsgut der Familie Minase (GMns), kein einziges betrifft das Tōdaiji-Gut Minase (TMns). Das korrespondiert mit dem bereits herausgearbeiteten Umstand, dass die Mehrheit der TMns-Abgaben gutsintern waren ohne Beteiligung gutsfremder Amtsträger, für die es dadurch keinen berechtigten Anlass gab, das Territorium z.B. zum Zwecke der Abgabenerhebung zu betreten.[33] Durch die bereits zu Beginn der Kamakura-Zeit bestehende ausgeprägte grund-

---

31 Zöllner vergleicht das *fu'nyū*-Recht mit der Immunität *ab introitu* (Zöllner: 328).

32 Siehe Brochlos 2001.

33 Hier muss allerdings die eingangs beschriebene Überlieferungslücke im Auge behalten werden. Es kann selbstverständlich nicht ausgeschlossen werden, dass derartige Zeugnisse auch für den Tōdaiji existiert haben. Im Gesamtkontext gesehen ist es wohl dennoch nicht völlig verfehlt anzunehmen, dass die Problematik der Zutrittsrechte für das TMns eine geringere Rolle gespielt hat als für das GMns.

herrschaftliche Gewalt des Tōdaiji im Verbund mit seiner fortbestehenden exponierten, privilegierten Stellung hatte die Frage der Zutrittsrechte im 13. Jahrhundert und folgend für ihn und das TMns vermutlich kein nennenswertes Konfliktpotential mehr. Die Kämpfe darum hatte der Tempel bereits im 10./11. Jahrhundert zu seinen Gunsten ausgetragen, und die Regelungen und Gesetze der sich anschließenden Kamakura- und Muromachi-Zeit waren geeignet, diesen Status zu bewahren. Das Lehnsgut der Familie Minase (GMns) hingegen war viel jünger und seine Eigentümer hatten keine so herausragende Stellung inne wie der Tōdaiji, was sich auf die – erst noch erforderliche – Sicherung von Freiungs- und Immunitätsrechten ausgewirkt haben dürfte.

Gegenstand der analysierten Dokumente sind ausschließlich Zutrittsbeschränkungen für die *shugo* und ihre Beauftragten, d.h. die *shugo fu'nyū* bzw. *shugo-shi fu'nyū*.[34] Um dieses Immunitätsprivileg drehten sich in der Kamakura- und Muromachi-Zeit zahlreiche Auseinandersetzungen zwischen den zivilen und klerikalen Portalen und ihren Vertretern einerseits sowie dem *bakufu* und den *shugo* andererseits, wobei das i.d.R. widerrechtliche, nach Besitz- und Machterweiterung strebende Verhalten der *shugo* Kern des Problems war und der *shōgun* als deren Dienstherr sowie als oberste gerichtliche Instanz klärend in Erscheinung trat.

Die Amtsaufgaben, in deren Ausübung es den *shugo* und ihren Vertretern erlaubt war, die Güter in ihren Provinzen zu betreten, waren durch die Shōgunatsgesetze im Grunde genommen genau definiert und recht eng begrenzt, um Konfrontationen mit den anderen Portalen, mit den zivilen Provinzverwesern (*kokushi*) und auch mit den vom *bakufu* eingesetzten Gutsvögten (*jitō*) zu vermeiden.[35] Je nach Region, beteiligten Personen oder anderen Umständen wurde das Verbot darüber hinausgehender Handlungen von *shugo* jedoch mal mehr, mal weniger strikt umgesetzt, und zum Ende der Kamakura-Zeit und insbesondere in der Muromachi-Zeit erlangten bzw. verschafften sich die *shugo* erheblich weitreichendere Kompetenzen. Teils legal mit Duldung der Shōgunatsregierung, oft aber auch unter Missachtung bestehender Regelungen. So konnten sie immer umfassender an den Gütern partizipieren und in die Gutsterritorien hineinwirken. Das rief den Widerstand der Grundherren und lokalen Verwalter hervor, denn in zahlreichen Fällen entzogen die *shugo* den ihnen unterstellten Provinzen und dort angesiedelten Landgütern, selbst den nominell immunen Gütern, ungeniert Arbeitskräfte und Abgaben für verschiedenste Zwecke. Für das *bakufu* taten sich damit zwei Probleme auf: zum einen der erwähnte Konflikt mit den unzufriedenen anderen Portalen, zum anderen das dem *bakufu* schadende und auf eigenen Vorteil bedachte Handeln der *shugo*. Durch die Anerkennung von exempten Gebieten mittels der *shugo-fu'nyū*-Verfügungen versprach sich das Shōgunat Abhilfe in beiden Richtungen. Der Widerstand der anderen Portale wurde abgeschwächt, da die *shugo* und ihre Vertreter zu bestimmten Territorien keinen Zutritt und dort damit keine Handlungsbefugnis mehr

34 Rüttermann (525) beschreibt *shugo fu'nyū* und *shugo-shi fu'nyū* als „Immunität vor dem Zutritt eines *shugo* oder seiner Vertreter in eine Grundherrschaft oder einen Dorfbezirk. Somit entfiel die Ausübung des *kendan* (Rechtsprechgewalt) durch einen *shugo*".

35 Bereits 1223 erließ das *bakufu* einen Erlass, der den *shugo* Zutrittsrechte unter bestimmten Bedingungen und zu bestimmten Zwecken zugestand (Mass 1974: 215). Es folgte 1232 der Gesetzeskodex *Goseibai shikimoku*, in dem die Amtsbefugnisse sowie die drohenden Strafen bei Zuwiderhandlungen ebenfalls beschrieben wurden. Siehe dazu auch Kapitel 1.1, inbesondere FN 7.

hatten. Sie waren – theoretisch – frei von deren Einmischung; Abgaben- und Polizeihoheit fielen an den Grundherren (zurück). In den zutrittsfreien Arealen oblag ihnen z.B. selbst in Fällen von schweren Straftaten und Rebellion das Verfolgen und Festsetzen der Delinquenten. Ursprünglich war das eine der Grundbefugnisse, die die *shugo* zum Betreten von Gutsgebieten berechtigten. Nach Erteilung des Zutrittsverbotes fiel das jedoch in die Zuständigkeit der Grundherren, und der zuständige *shugo* durfte die Gefangenen erst an den Gutsgrenzen übernehmen.

Das *bakufu* selbst profitierte ebenfalls von den Zutrittsverboten, da der Wirkungskreis und die Einnahmequellen der *shugo* auf diese Weise begrenzt und damit deren Möglichkeiten eingeschränkt wurden, ihre Macht auszuweiten, sich aus der *bakufu*-Hierarchie zu lösen und eigenständige Territorialherrschaften aufzubauen. Gleichzeitig wurden diejenigen, die in den Genuss des *shugo-fu'nyū*-Privilegs kamen, enger an das *bakufu* gebunden.

Wie wir anhand der überlieferten Quellen sehen können, versuchten die *shugo* wohl zunächst, bestehende Zutrittsverbote einfach zu ignorieren und z.B. Abgaben und Dienste auch von eigentlich exempten Gebieten weiterhin einzutreiben. Mit Eintritt in die Sengoku-Zeit schwand jedoch die Autorität des *bakufu* zusehends. Die währenddessen erstarkenden Territorialherren, häufig ehemalige oder amtierende *shugo*, sahen sich dadurch in die Lage versetzt, bestehende *shugo-fu'nyū*-Privilegien der Shōgunatsregierung einfach für ungültig zu erklären und solche stattdessen – je nach bündnispolitischer Notwendigkeit – im eigenen Namen und nach eigenem Ermessen neu zu- oder abzuerkennen, obwohl dazu de jure nur der *shōgun* berechtigt war.[36] Wie bereits vorher das *bakufu*, nutzten es nun auch die Territorialherrscher als Werkzeug, Gegner zu schwächen oder Verbündete zu gewinnen und an sich zu binden. Mit Untergang der *shōen* im Verlaufe der Sengoku-Zeit wurde das *shugo-fu'nyū*-Privileg allerdings obsolet und schließlich nicht mehr angewendet.

Die Minase-Dokumente lassen erkennen, dass das Zutrittsverbot auch für das Lehnsgut Minase (GMns) lange Zeit Gegenstand von Klagen und Konflikten war.[37] Es wurde zwar wiederholt durch den *shōgun* zuerkannt, aber auch immer wieder missachtet und deswegen von den Minase-Herren beim *bakufu* neu eingefordert. Hosokawa Yorimoto, *shugo* von Settsu in den Jahren 1374–79 sowie 1383–97 und in dieser Zeit zuständig für die Minase-Güter, lieferte laut Conlan (138) ein besonders prägnantes Beispiel dafür, wie man unter Ausnutzung des *shugo*-Amtes und mit Hilfe der *shugo*-Vertreter eine Provinz dominieren konnte. Ein wichtiges Werkzeug dabei waren Abgaben-, insbesondere *hanzei*-Forderungen.

36 Von Imagawa Yoshimoto (1519–1560), einem führenden Kriegeradligen, Territorialherrscher und *shugo* in den Provinzen Mikawa, Suruga und Tōtōmi, ist z.B. überliefert, dass er im Jahr 1553 ein von seinem Vater erlassenes Hausgesetz durch 21 Artikel erweiterte (*Imagawa kana mokuroku tsuika*), mit denen u.a. sämtliche Zutrittsverbote für *shugo* und *shugo*-Beauftragte in seinem Herrschaftsbereich für ungültig erklärt wurden mit der Begründung, dass im Gebiet der Imagawa Recht und Ordnung durch die Imagawa selbst und nicht durch die Ashikaga-*shōgune* aufrechterhalten würden. Dies bedeutete den kompletten Bruch mit dem Muromachi-*bakufu* und den Ashikaga, von denen sie ursprünglich abstammten und protegiert wurden (vgl. u.a. Yoshimoto-Biografie der Sengoku Bushō Kenkyūkai, https://senjp.com/yoshimoto, Stand 09.12.2018).

37 Da, wie oben erwähnt, das Thema Zutrittsverbot ausschließlich in Dokumenten des Lehnsgutes Minase auftaucht, beziehen sich die folgenden Ausführungen ohne weitere Erwähnung grundsätzlich auf dieses Gut. Falls eine Unterscheidung zum Tōdaiji-Besitztum (TMns) notwendig sein sollte, erfolgt ein entsprechender Hinweis.

Im Abschnitt 3.1 wurde bereits auf einen Beschluss der Mönche des Tōdaiji eingegangen, in dem sie unter Nennung verschiedener Gründe gegen die widerrechtliche Erhebung der *hanzei*-Abgabe protestierten (Regest # 42). Er stammt aus dem Jahr 1376 und fällt damit ebenfalls in Yorimotos Amtszeit als *shugo* von Settsu. Sein Verhalten stellt indes keine Ausnahme dar, sondern war weit verbreitet und ist über lange Zeit hinweg nachweisbar. Auch seine Amtsnachfolger – allesamt aus dem Hause Hosokawa[38] – gaben wiederholt Anlass zu Klagen über Nichteinhaltung bestehender Zutrittsverbote und daraus resultierend Shōgunatsanweisungen an den *shugo* und seine Beauftragten, diese zu respektieren und einzuhalten. Ein erster solcher Beleg im Minase-Konvolut liegt uns für das Jahr 1431 vor, als dem *shugo* von Settsu, Hosokawa Mochiyuki, im Auftrag des *shōgun* untersagt wurde, seine Beauftragten in das Territorium von Minase zu entsenden (Regest # 45). Dies blieb aber offensichtlich unbeachtet, denn im Jahr 1438 sah sich *shōgun* Ashikaga Yoshinori aufgrund einer oder mehrerer, leider nicht überlieferten Beschwerden des Minase-Verwalters erneut veranlasst, Mochiyuki folgenden Befehl zu erteilen (Regest # 46):

> Hinsichtlich der Mitteilung des Verwalters Minase Shōshō Suekane über die [Erhebung der] *tansen*-Abgabe und [anderer] Sonderabgaben im Gut Minase in der Provinz Settsu ergeht die Verfügung, dass [das Gut] der Gewohnheit entsprechend [von der Leistungspflicht] zu befreien ist und dass es die Beauftragten des *shugo* umgehend zu unterlassen haben, [das Gutsterritorium] zu betreten.

Vom frühen 15. Jahrhundert an bis zum Anfang des 16. Jahrhunderts musste das Zutrittsverweigerungsrecht seitens des Minase-Gutes wiederholt eingefordert und seitens des *shōgun* und seiner Amtsträger mehrfach neu angeordnet werden. In dieser Phase kämpfte das GMns also um dauerhafte Anerkennung territorialer, bodenrechtlicher Hoheit. Die Anweisungen an den jeweiligen *shugo* ergingen zwar oft im Zusammenhang mit Freiungen von Abgaben- und Dienstpflichten, wie das o.g. Beispiel oder auch die Regesten # 51, 52 und 58 zeigen. Das Zutrittsverbot hatte aber dennoch allgemein gültigen Charakter, wie wir einer Klage des Verwalters Minase Hidekane aus dem Jahr 1513 entnehmen können (Regest # 57):

> Die genannte unbedeutende Person [weist darauf hin], dass das Gut Minase im Distrikt Shima no kami in Sesshū ein Gebiet ist, zu dem die Beauftragten des *shugo* keinen Zutritt haben. Sie darf voller Dank und Ehrfurcht ein Schreiben aufbewahren, mit dem eine entsprechende Verfügung [des *shōgun*] bekannt gegeben wurde.

Ein Befehl des *shōgun* Ashikaga Yoshimasa aus dem Jahr 1458 (Regest # 51) bezeichnete die betroffenen Areale des Minase-Gutes bereits ausdrücklich als Gebiete, über die der Eigentümer die uneingeschränkte Besitz- und Verwaltungshoheit innehatte (*mattaku ryōchi*):

> Betrifft eine Mitteilung des verehrten Verwalters Minase Sanmi Suekane in der Angelegenheit der beiden Minase-Güter Inouchi und Zenpōji, Provinz Settsu, und der u.a. [dort eingeforderten] *tansen*-Sonderabgabe und Dienstpflichten für den *shugo*.

38 In der Muromachi-Zeit stammten ab 1383 alle Inhaber des *shugo*-Amtes für Settsu aus dem Hause Hosokawa, sodass zwei Drittel aller Ernennungen (22 von insgesamt 32) an einen Hosokawa gingen.

> Der Gewohnheit entsprechend werden [die Abgaben und Dienste] erlassen. Sie müssen umgehend als Gebiete ohne Zutritt[srecht] für Beauftragte des *shugo* und als völlig eigenständig verwaltete Besitzungen [behandelt] werden.

Die Zutrittsimmunität wird in diesen beiden letztgenannten Schriftstücken explizit mit dem Terminus „Gebiet ohne Zutritt[srecht] für Beauftragte des *shugo*“ (*shugo-shi fu'nyū no chi* 守護使不入之地) bezeichnet. In anderen Dokumenten findet sich einheitlich die sinngleiche Wendung „das Betreten [des Territoriums] durch die Beauftragten [des *shugo*] hat man zu beenden“ (*shisha no nyūbu wo teishisubeshi* 可停止使者入部/*shugo-shi no nyūbu wo teishisubeshi* 可停止守護使入部).

Belege für Auseinandersetzungen um das *shugo(-shi)-fu'nyū*-Privileg für das Lehnsgut der Familie Minase liegen uns bis zum Ende des untersuchten Zeitraums vor. Das letzte entsprechende Schriftstück datiert im Jahr 1517 und ist eine Anweisung des *shugo* von Settsu, seinerzeit Hosokawa Takakuni, an seinen Stellvertreter, Yakushiji Yōichi, dass der Gewohnheit entsprechend keine Abgaben und Dienste eingefordert werden dürfen und dass das Betreten der Gutsgebiete umgehend zu unterbleiben hat (Regest # 58). Der Text dieser Anweisung ist bezeichnenderweise im Prinzip identisch mit dem oben zitierten *shōgun*-Erlass aus dem Jahr 1458 (Regest # 51), lediglich die beteiligten Personen unterscheiden sich natürlich, liegen zwischen beiden Verfügungen doch fast 60 Jahre. Angesichts der Quellenlage muss also davon ausgegangen werden, dass das Lehnsgut Minase (GMns) die Zutrittsimmunität bis ins frühe 16. Jahrhundert hinein nicht endgültig für sich sichern konnte. Man darf daher wohl nicht von einer komplexen Zutritts- und Abgabenfreiheit, d.h. umfassenden Immunität ausgehen, wie sie der Tōdaiji für sein Minase-Gut (TMns) bereits bis zum 11. Jahrhundert errungen hatte.

Abschließend soll kurz auf eine weitere Facette der Verfügungsgewalt über Grundbesitz eingegangen werden, und zwar auf das Recht, Land zu übertragen, inbesondere zu verkaufen oder zu verschenken. Das Minase-Konvolut gibt in zehn Quellen Auskunft über durchgeführte Landtransaktionen. Drei betreffen das Tōdaiji-Gut, die anderen das Lehnsgut der Familie Minase.

Bei Eintritt in die Kamakura-Zeit waren die Nutzungs- und Eigentumsrechte am Tōdaiji-Gut Minase – 400 Jahre nach seiner Gründung – längst grundherrschaftlich strukturiert und etabliert. Das Gut befand sich im uneingeschränkten Eigentum des Tempels und wurde von grundhörigen Bauern bewohnt, die es auf der Basis grundherrschaftlicher Leiheverhältnisse gegen die Leistung von Abgaben und Diensten bewirtschafteten. Anrechte und Banngewalten anderer Herren gegenüber Boden und Bewirtschaftern, z.B. seitens des kaiserlichen Hofes, der Fujiwara-Regentenfamilie oder anderer religiöser Institutionen, waren bis zum Ende der Heian-Zeit erfolgreich zurückgedrängt worden. Soweit wir den auf uns gekommenen Quellen entnehmen können, blieb dieser Zustand in der Kamakura- und Muromachi-Zeit lange Zeit stabil. Bis zum letzten uns vorliegenden Minase-Dokument agierte der Tempel als Inhaber der Verfügungshoheit über das Gut. Gleichzeitig widerspiegelt dieses letzte Dokument (Regest # 60, 1519) aber auch die zu der Zeit im Gang befindliche Schwächung seiner direkten Herrengewalt als Folge des allgegenwärtigen Auflösungsprozesses des *shōen*-Systems. Wie viele andere Grundherren jener Zeit übertrug er das Areal als Reaktion auf schwindende Kontroll- und Einflussmöglichkeiten in das Nutzungseigentum eines lokalen Potentaten und zog lediglich noch einen fixen, ernteunabhängigen Anteil vom Gutsertrag ein (*ukekiri*). Die Bestätigung im Regest # 60, die die Konditionen dieses Nutzungseigentums festhielt, ist im Kapitel 2 besprochen worden. An dieser Stelle sei nur noch einmal hervorgehoben, dass die Transaktion auf einer Vereinbarung (*daikan uke*) basierte, die eine vollständige und dauerhafte Überlassung aller Nutzungs- und Verfügungsrechte ebenso wie die Übertragung auf dem Gut lastender Pflichten implizierte.

Bis dahin lag die Verfügungs- und Nutzungshoheit beim Tōdaiji. Hier müssen wir allerdings im Blick behalten, dass zum Komplex des Tempels verschiedene Tochtertempel gehörten (z.B. Tōnan'in, Sonshō'in, Shingon'in) wie auch der im Abschnitt 3.1 bereits erwähnte Tamukeyama Hachimangū bzw. Tōdaiji Hachimangū, der die Schutzgottheit des Tōdaiji beherbergte. Diesem wurden schon früh Nießbrauchrechte am Minase-Gut eingeräumt, wenngleich in den auf uns gekommenen Dokumenten niemals unter direkter Nennung seines Namens und daher – aus heutiger Sicht – je nach Kontext mehr oder weniger zweifelsfrei erkennbar. So z.B. bei den „Schreinfeldern" (*shinden*), auf die wir ohne konkrete Zuordnung im Güterverzeichnis des Jahres 1214 stoßen (Regest # 4), oder bei dem „Schreiben, betreffend die Stiftung des Gutes Minase als Grundstück [zur Unterstützung] der Lehr- und Studientätigkeit des Hachimangū", das eine Dokumentenliste aus dem Jahr 1291 aufführt (Regest # 18). Eindeutiger dürfte die Beschwerdeschrift des Tōdaiji wegen widerrechtlich geforderter *hanzei*-Abgaben aus dem Jahr 1376 sein (Regest # 42), die mit den Worten beginnt:

> Das Gut Minase in der Provinz Settsu gehört schon seit langer Zeit dem Hachimangū dieses Tempels. [Es dient der Unterstützung] der Studien und Unterweisungen in der Kegon- und Sanron-Lehre [...].

Die Erträge einer bestimmten Minasefläche flossen also dem zum Tempel gehörenden Hachimangū zu. Der Tōdaiji sah sich allerdings weiterhin als eigentlicher Eigentümer, auch wenn von Stiftung des Areals u.ä. die Rede ist. Er vertrat nach Außen die Interessen des Gutes (Regest # 42) und partizipierte – unabhängig von den Ansprüchen des Hachimangū – an dessen Erträgen, indem er für verschiedene Zwecke Abgaben erhob. Letztmals belegt im Jahr 1518 (Regest # 59, weitere Beispiele Regesten # 22–26, 28, 33). Hintergrund ist die enge Verflechtung von Tōdaiji und Tamukeyama/Tōdaiji Hachimangū. Sie bildeten bis zur Meiji-Restauration eine Einheit, auch wenn einige Formulierungen eine institutionelle Eigenständigkeit vorgeben, die aber nicht wirklich gegeben war. Erst im Zuge der Trennung von Shintō und Buddhismus (*shinbutsu bunri*) in den ersten Jahren der Meiji-Ära (ab 1868) wurde der Tamukeyama Hachimangū vom Tōdaiji gelöst und selbstständig. Damit hatten die Verfügungsrechte des Hachimangū eine andere Qualität als das oben beschriebene Nutzungseigentum des lokalen Potentaten. Es handelte sich hier um Nießbrauchrechte bzw. um eine im Grunde genommen nur interne Regulierung der Abgabenverwendung. Eine den Kerninteressen des Tempels zuwiderlaufende und dessen Herrengewalt unterminierende Konstellation war es – im Gegensatz zur Überlassung an Nagakiyo – nicht.

Das dritte Dokument mit Aussagen über Rechte am Tōdaiji-Gut Minase datiert im Jahr 1279 (Regest # 17). Darin verfügt ein Mönch namens Ninren, dass nach seinem Tod 1 *tan* Nassfelder (circa 1.200 m^2) dem Shinzendani Kannonji (= Nishi-Kannonji in Ōyamazaki) zu stiften seien (*kishin*). Die Lage dieser Felder wird als „innerhalb des Gutes Minase,

Besitztum des Tōdaiji“ beschrieben. Leider findet diese Landübertragung an keiner anderen Stelle Erwähnung und zur Person des Ninren konnten keine biografischen Daten ermittelt werden.[39] Da aber das Vermächtnis als erste Position seiner zu vererbenden Besitztümer „Wohnräume[40] im Shinzendani Kannonji“ aufführt, ist es nahe liegend anzunehmen, dass er diesem Tempel zumindest am Ende seines Lebens als Mönch angehörte. Die Lagebeschreibung seiner Felder „innerhalb des Gutes Minase“ deutet auf eine Gemengelage hin. Das heißt, die betroffenen Felder wären zwar Eigentum des Ninren gewesen, möglicherweise jedoch im Laufe der Zeit vom wachsenden Gutsgebiet Minase umschlossen worden. Auf die Frage der Gemengelage, von der die *shōen* in den zentraljapanischen Provinzen sehr stark geprägt waren, wurde in Abschnitt 1.1 bereits eingegangen. In welcher Beziehung Ninren mit seinem Land zum Tōdaiji und dem Minase-Gut genau stand, lässt sich letztlich aber nicht mehr feststellen. Offensichtlich ist lediglich, dass es innerhalb des Minase-Gutes einen Teilbereich gab, über den eine einzelne Person so weitreichende Verfügungsrechte besaß, dass sie eine Schenkung des Landes an einen anderen Tempel als den Tōdaiji vornehmen konnte, was eine vermutlich schon vorhandene Gemengelage manifestierte. Auch wenn wir hier über diese Einschätzung leider nicht hinauskommen, wird unser Blick dadurch doch auf eine Handlungsweise gelenkt, die für die *shōen*-Entwicklung insgesamt von größter Bedeutung war: die Übertragung von Landbesitz in das Obereigentum einer höher stehenden Persönlichkeit oder Institution. Derartige Transaktionen bezeichnete man mit dem Terminus *kishin*, der auch in Ninrens Vermächtnis verwendet wurde. Solche Gebietsschenkungen (Auftragungen) sind zwischen dem 10. und 13. Jahrhundert in hoher Zahl belegt. Sie trugen entscheidend zur Ausdehnung und Festigung des *shōen*-Systems bei. Die Empfänger solcher Schenkungen, die Obereigentümer (*honke*, *honjo*), waren einflussreiche Personen oder Institutionen wie z.B. mächtige Tempelkomplexe und Angehörige des Hochadels. Sie konnten aufgrund ihrer gesellschaftlichen Position Schutz bieten und Privilegien verschaffen (Abgaben-, Zutrittsimmunitäten). Die ursprünglichen Eigentümer (*ryōshu*, *ryōke*) waren meist lokale Eliten, niederer Adel, Mönche oder auch besser gestellte Bauern, die z.B. durch Rodung oder aber auch durch Usurpation von Amts-/Gehaltsfeldern zu Landbesitz gekommen waren, den sie mittels solcher Auftragungen maximal zu schützen versuchten. Die Schenkungen waren vielstufig und in vielen Fällen nomineller Natur. Der eigentliche (Unter-)Eigentümer behielt im Normalfall als Verwalter o.ä. die administrative und wirtschaftliche Verantwortung für sein Land; die an der Auftragung beteiligten Obereigentümer beanspruchten als Gegenleistung für ihren Schutz häufig nur einen bestimmten Teil von dessen Erträgen.[41] Wie wir sehen werden, spielten derartige

39 Ein solcher Name konnte nur in einer Spenderliste im Konvolut des Kōyasan aus dem Jahr 1240 sowie in einem Initiationsverzeichnis des Kongōōin in Kyōto aus dem Jahr 1249 gefunden werden (https://clioimg.hi.u-tokyo.ac.jp/viewer/view/idata/850/8500/02/0513/0280?m=all&s=0281&n=20 und https://clioimg.hi.u-tokyo.ac.jp/viewer/view/idata/850/8500/02/0531/0231?m=all&s=0232&n=20, Stand 11.02.2019).

40 *Jūbō*: Wohnräume/Räume für das alltägliche Leben der Mönche.

41 Die Schenkungspraxis reicht bis in die Heian-Zeit zurück und nahm im Verlaufe der Zeit vielfältige Formen an. Hier wurde nur das grundlegende Wesen skizziert. Auch hinsichtlich der Rechte am Auftragungsgegenstand war die Palette der Möglichkeiten weit gefächert. In sehr vielen Fällen erhielten die Obereigentümer weder direkte Rechte am Land noch an dessen Bewohnern und Bewirtschaftern, sondern lediglich bestimmte, der Position in der Schenkungshierarchie angepasste Ziehungsrechte auf

Gebietsschenkungen in der Historie des Lehnsgutes der Familie Minase mehrmals eine Rolle.

Das Gut im Lehnsbesitz des Hauses Minase (GMns), von dem im Folgenden die Rede sein wird, war am Ende ein Verbund aus mehreren Flächen, seine Wurzeln hatte es jedoch in dem Areal der Villa Minase und des Gutes Inouchi[42] in direkter Nachbarschaft der Villa. Diese gehörten Kaiser Gotoba und dessen Mutter Shichijō Nyōin, der er zahlreiche Immobilien überlassen hatte. Wir finden die Besitzungen in Minase – im Hinblick auf unsere Fragestellung – erstmals im September 1228 erwähnt, als Shichijō Nyōin etwa einen Monat vor ihrem Ableben verfügte, dass sie Gotobas Lieblingsgattin Shumeimon'in übertragen werden sollen (Regest # 8):

Anwesen und Landgüter, die an die Shumeimon'in fallen

1 Anwesen	Villa Minase	zuzüglich Gut Inouchi muss vom kaiserlichen Palast befürwortet werden

Der Eintrag wird – vermutlich deutlich später – durch einen Vermerk ergänzt, der auch eine Beziehung zum kaiserlichen Prinzen Yoshimune Shinnō herstellt. Ob diese tatsächlich bestand, ist allerdings fraglich.[43] Dass Shumeimon'in in das Erbe eintrat, ist hingegen durch spätere Dokumente, auf die noch eingegangen wird, belegt. Dessen ungeachtet konnten weder Shichijō Nyōin noch Shumeimon'in allein und endgültig darüber entscheiden, was mit den Besitztümern geschieht. Die Nachlassverfügung enthielt bei etwa der Hälfte aller Güter die Anmerkung, dass eine Befürwortung durch den kaiserlichen Palast erfolgen müsse, wobei Palast (宮) als Synonym für „kaiserlicher Herrscher", „kaiserliche Familie" zu verstehen ist, worunter natürlich auch Exkaiser Gotoba fiel. Dass dieser selbst elf Jahre nach dem Erbfall an Shumeimon'in noch weitreichende Verfügungsrechte über Minase und Inouchi besaß, zeigt sein Vermächtnis aus dem Jahr 1239 (Regest # 9). Darin erklärt er angesichts des nahenden Todes, dass er sich mit der Überlassung seiner Besitzungen (*shoryō*[44]) für die ihm geleisteten treuen Dienste bedanken wolle, und vergab die Areale Minase und Inouchi als Lehen (*chigyō*[45]) an zwei Mitglieder des Hauses Minase. Dies be-

---

die Erträge des Territoriums. Um dem Rechnung zu tragen, verwendet man in der japanischen Geschichtswissenschaft für die durch Schenkung entstandenen oder erweiterten Güter nicht mehr den früher üblichen Begriff *kishin chikei shōen* („auf Schenkung von Grund und Boden zurückgehende Güter"), sondern die allgemeinere Bezeichnung *kishingata shōen* („Schenkungsgüter", eigentlich „Güter vom Typ Schenkung"). Darstellungen zu Formen und Inhalten von *kishin*-Transaktionen sowie zu prominenten Lehrmeinungen japanischer Historiker finden sich in einer Vielzahl von Publikationen, so u.a. in Amino et al., Bd. 2: bes. 55ff und 98ff.

42 Zum Inouchi no shō siehe Kapitel 1.2, insbesondere FN 12.

43 Ausführlicher dazu in den Kommentaren zum Regest # 8, dort insbesondere Anm. 6.

44 *Shoryō*, auch *soryō* gelesen, bezeichnete ursprünglich direktes, persönliches Landeigentum, z.B. im Ergebnis von Rodungen, und war sinngleich mit *shiryō* („persönliches, privates Gebiet"). Durch Veräußerungen, Schenkungen, Vererbungen nahm die Zahl der Personen zu, die in Beziehung zu einem Territorium traten und nach Status und Funktion gestaffelte Rechte daran erhielten, i.d.R. Ziehungsrechte auf einen bestimmten Ertragsanteil, aber auch Verwaltungsrechte. Auch diese Art von Landbesitz, die nur auf Verfügungsrechten fußte, wurde als *shoryō* bezeichnet.

45 Der Begriff *chigyō* erscheint in Quellen ab der Heian-Zeit. Er besagt, dass jemand Nutzungs- und Einnahmerechte an einem Areal hatte, ohne dessen tatsächlicher Eigentümer zu sein. Art und Umfang

gründete deren dauerhaftes Nutzungseigentum und ihre bis zur Muromachi-Zeit fortbestehenden Herrschaftsrechte am Gut Minase (GMns), die in späteren kaiserlichen Verfügungen bestätigt und bekräftigt wurden (Regesten # 19, 30).

Hinsichtlich der grundlegenden Eigentumsstruktur des GMns können wir also Folgendes feststellen: Als Eigentümerinnen fungierten bis 1239 erst Shichijō Nyōin und nach deren Tod (1228) Shumeimon'in. Sie hatten zwar u.a. das Recht zur Übertragung, ihnen übergeordnet war jedoch eine weitere Instanz der kaiserlichen Familie mit maßgeblicher Verfügungs- und Entscheidungsgewalt – allem Anschein nach Gotoba. Denn in seinem Vermächtnis entschied er, dass die Areale der Villa Minase und des Gutes Inouchi 1239 in das Nutzungseigentum der Minase übergehen sollten. Es entstand ein geteiltes Eigentum, und die Minase waren fortan nicht nur Verwalter, sondern offizielle Untereigentümer (*ryōke*). In der Besitzhierarchie über ihnen stand in der Funktion der Obereigentümerin (*honke*/*honjo*) zunächst Shumeimon'in (Gotoba verstarb kurz nach Abfassung seines Vermächtnisses). Als solche erhielt sie im Jahr 1240 das Original einer *bakufu*-Mitteilung über die Abberufung des für die Villa Minase eingesetzten *jitō*, während Minase Nobunari nur eine Kopie des Schreibens erhielt (Regest # 10), und als solche wurde sie 1252 namentlich in eine Schenkungstransaktion einbezogen, die das Minase-Besitztum betraf (Regesten # 12–14). Dass nach Gotobas Ableben hinter ihr eine andere bestimmte Persönlichkeit aus der kaiserlichen Familie agierte, ist anhand der Quellen nicht auszumachen. Die nach ihrem eigenen Tod (1264) datierenden Schriftstücke bezeichnen durchgängig den Gotoba'in Mieidō als institutionellen Obereigentümer (Regest # 41ff). Dahinter ist wohl aber ein Eigentum der kaiserlichen Familie in der Erbfolge der Shumeimon'in zu sehen, denn der Gotoba'in Mieidō ging 1240 aus dem Anwesen der Villa Minase hervor, das sich seit 1228 in ihrem Besitz befand. Dafür sprechen auch Formulierungen in den Dokumenten #12, 13, 53 und 54 aus den Jahren 1252, 1486 und 1488 sowie im Dokument # 55 aus dem Jahr 1490, in denen das Minase-Besitztum als *goryō* (# 12–54) und *ryōsho* (# 55) bezeichnet wird. Diese Termini standen für Land im Besitz besonders prominenter Personen oder Institutionen, in erster Linie des Kaiserhauses. Für einige Güter, die uns in der Nachlassverfügung des Jahres 1228 begegnen, führt die *shōen*-Datenbank des Nationalmuseums für japanische Geschichte (NJG) eine vergleichbare Eigentümerreihenfolge auf: Shichijō Nyōin ⇨ Shumeimon'in ⇨ kaiserliche Familie (*kōshitsu*).[46] Und auch ein Schenkungsakt aus dem Jahr 1369, durch den der Gotoba'in Mieidō in den Besitz von zwei Gemeinden auf der Insel Shikoku kam, zeigt, dass hinter ihm die kaiserliche Familie als Obereigentümer und eigentlich Verfügungsberechtigte standen (Regest # 39):

---

dieser Rechte variierten je nach Zeit und sachlichem Zusammenhang. Dahinter stand jedoch im Kern eine Entlohnung für geleistete Dienste. Ursprünglich wurde die Ausübung eines staatlichen Amtes mit *chigyō* vergütet. Später weitete sich das Bedeutungsfeld aus und die Verleihung von Herrschafts- und Besitzrechten an einem Territorium erfolgte aus unterschiedlichen Gründen. Im vorliegenden Fall erwies sich Gotoba für die langjährigen Dienste u.a. als Verwalter seines Minase-Anwesens erkenntlich. Der häufig vorgenommene Vergleich mit „Pfründe", „Lehen" und „Gewere", insbesondere i.S.v. „Liegenschaftsgewere", ist berechtigt und kommt der Bedeutung von *chigyō* sehr nahe (vgl. auch Gerber: 148).

46 So z.B. für die Güter Komatsu no shō und Naka no shō, beide in der Provinz Settsu gelegen (www.rekihaku.ac.jp/up-cgi/login.pl?p=param/soue/db_param, Code-Nr. 0508007 und 0513005, Stand 02.01.2019).

> Man gedenkt, die Gemeinden Hikami und Nakama in der Provinz Sanuki[47], die dem Gotoba'in Mieidō gestiftet worden sind, Eurer Verwaltung zu unterstellen. Das ist der Wille seiner Kaiserlichen Majestät, und dem gemäß wird es kundgetan und ausgeführt.

Das Schreiben richtete sich an Minase Tomokane. Die genannten Gemeinden waren zwar Stiftungsbesitz des Gotoba'in Mieidō, die Einsetzung des Verwalters erfolgte jedoch durch den kaiserlichen Herrscher.

Hikami und Nakama gingen nicht in das Minase-Gut ein, aber die untersuchten Quellen enthalten andere Belege dafür, wie sich auch dessen Stammareal durch Gebietszugänge oder -abgänge v.a. infolge von Schenkungen, aber auch durch Verkauf und Usurpation[48] veränderte. Dass dies häufig mit Problemen und Interessenkonflikten einherging, zeigt deutlich eine Schenkungstransaktion (*kishin*) aus dem Jahr 1252. Betroffen war ein bis dahin der Bezeichnung nach gemeinschaftlich genutztes Areal[49] in Randlage des Mieidō-Besitztums Minase – diesem aber zugehörig – in unmittelbarer Nachbarschaft sowohl des Tōdaiji-Gutes Minase wie auch des nahe gelegenen Nishi-Kannonji. Es kam offenbar zu Unstimmigkeiten bei der Abgrenzung der Nutzungsrechte, die den Verwalter des Gutes Inouchi, einen gewissen Saigan, schließlich bewogen, das strittige Areal gänzlich dem Kannonji zu stiften (Regest # 12):

> Schenkung Betrifft das Allmendland von Kamidera innerhalb des Besitztums Minase
>
> [...]
>
> Was das oben genannte [Areal] am Fuße der Berge anbelangt, so entbrannte hier im Gut Streit aufgrund des Holzeinschlags für den Nishi-Kannonji. Anweisungen und Befehle haben ihn nicht befriedet. Deshalb [vollziehe ich] diese unbedeutende Schenkung. Die Meinung der verehrten Nyōin wurde eingeholt, und das besagte Berggelände geht ab jetzt durch [diese] Schenkung in das Eigentum des Kannonji über.
>
> 4. Jahr Kenchō, 6. Monat, 22. Tag Inouchi no shō Zasshō Saigan

Diese nur wenige Zeilen umfassende Erklärung ist in mehrfacher Hinsicht interessant. Zunächst einmal liefert sie uns die bereits erwähnte Information, dass Gotobas Gattin Shumeimon'in (Nyōin) zu diesem Zeitpunkt das Obereigentum über das Minase-Besitztum – bestehend aus dem Areal der ursprünglichen Villa Minase (mittlerweile Gotoba'in Mieidō, Gotoba-Gedenkhalle) und dem Gut Inouchi – innehatte. Dem Dokument zufolge lag der strittige Allmendwald von Kamidera innerhalb der Grenzen dieses Besitztums, sodass sie als dessen Obereigentümerin die Transaktion genehmigen oder zumindest darüber in Kenntnis gesetzt werden musste. Bestätigende Hinweise auf ihre Stellung in der

---

47 Sanuki no kuni war eine vormoderne Provinz im Gebiet der heutigen Präfektur Kagawa im Nordosten der Insel Shikoku.

48 Auf Schenkung und Verkauf wird im Folgenden eingegangen. Zu einem Beispiel von Usurpation siehe Regest # 37, insbesondere Anm. 11.

49 *Yamawari*: Flächen, die gemeinschaftlich genutzt wurden oder deren Erträge der Gemeinschaft zugute kamen (Gras- und Weideland, Wälder für Holzgewinnung u.ä.).

Eigentumshierarchie finden wir sowohl im Regest # 13 und insbesondere auch in ihrem Appell an die Bewohner von Minase im Regest # 14 (beide ebenfalls 1252).

Zweitens ergibt sich eine starke Parallele zur oben beschriebenen Schenkung des Mönches Ninren. Genauso wie Saigan vermachte dieser dem Nishi-Kannonji gut 25 Jahre später eine Feldfläche, die innerhalb des Minase-Gutes lag, in seinem Fall jedoch innerhalb des benachbarten Tōdaiji-Gutes Minase (Regest # 17). Das bei der Besprechung dieser Transaktion Gesagte (siehe Seite 44f) gilt hier entsprechend und soll nicht in allen Punkten wiederholt werden. Es sei nur erwähnt, dass wir durch Saigans Stiftung auch im Mieidō-Besitztum Minase auf eine Gemengelage und Vermischung unterschiedlicher Besitzrechte stoßen. Ohne gesicherte Eigentümerrechte, mindestens auf dem Niveau eines Untereigentümers (*ryōke*), hätte Saigan die Stiftung nicht vornehmen und im Vorfeld offensichtlich dem Kannonji bereits den Holzeinschlag gewähren können. Der Umstand, dass die Minase-Bewohner das Areal gleichzeitig als Allmende nutzten, führte jedoch zu einer Überlappung von Ansprüchen und Interessen, die in der Region heftigen Aufruhr auslöste, der offenbar nicht zu befrieden war. Um seine Rechte zu sichern und eine Bestrafung der Rädelsführer zu erwirken, erhob der Kannonji schließlich Klage. In deren Ergebnis wurde festgestellt, dass das strittige Areal aufgrund des vorliegenden Schenkungsschreibens und einer entsprechenden Anordnung der Shumeimon'in rechtmäßig in den Besitz des Nishi-Kannonji übergegangen sei, dass man dies zu respektieren und aufrührerisches Verhalten zu unterlassen habe (Regest # 13). Shumeimon'in sah sich durch die Vorgänge veranlasst, die Gutsbewohner zu Ruhe und Disziplin zu ermahnen (Regest # 14).[50]

Drittens ist bemerkenswert, dass Saigan das Dokument als *zasshō* von Inouchi, d.h. als oberster Verwalter und Vertreter des Grundeigentümers vor Ort unterzeichnete. Gotobas letztem Willen aus dem Jahr 1239 zufolge sollten jedoch sowohl das Minase- als auch das Inouchi-Areal ohne Unterschied dem Minase Chikanari und dessen Vater Nobunari als Lehen übertragen werden (Regest # 9). Das implizierte deren Verwaltungshoheit und damit das Anrecht auf das *zasshō*-Amt. Aus einer kaiserlichen Verfügung aus dem Jahr 1337 wissen wir, dass beide Güter in direkter Nachbarschaft der Gotoba-Gedenkhalle und damit nahe beieinander lagen (Regest # 31). Es war also nicht erforderlich, das Inouchi-Gut aufgrund einer größeren räumlichen Entfernung einem eigenen lokalen Verwalter zu unterstellen. So wundert es nicht, dass spätere Dokumente die gleichen Minase-Personen als *zasshō* sowohl von Minase als auch von Inouchi ausweisen (z.B. Regest # 51). Eine explizite Erklärung dafür, warum Saigan eine gute Dekade nach der Übertragung des Areals an die Familie Minase trotzdem noch als *zasshō* von Inouchi auftrat, liefern die Quellen leider nicht. Sie enthalten jedoch deutliche Hinweise darauf, dass es erhebliche Spannungen wegen der Verfügungsrechte gab. So erfahren wir aus einer von Kaiser Fushimi veranlassten Erklärung aus dem Jahr 1294, dass die Vertreter von Inouchi die Verfügung Gotobas angefochten hatten – vielleicht, weil sie ihnen Pfründe entzog:

> Weil das Gut Inouchi das mit Handabdrücken signierte Vermächtnis des abgedankten Kaisers Gotoba aus der Ära Ryakunin die beiden Güter Minase und Inouchi be-

50 In den Jahren 1296/97 lag der Nishi-Kannonji ebenfalls wegen der Nutzung eines Waldgebietes in der gleichen Region im Streit mit dem Hōshakuji. Als Obereigentümer des betreffenden Areals und Fürsprecher des Hōshakuji agierte in dem Fall der hochrangige Hofadlige Ichijō Sadauchi (Gerber: 400).

treffend nicht anerkennen wollte, wurde von Iwakura no Miya festgestellt, dass es am Lehn[sstatus] keinerlei Zweifel gibt.

Diese Bestätigung wurde dem Hause Minase ausgehändigt (Regest # 19). Offenbar klärte sie das Problem aber noch nicht dauerhaft, denn es gibt weitere Bemühungen der Minase, sich die Rechtmäßigkeit ihrer Lehnsansprüche durch kaiserliche Anordnungen bestätigen zu lassen (Regest # 30). Letztlich wurde der Wille Gotobas jedoch durchgesetzt und damit auch die Besitzansprüche der Minase. Eine Abgabenfreiung aus dem Jahr 1486 (Regest # 53) bezeichnet Inouchi sogar als „Besitztum des verehrten Herrn Minase" (*Minase Dono goryō*). Nach Auswertung aller vorliegenden Schriftstücke ist allerdings davon auszugehen, dass die Minase nach wie vor nur Untereigentümer waren, das Obereigentum wurde weiterhin von der kaiserlichen Familie ausgeübt (siehe dazu Regest # 53, Anm. 4). Noch eines der letzten untersuchten Dokumente stützt diese Annahme: Aus dem Jahr 1501 ist ein Schreiben überliefert, aus dem hervorgeht, dass von dem Besitz des Gotoba'in-Mieidō circa 2.400 m^2 als Zahlungsmittel eingesetzt und verkauft wurden, um Reparaturkosten zu begleichen (Regest # 56):

> Betrifft den Verkauf von Nassfeldern
>
> insgesamt 2 *tan* [...]
> der Gegenwert beträgt 5 *kanmon*
>
> Das oben genannte Areal gehört dem Gotoba'in Mieidō. Es wird aber abgetreten, um die Gebühren für Reparaturarbeiten [zu begleichen]. Falls es deswegen zu Unruhen oder Störungen kommen sollte, wird es seitens des obersten Grundherren ohne Zweifel deutlichen Tadel dafür geben. Es dürfen keinerlei Ding- und Dienstpflichten, sondern nur der im Februar eines jeden Jahres zu entrichtende reguläre Zins [in Höhe von] 10 *mon* pro *tan* eingefordert werden. So wird es auch zum Zwecke späterer Beweisführung [von mir] bestätigt.

Das veräußerte Territorium gehörte laut einer Randnotiz im Text zu Inouchi, d.h. zum Minase-Gut. Es wurde im Haupttext aber ausdrücklich als Besitz des Gotoba'in Mieidō ausgewiesen. Und für den Fall von Widerstand gegen den Verkauf wurde der – hier nicht näher benannte – Obereigentümer aufgefordert, dagegen vorzugehen und für Ruhe und Ordnung zu sorgen. Es drängen sich Parallelen zu dem oben beschriebenen Schenkungsakt an den Nishi-Kannonji und dem Eingreifen der Shumeimon'in auf (siehe Regesten # 12–14). Die Minase finden in dieser Verkaufsbestätigung jedenfalls keine Erwähnung, das Veräußerungsrecht lag offensichtlich nicht bei ihnen.

Der ebenfalls nicht genannte neue Eigentümer erhielt mit dem Boden auch das Ziehungsrecht auf den jährlichen Grundzins, der für die Fläche festgelegt worden war (*hon'yaku*). Explizit ausgeschlossen wurde dagegen das Recht, darüber hinaus auf den Feldern oder ihren Bewirtschaftern lastende Ding- und Dienstpflichten (*manzō kuji*) einzuziehen.

Die Transaktion wurde von einem *bugyō* bestätigt, das waren *bakufu*-Beamte, denen die Durchführung, Beaufsichtigung und Beglaubigung verschiedener administrativer und rechtlicher Angelegenheiten oblag, dazu zählten u.a. auch Landübertragungsvorgänge. Wie aus dem Text hervorgeht, wurde diese Bescheinigung v.a. ausgestellt, um sie später im Fall von

Konflikten als Beweis vorlegen zu können. Denn bei Streitigkeiten, z.B. um Boden, war es von entscheidender Bedeutung, dass man die Rechtmäßigkeit von Ansprüchen belegen konnte. Schriftliche Bestätigungen wie die o.g. waren daher wichtige Unterlagen, um sich gegen Übergriffe, Usurpationsversuche, Klagen u.ä. erfolgreich zur Wehr setzen und gegebenenfalls einen Prozess gewinnen zu können. Sie wurden daher mit besonderer Sorgfalt aufbewahrt.

4. Regesten

4.1 Tabellarische Regestenübersicht

Regesten-nummer	Jahr	Gegenstand	betroffenes Gut
1	1188	Liste von Freiungen für Tōdaiji-Güter von der *yakubu-taku*-Abgabe	TMns
2	1201	Fujiwara no Sadaie (Teika) beschreibt einen Ausflug zu der neu errichteten Villa Minase	GMns
3	1201	Briefwechsel im Zusammenhang mit geplanten Reisen des abgedankten Kaisers Gotoba	GMns
4	1214	Mitteilung über die Feldflächen und Abgaben der Tempelgüter des Tōdaiji	TMns
5	1217	Eintrag im *Hyakurenshō* über Reparaturarbeiten an der Villa Minase	GMns
6	1219	Eintrag im *Hyakurenshō* über die Rückkehr Gotobas von Minase nach Kyōto, da es in der Hauptstadt Unruhen zu geben drohte	GMns
7	1221	Fujiwara no Munemasa wird als *shugo* der Provinz Settsu und *jitō* des Gutes Ai eingesetzt	–
8	1228	Verzeichnis der Besitzungen der Shichijō Nyōin	GMns
9	1239	Vermächtnis von Exkaiser Gotoba	GMns
10	1240	Schreiben von Ashikaga Yoshiuji über *jitō*-Abberufung von Minase	GMns
11	1241	Ernennung eines lokalen Verwalters (*mokudai*) für das Minase-Gut	TMns
12	1252	Allmendland von Kamidera innerhalb des Besitztums Minase wird dem Nishi-Kannonji überschrieben	GMns
13	1252	Verfügung anlässlich einer Klage des Nishi-Kannonji über Aufruhr im Minase-Gut	GMns
14	1252	Appell der Shumeimon'in an die Bewohner des Gutes Minase	GMns
15	1277	Dokumentenverzeichnis des Tōdaiji 1040–1147	TMns
16	1277	Notizen des Dokumentenverwalters des Tōdaiji	TMns
17	1279	Ninren vermacht dem Shinzendani Kannonji Felder, die innerhalb des Tōdaiji-Gutes Minase liegen	TMns
18	1291	Dokumentenübergabeliste beim Wechsel der *nen'yō goshi* des Tōdaiji; darin Nennung eines Schreibens bzgl. Abgabe des Minase-Gutes an den Hachimangū	TMns
19	1294	Erlass des Kaisers Fushimi zum Lehnsstatus der Güter Minase und Inouchi	GMns

Tabellarische Regestenübersicht

20	1294	Kaiser Fushimi veranlasst die Errichtung eines Tempels auf dem Areal der ehemaligen Villa Minase	GMns
21	1297	Abschrift einer Verfügung von Kaiser Fushimi zur Errichtung eines Tempels am Ort der ehemaligen Villa Minase	GMns
22	1299	Abgabenkalkulation für Reisen nach Kantō	TMns
23	1299	Bestätigung über den Empfang von Geld- und Sachmitteln für Studien- und Lehrzwecke des Tempels	TMns
24	1299	Entwurf einer Abgabenkalkulation für den Unterhalt von Tōdaiji-Abgesandten	TMns
25	1299	Mitteilung über Abgabenleistungen für Kantō-Reisen	TMns
26	1299	Verzeichnis von Leistungen, die dem Tōdaiji für die Ausrichtung von jahreszeitlichen Zeremonien und Festen zu erbringen waren	TMns
27	1314	Verfügung des Exkaisers Gofushimi zum Erlass der *tanmai*-Abgabe	GMns
28	1330	Detaillierter Bericht über Abgaben an den Tōdadiji im Zeitraum Gentoku 1 bis 2 (1329/30)	TMns
29	1333	Godaigo begibt sich zur Villa Minase, um sich vor den Unruhen in der Hauptstadt in Sicherheit zu bringen	GMns
30	1336	Verfügung von Exkaiser Kōgon zum Lehnsstatus der Güter Minase und Inouchi	GMns
31	1337	Exkaiser Kōgon untersagt in den Gütern Minase und Inouchi wegen ihrer Nähe zum Gotoba'in Mieidō das Töten von Lebewesen, Gewalt und Ausschreitungen	GMns
32	1344	Von Ashikaga Tadayoshi ausgestelltes Verbot die Villa Minase und den Daikōzenji betreffend	GMns
33	1344	Auflistung von Abgaben zur Ausrichtung von Abhidharma-Lesungen im 1. Jahr Kōei (1342)	TMns
34	1350	Gelübde von Kaiser Gomurakami u.a. zur Errichtung eines Tempels namens Daikōzenji an der Stelle der ehemaligen Villa Minase	GMns
35	1355	Abschrift eines Befehls von Kaiser Gomurakami u.a. die Errichtung eines Tempels an der Stelle der ehemaligen Villa Minase betreffend	GMns
36	1357	Verfügung des *shōgun* aufgrund von Amtsverfehlungen des Akutagawa Umanojō Nobusada	GMns
37	1366	Mitteilung über die zum Gotoba'in Mieidō gehörenden Nassfeldflächen innerhalb des Minase-Gutes als Reaktion auf Übergriffe des Akutagawa Nobusada	GMns

Tabellarische Regestenübersicht

38	1367	Verfügung des *shōgun* zur Unterbindung der Übergriffe des Akutagawa Nobusada auf die Besitzungen des Gotoba'in Mieidō	GMns
39	1369	Tomokane bekommt die Verwaltung von Gemeinden übertragen, die dem Gotoba'in Mieidō gestiftet wurden	GMns
40	1374	Bekräftigung einer früheren Freiung der Güter Minase und Inouchi von der *tanmai*-Abgabe	GMns
41	1374	Hosokawa Yorimoto, *shugo* von Settsu, untersagt das Eindringen in die Güter Minase und Inouchi und das Eintreiben der *tanmai*-Abgabe für Sumiyoshi-Schrein	GMns
42	1376	Beschluss des Tōdaiji, gegen die widerrechtliche Einforderung der *hanzei*-Abgabe für das Gut Minase vorzugehen	TMns
43	1385	Verfügung des *shōgun* über die Freiung des Minase-Gutes von Sonderabgaben (*rinji kaeki*) für das *bakufu*	GMns
44	1413	Freiung der Güter Minase und Inouchi von der *tanmai*-Abgabe für den Sumiyoshi-Schrein	GMns
45	1431	An den *shugo* von Settsu gerichtetes Verbot des *shōgun*, Beauftragte in die Güter Minase, Zenpōji und Inouchi zu entsenden	GMns
46	1438	Das *bakufu* untersagt dem *shugo* von Settsu, im Gut Minase die *tansen*-Abgabe und andere Sonderabgaben einzufordern	GMns
47	1438	Hosokawa Mochiyuki, *shugo* von Settsu, weist seinen Stellvertreter an, die Verfügung des *shōgun* vom Regest # 46 umzusetzen	GMns
48	1442	Nagashio Munenaga, *shugo*-Stellvertreter von Settsu, verbietet unter Berufung auf die Verfügung des *shōgun* aus dem Jahr 1438 (Regest # 46) das Einziehen der *tansen*-Abgaben und Sonderarbeitsleistungen im Gut Minase	GMns
49	1448	Mitteilung an Minase Chūjō Suekane, Verwalter des Besitztums des Gotoba'in Mieidō, über die Abberufung des Tango Nyūdō	GMns
50	1450	Abgabenfreiung (*kuji*) für das Gut Zenpōji	GMns
51	1458	4. Monat, 29. Tag: *shōgun* Ashikaga Yoshimasa verfügt für die Güter Inouchi und Zenpōji Abgabenfreiungen und Zutrittsverbote	GMns
52	1458	10. Monat, 16. Tag: Anweisung des *shugo* von Settsu an seinen Vertreter Nagashio zur sofortigen Umsetzung der *shōgun*-Verfügung vom 4. M., 29. T. (Regest 51)	GMns

Tabellarische Regestenübersicht

53	1486	Anweisung des *shugo*-Vertreters von Settsu zur Durchsetzung der Abgabenfreiung für die Güter Zenpōji und Inouchi aus dem Jahr 1458 (Regesten # 51 und 52)	GMns
54	1488	Verfügung des *bakufu* über den Erlass der *tansen*-Abgaben für die Minase-Besitzungen	GMns
55	1490	*bakufu*-Freiung für die Güter Inouchi und Zenpōji von Sonderabgaben für Bauarbeiten am Schrein von Ise	GMns
56	1501	Verkauf von Nassfeldern aus dem Besitz des Gotoba'in Mieidō zur Begleichung von Reparaturkosten	GMns
57	1513	Minase Hidekane, Verwalter des Minase-Gutes, klagt beim *bakufu* die Einhaltung des Zutrittsverbotes für das Gut Minase ein	GMns
58	1517	Anweisung vom *shugo* von Settsu an seinen Stellvertreter vor Ort, bestehende Freiungen für das Minase-Gut sowie das Zutrittsverbot für Beauftragte des *shugo* einzuhalten	GMns
59	1518	Auflistung von Opfergaben einiger Tōdaiji-Güter zur Ausrichtung von 30 Abhidharma-Lesungen	TMns
60	1519	Fujisawa Nagakiyo erhält gegen Zahlung eines festen Jahreszinses die Verfügungsrechte über das Gut Minase	TMns

4.2 Regesten

Der japanischen Datumsangabe folgt in Klammern gesetzt das entsprechende westliche Datum nach Tsuchihashi/Zöllner (http://yukikurete.de/nengo_calc. htm). Wo im Original die Tagesangabe fehlt, wurde bei der Umrechnung der erste Tag des betreffenden Monats zugrunde gelegt. Die Verwendung eines späteren Tagesdatums würde in einigen Fällen zum Wechsel in den darauf folgenden Monat führen.

Bei der Formatierung des Übersetzungskörpers wurde versucht, möglichst nahe an der Vorlage zu bleiben (Abstände, Textverteilung etc.).

 # 1

Datum:	**Bunji 文治 4, 7. Monat, 13. Tag (1188/8/7)**
Aussteller:	**Genshin, Tempelvorsteher im Tōdaiji[1]**
Empfänger:	**Tōdaiji**
Gegenstand:	**Auflistung von Dokumenten, die die Freiung bestimmter Tempelgüter von Sonderabgaben zur Erneuerung von Shintō-Heiligtümern betreffen (*yakubutaku*-Abgaben[2])**
Edition:	**T 51; KI 1:335**

Liste[3] der Nachweise über die Freiung[4] von Besitzungen des Tempels von den *yakubutaku*-Abgaben

[...]

1 Rolle (3 Blätter): Auf kaiserliche Order[5] hin erfolgte Freiungen von den *yakubutaku*-Abgaben für Tempelgüter in sechs Fällen[6].

Kaō 1 (1169), 8. Monat, 13. Tag
[...]
In der Provinz Settsu die beiden Güter Ina und Minase.[7]

[...]

Die oben genannten Freiungsurkunden wurden im Speicherhaus eingesehen[8] und können damit als existent gemeldet[9] werden.

4. Jahr Bunji, 7. Monat, 13. Tag   Jishu Daihōshi Genshin

Anm.: 1 Jishu Daihōshi Genshin: Genshin, Tempelvorsteher (*jishu*) im Range eines Großpriesters (*daihōshi*). Alternative Lesungen: *teraju* (für *jishu*), *hosshi* (für *hōshi*). *Daihōshi* wörtl. „Großer Meister des Dharma".

2 *Yakubutaku*: „Arbeit und Handwerk[sdienst]"; Sonderabgabe für den intervallmäßigen Neubau von Shintō-Heiligtümern (*shikinen zōei*). Dies konnten Fron- oder Sachleistungen sein, letztere vor allem in Form von Reis (*yakubutakumai*). Für eine Freiung (*menjo*) bedurfte es einer entsprechenden kaiserlichen Order (*senji*), wie sie auch in der vorliegenden Liste mehrfach erwähnt wird.

3 *Chūshinjō*: für übergeordnete Instanzen oder Personen bestimmte Kommentare, Listen oder Mitteilungen, vornehmlich Fragen der Landverwaltung betreffend (z.B. Steuerregister).

4 *Menjo shōmon* 証文: Freiungs- (*menjo*) Nachweis/Urkunde (*shōmon*). Ganz allgemein handelte es sich bei vielen Schriftstücken, von denen wir Kenntnis bekommen haben oder die auf uns gekommen sind, nicht um die jeweiligen Originaldokumente, sondern um Abschriften (*an*). Um den entsprechenden Sachverhalt allen Betroffenen zur Kenntnis bringen zu können, reichte man die Originale (*shōmon* 正文) häufig weiter, nachdem als Beleg für das eigene Archiv eine Abschrift angefertigt worden war. Dadurch gab es von einem Dokument i.d.R. mehrere reguläre Kopien. Ihnen fehlte zwar das originale handschriftliche Siegelzeichen bzw. Monogramm (*kaō*), sie hatten aber die gleiche oder zumindest nahezu gleiche Beweiskraft wie die Originale selbst, wenn bei Streitfällen Nachweise erbracht werden mussten. Sie waren, modern ausgedrückt, gerichtsfest, also als „Beweis-/Nachweis-Dokument" (*shō-mon* 証・文) verwertbar und anerkannt. Da die hier aufgeführten Freiungen als derartige *shōmon* bezeichnet werden und nicht als Originale (正文), ist davon auszugehen, dass es sich um Abschriften handelte.

5 *Senji*.

6 *Rokka jiryō*. Bezieht sich dem Text zufolge auf mehrere Güter (namentlich genannt werden 13) in den sechs Provinzen Mino (hier 三乃国 geschrieben), Iga, Yamashiro, Settsu, Tanba und Etchū. Einige Zeilen weiter wird betont, dass „nur diese sechs Fälle" betroffen sind (但彼六箇寺領), es war also nur ein Teil der auf mindestens 10 Provinzen verteilten Tempelbesitzungen von dieser Art Abgaben befreit (vgl. Regest # 4).

7 *Settsu no kuni Ina, Minase ryōshō* 摂津国猪名・水無瀬両庄. Einige Zeilen weiter wird eine kaiserliche Freiung für die Güter Ina und Minase noch einmal separat aufgeführt: *Ittsū Settsu no kuni Ina, Minase yakubutaku menjo senji* 一通 摂津国猪名、水無瀬役夫工免除宣旨 („1 kaiserliche Order über die Freiung [der Güter] Ina und Minase in der Provinz Settsu von den *yakubutaku*-Abgaben"). Da Inhalt und Datum identisch sind mit der weiter oben bereits erwähnten Freiung, ist davon auszugehen, dass es sich um dasselbe Dokument handelte.

8 Wörtl. „im Speicherhaus geöffnet" (開印蔵).

9 Der verwendete Ausdruck *shinjō* impliziert eindeutig eine Unterordnung.

2 (inhaltliche Zusammenfassung)

Datum:	**Shōji 正治 2, 12. Monat, 23. Tag (1201/1/29)**
Aussteller:	**Fujiwara no Sadaie[1]**
Gegenstand:	**Eintrag im *Meigetsuki*[2] über einen Aufenthalt in Minase**
Edition:	**ŌY 59**

Sadaie beschreibt in seinem Tagebuch einen Ausflug zu der neu errichteten Villa Minase[3]. Am Abend nimmt er Quartier bei einem Ölhändler in Yamazaki.

Anm.: 1 Fujiwara no Sadaie (auch als Fujiwara no Teika bekannt): 1162–1241. Poet, Mitverfasser verschiedener literarischer Werke und Sammlungen, u.a. *Hayakunin isshu* und *Shin Kokin wakashū*.

2 *Meigetsuki*: Tagebuch des Fujiwara no Sadaie, entstanden zwischen 1180 und 1235. Siehe auch Abschnitt 1.2, Anm. 20.

3 Hier Minase Dono in der selteneren Schreibung 皆瀬殿. In der Region Minase nahm man gern Aufenthalt bei Reisen von der Hauptstadt zu entfernteren Zielen, die man nur schwer oder gar nicht binnen eines Tages erreichen konnte. Wegen ihrer landschaftlichen Reize war sie aber auch von alters her ein beliebtes Ausflugs- und Jagdgebiet für den hauptstädtischen Adel. Man traf sich dort zu geselligem Beisammensein, Naturbetrachtungen (v.a. zur Zeit der Kirschblüte und Herbstfärbung), zu Dichterwettstreiten u.v.m. Auch Kaiser Gotoba (Gotoba Tennō; 1180–1239, reg. 1183–1198) ließ sich nach seiner Abdankung in Minase eine Sommerresidenz/Villa errichten, auf die man in den Quellen unter den Namen Minase Rikyū und Minase Dono stößt, und um die es hier geht. Sie wurde in den Jahren 1216/17 durch schwere Unwetter fast völlig zerstört (siehe Regest # 5), danach zunächst wieder aufgebaut, nach dem Jōkyū-Krieg (*Jōkyū no ran*, 1221, siehe Kapitel 1.1), in dessen Folge Gotoba aus der Hauptstadt verbannt wurde, jedoch dem Verfall preisgegeben. Kurz vor seinem Tod im Jahr 1239 übertrug Gotoba das Areal an die Verwalter der Villa Minase Nobunari und dessen Sohn Chikanari (zu beiden Personen Näheres im Zusammenhang mit den Regesten # 9 und 10), die im darauf folgenden Jahr 1240 an der Stelle der ehemaligen Villa einen Schrein zum Gedenken an Gotoba errichten ließen (Gotoba'in Mieidō). Ab circa 1500 zunächst als Minasegū bezeichnet, 1939 als Großschrein (*taisha* 大社) eingruppiert, seitdem unter dem Namen Minase Jingū bekannt (http://oyamazaki.info/archives/423, Stand 15.06.2018).

3 (inhaltliche Zusammenfassung)

Datum:	**Kennin 建仁 1, 8. Monat, 18. Tag (1201/9/16)**
Gegenstand:	**Briefwechsel im Zusammenhang mit geplanten Reisen des abgedankten Kaisers Gotoba**
Edition:	**KI 3:1251**

In einem ohne Namen überlieferten Schriftwechsel[1] wird angekündigt, dass der abgedankte Kaiser[2] am 23. Tag [des Monats] erneut auf Reisen zu gehen gedenkt und dabei Aufenthalt in der Villa Minase[3] nehmen möchte.

Anm.: 1 *Bōshojō*: „gewisse (*bō* 某) Briefe (*shojō* 書状)". 某 zeigte an, dass die Namen der beteiligten Personen entweder unbekannt waren oder nicht genannt werden sollten. Ab der Kamakura-Zeit wurde 某 von Männern auch als bescheidener Ausdruck für „ich", „meine Person" benutzt, aber das ist im vorliegenden Kontext unpassend. Überliefert wurde besagter Schriftwechsel als *uramonjo*, d.h. als Kopie auf der Rückseite anderer Dokumente, in diesem Fall auf der Rückseite von Gebeten aus Anlass des Todes eines hochrangigen Priesters (Näheres zu *uramonjo* siehe Kapitel 1.2, Anm. 9). Da die Überlieferung im Tōdaiji erfolgte, liegt die Vermutung nahe, dass der Tempel an der Korrespondenz beteiligt oder zumindest von seinem Inhalt betroffen war. Das ist insofern von Interesse, da es sich um die Villa Minase handelte, nicht um das nahe gelegene Tōdaiji-Gut Minase.

2 Gemeint ist der Erbauer der Villa Minase, Gotoba (siehe Regest # 2, Anm. 3), der von 1198 bis 1221 unter diesem Titel wirkte. Abgedankte Kaiser übernahmen häufig als sogenannte *in*, *jōkō* oder *daijō tennō* für ihre meist minderjährigen Thronfolger eine Beraterfunktion, durch die sie weiterhin mit umfassenden Befugnissen und großem Einfluss ausgestattet waren. Im vorliegenden Text werden die Bezeichnungen *in* und *jōkō* verwendet.

3 Hier in der vorherrschenden Schreibung 水無瀬殿.

4

Datum:	**Kenpō 建保 2, 5. Monat, [?] Tag (1214/6/?)**
Aussteller:	**namentlich nicht genannte Verwaltungsmönche des Tōdaiji**
Gegenstand:	**Mitteilung über die Feldflächen und Abgaben der Tempelgüter des Tōdaiji**
Edition:	**T 53; KI 4:2107**

Mitteilung[1] über die Feldflächen und Abgaben[2] der Tempelgüter in den zurückliegenden Jahren

[...]
Provinz Settsu
    Gut Minase (Distrikt Shima no kami)[3]
        Nassfelder 12 *chō* 8 *tan* 160 *bu*[4]
            Baugrund und [vom] Fluss [überflutet] 4 *tan*
            Dauerbrache 1 *tan*
        Gutsbedarfsland[5] 3 *chō* 3 *tan* 160 *bu*
            Götterland[6] 2 *tan*
            [für] Brunnen[7] 2 *tan*
            [für den] Verwalter[8] 6 *tan*
            [für den] Schriftwalter[9] 2 *tan*
            [für den] Abgabeneinzieher[10] 2 *tan*
            Felder mit reduzierter Abgabenpflicht[11] 1 *chō* 7 *tan* 160 *bu*
        steuerbares Land[12] 9 *chō* 3 *tan*[13] 100 *bu*
            shotō kanmotsu in Form von Reis 37 *koku* 3 *to* 1 *shō* 2 *gō*[14] (4 *to* pro *tan*, davon Gebühr zum Unterhalt der Lastpferde[15] 1 *to* pro *koku*)
        Trockenfelder mehr als 3 *chō*
            shotō jishi[16] 1 *to* pro *tan* örtliche Erzeugnisse[17]
[...]

2. Jahr Kenpō, 5. Monat, [?] Tag[18]

Anm.: 1 *Chūshinjō*: siehe Regest # 1, Anm. 3.

2 *Densū shotō*: *Shotō* wurde im 10. Jahrhundert zunächst i.S.v. „angemessen, passend, entsprechend“ den Benennungen der verschiedenen Ding- und Dienstpflichten (*kuji*, *nengu*, *kanmotsu*. etc.) vorangestellt, man sprach also z.B. von *shotō nengu*, *shotō kanmotsu* usw. Später verselbstständigte sich der Begriff und wurde allein stehend gleichbedeutend mit diesen verschiedenen Leistungspflichten; *shotō* stand dann vielfach anstelle von *nengu*, *kanmotsu* etc. und konnte nur noch im Kontext gedeutet werden.

Das vorliegende Schriftstück erwähnt unter dem Stichpunkt „steuerbares Land“ weiter unten im Text *shotō kanmotsu mai*, also Reis (*mai*), der als jährlicher Grundzins (*shotō kanmotsu*) abzuliefern war. Bei *kanmotsu* handelte es sich ursprünglich tatsächlich, wie der Name schon sagt, um diejenigen Dinge (*motsu*), die der Staat über seine Ämter (*kan*) einziehen ließ, also um die an die höfische Regierung abzuführenden Abgaben und Dienste. Mit *kanmotsu* belegte Ländereien waren folglich öffentlich steuerbares Gebiet. Auch die grundherrschaftlichen Güter hatten in Form der *kanmotsu* einen Teil ihrer Einnahmen an den Staat abzuführen, solange sie über keine entsprechende Freiung (*fuyu*) verfügten. Der als *nengu* („Jahresabgabe“) bezeichnete Grundzins hingegen ging in den *shōen* an die Grundherren. Beide, sowohl *kanmotsu* als auch *nengu*, wurden i.d.R. in Form von Reis bezahlt. Da es ab der Kamakura-Zeit jedoch verbreitet dazu kam, dass in den *shōen* auch die *nengu* als *kanmotsu* bezeichnet wurden, verliert sich der dem Begriff inhärente Bezug zu dem Empfänger der Leistung und es kam zu einer terminologischen Vermischung. Die Erhebung von *kanmotsu* stand nicht mehr eindeutig für eine öffentliche, also staatliche Besteuerung der betreffenden Feldflächen. Auch in Bezug auf das Minase-Gut darf bezweifelt werden, dass die Abführung von *kanmotsu* im Jahr 1214 noch eine öffentliche Besteuerung bedeutete. Denn erstens konnte „steuerbares Land“ (*jōden*) auch Abgabenpflicht dem Grundherren gegenüber bedeuten (siehe auch Anm. 12). Zweitens hatte der Begriff *kanmotsu* in den auf uns gekommenen Minase-Dokumenten letzmalig im Jahr 1041 Verwendung gefunden, danach fast 200 Jahre lang nicht mehr. Drittens hatte der Tōdaiji nach Lage der Quellen bis zum Ende des 11./Anfang des 12. Jahrhunderts die volle grundherrliche Gewalt über das Minase-Gut erlangt. Es spricht daher einiges dafür, dass auch im vorliegenden Fall *kanmotsu* synonym mit *nengu* verwendet worden war.

3 Die Distriktangabe wurde rechts neben der Zeile ergänzt. Insgesamt werden 29 Besitzungen in 10 Provinzen aufgeführt: in Yamato 11, Iga 5, Yamashiro und Settsu je 3, Mino 2, Tanba, Kii, Echigo, Etchū und Chikuzen je 1.

4 Zu den vormodernen Flächenmaßen *chō*, *tan* und *bu* siehe Kapitel 5.1.

5 *Shōreiritsuyō*: von allen Gutsbauern gemeinsam bewirtschaftetes Land, dessen Erträge als Beitrag zu den Verwaltungskosten und zum Unterhalt des Gutes abgeführt werden mussten.

6 Götter- oder auch Schreinland (*shinden*): besonders geschützte, i.d.R. nicht steuerbare Feldkategorie bei Schreingütern. Zum Areal des Tōdaiji gehörte seit seiner Gründungszeit der Tamukeyama Hachimangū, auch als Tamukeyama Jinja und Tōdaiji Hachimangū bekannt. Er wurde im Jahr 748 für die Shintō-Gottheit Hachiman errichtet, die dann zur Schutzgottheit für den Großen Buddha des Tōdaiji erklärt wurde. Ein weiterer Name war daher Chinju Hachimangū („Schrein für die Schutzgottheit Hachiman“). Das Schreingebäude befand sich ursprünglich südlich des Kaiserpalastes von Nara, die genaue Lage kann nicht mehr rekonstruiert werden, wurde 749 jedoch an die Ostseite des Kagamiike und damit in die unmittelbare Nähe der Halle des Großen Buddha des Tōdaiji verlegt. 1180 durch Taira no Shigehira (1157–1185) niedergebrannt, 1250 durch Hōjō Tokiyori (1227–1263) an seinem jetzigen Standort südlich der Sangatsudō am östlichen Rand des Tōdaiji-Areals wieder aufgebaut. Dass Shintō-Gottheiten zu Schutzgöttern von buddhistischen Tempeln erwählt wurden, war insbesondere in der Nara-Zeit verbreitet, was eine enge Verflechtung in geistlichen wie in weltlichen Belangen mit sich brachte. So gehörte auch der Tamukeyama Hachimangū seit seiner Gründung als dessen Schutz-Schrein zum Tōdaiji. Erst im Zuge der Trennung von Shintō und Buddhismus (*shinbutsu bunri*) während der Meiji-Ära wurde auch der Tamukeyama Hachimangū vom Tōdaiji gelöst und selbstständig (https://narakanko-enjoy.com/?p=8921, Stand 15.06.2018).

7 *Iryō* 井料: wörtl. „Brunnengebühr“. Land, dessen Erträge für die Einrichtung und Wartung der Bewässerungsanlagen abzuliefern waren. Im vorliegenden Schriftstück wurde das zweite Schriftzeichen (料) vermutlich aufgrund eines Schreibfehlers aus den Teilen 米 und 斤 statt aus 米 und 斗 gebildet.

8 *Gesu* (alternativ *geshi*): lokaler Verwalter, häufig mit Polizeigewalt ausgestattet und hauptverantwortlich für die Erhebung der Abgaben. Für seinen Unterhalt mussten die Erträge der hier festgesetzten Feldfläche abgeführt werden.

9 *Kumon*: Schriftwalter, niederer Gutsbeamter, der u.a. in die Einsetzung und Bestätigung lokaler Amtsträger involviert war, üblicherweise zusammen mit dem zuständigen *jitō* (sofern existent). Seinem Unterhalt dienten die Erträge der hier festgesetzten Feldfläche.

10 *Chōshi*: lokaler Gutsverwalter, der für das Eintreiben der Steuern und Abgaben verantwortlich war. Die Erträge der hier festgesetzten Feldfläche dienten seinem Unterhalt.

11 *Reison[den]*: Mit diesem aus dem Ritsuryō-Recht stammenden Begriff bezeichnete man in der Nara- und vor allem in der Heian-Zeit (zusammen 7.–12. Jahrhundert) Felder, bei denen es Ernteeinbußen infolge von Schäden durch Pflanzenkrankheiten, Insektenbefall, Naturgewalten u.ä. gegeben hatte und für die deshalb temporär eine abgesenkte Feldsteuer galt. Es handelt sich hier um einen recht späten Nachweis für diesen Terminus.

12 *Jōden* 定田: Felder, für die es keine Freiungen oder Vergünstigungen gab, sodass die Abgaben und Dienste in voller Höhe zu entrichten waren. Nicht zu verwechseln mit *joden* 除田, für die der Grundherr keine Leistungen einfordern durfte. Dazu zählten u.a. die auch hier unter dem Stichpunkt „Gutsbedarfsland“ aufgeführten Götter- und Unterhaltsfelder, deren Erträge ausschließlich für den jeweils benannten Zweck bestimmt waren.

13 Dem Schreiber des Textes war hier offensichtlich ein Fehler unterlaufen, denn er wiederholte an dieser Stelle das Zeichen für *chō* (町). Neben der Zeile findet sich daher berechtigterweise die Notiz „*tan?*“ (段乎).

14 Zu den vormodernen Hohlmaßen *koku*, *to*, *shō* und *gō* siehe Kapitel 5.1.

15 *Dachin*.

16 *Shotō jishi*: Grundzins, ab Kamakura-Zeit immer häufiger nur für Trockenfelder erhoben im Gegensatz zu dem mit *nengu* bezeichneten Nassfeldzins. Ab der Muromachi-Zeit (1333–1573) trifft man auf *jishi* nur noch als Zins für Hausgrund und daher vornehmlich im städtischen Umfeld. Entrichtet wurde dieser Zins in Form von Reis (*jishimai*) oder anderen agraren wie handwerklichen Produkten; ab dem 14. Jahrhundert auch zunehmend in Geld (*jishisen*/*jishizeni*).

17 *Shōbutsu*.

18 Diesem Verzeichnis zufolge betrug das Minase-Areal Anfang des 13. Jahrhunderts knapp 20 Hektar bewirtschaftete Fläche (Nass- und Trockenfelder) zzgl. etwa einen halben Hektar temporäre und Dauerbrache. Ein Güterverzeichnis des Tōdaiji aus dem Jahr 1128 (Daiji 3) führt das Minase-Gut noch mit 40 *chō* (circa 48 Hektar) auf (HI 5:2119). Leider können wir den auf uns gekommenen Minase-Quellen nicht entnehmen, ob die Fläche in den dazwischen liegenden Jahrzehnten tatsächlich um mehr als die Hälfte geschrumpft war (und falls ja, warum) oder ob die Zahlen evtl. verfälscht waren und nicht die tatsächlichen Gegebenheiten wiedergaben. Entweder nur als Folge simpler Schreibfehler oder aber, um die Fläche des Gutes bewusst größer/kleiner erscheinen zu lassen.

5

Datum: Kenpō 建保 5, 1. Monat, 10. und 12. Tag (1217/2/17 und 1217/2/19)
Gegenstand: Reparaturarbeiten an der Villa Minase
Edition: H 150

10. Tag: Der abgedankte Kaiser[1] hat sich zur neu erbauten Villa Minase begeben. Dessen Hauptgebäude war im vergangenen Jahr zur Taifun- und Hochwasserzeit [durch] Einsturz und Überschwemmung [schwer beschädigt worden]. Andere Gebäude [mussten] abgerissen und [neu] aufgebaut werden.[2]
12. Tag: Rückkehr von der Villa Minase.

Anm.: 1 Gemeint ist Gotoba, auf dessen relativ häufige Besuche in Minase die vorliegenden Einträge Bezug nehmen. Für die Zeit zwischen 1213 und 1217 vermerkt das *Hyakurenshō* insgesamt 17 Reisen von ihm zu seinem dortigen Anwesen, sechs davon allein im Jahr 1217. Etliche Aufenthalte waren mehrtägig bis mehrwöchig, der längste in diesem Zeitraum im *Hyakurenshō* dokumentierte Aufenthalt dauerte drei Wochen (a.a.O.: 147).
2 Das *Hyakurenshō* vermerkt speziell unter dem 28. Tag des 8. Monats des vorausgegangenen Jahres Kenpō 4 (1216) ein starkes Unwetter, durch das „zahlreiche Tempelbauten, Häuser und Anwesen beschädigt sowie Bäume entwurzelt wurden" (a.a.O.: 150). Bei Fujiki wird solch ein Ereignis zwar für den 28. Tag des 8. Monats des Jahres Kenpō 3 (1215) aufgeführt, für das Jahr Kenpō 4 gibt es dort aber ähnliche Einträge für den 31. Tag des 8. Monats und v.a. für den 10. Monat. Besonders zwischen dem 13. und 18. Tag des 10. Monats im Jahr Kenpō 4 litt der Raum Kyōto offenbar unter mehrtägigem Starkregen mit Stürmen und Hochwasser. Dabei könnte auch die Villa Minase in Mitleidenschaft gezogen worden sein.

6

Datum: Kenpō 建保 7, 2. Monat, 6. Tag (1219/2/22)
Gegenstand: Aufgrund von Unruhen in der Hauptstadtregion kehrt der abgedankte Kaiser Gotoba von Minase nach Kyōto zurück
Edition: H 153

6. Tag, Tag des Hasen[1]: Ōharano-Fest[2] wie gewöhnlich. Es gibt jedoch Kunde von einer unfassbaren Prophezeiung, der zufolge sich – ach! – die Barbaren aus den östlichen Provinzen[3] in der Hauptstadt ausbreiten werden. Aber dann würde auch die Residenz des abgedankten Kaisers[4] verwüstet werden. Es wurde angeordnet, [alle notwendigen] Befehle zu erteilen, damit sie nicht in die Hauptstadt vordringen können. Der abgedankte Kaiser[5] kehrt wegen der Ereignisse mit dem Gesindel aus Kantō von seiner Villa in Minase zurück.

Anm.: 1 *Mizunoto-u*: kalendarische Bezeichnung unter Verwendung der zehn zyklischen Zeichen und zwölf Tierkreiszeichen.

2 *Ōharano no matsuri*: seit Mitte des 9. Jahrhunderts Hauptfest des Ōharano-Schreins (Ōharano Jinja) in Kyōto. Ursprünglich jeweils am Tag des Hasen im 2. Monat sowie am Tag der Ratte im 11. Monat begangen, im Mittelalter dann nahezu in Vergessenheit geraten, im 17. Jahrhundert wiederbelebt und nunmehr alljährlich am 8. April gefeiert.

3 *Kantō-e* 関東穢: Kantō, geographisch gesehen der Großraum des heutigen Tōkyō inkl. Kamakura, stand in bestimmten historischen Kontexten stellvertretend für die ostjapanischen Provinzen und die in der Kamakura- und Edo-Zeit (1182–1333; 1600–1868) dort angesiedelten Shōgunats- bzw. Militärregierungen (*bakufu*) bzw. alles damit im Zusammenhang Stehende.
Das Zeichen 穢, gelesen *e* oder *(w)ai*, hat viele Bedeutungen, grundlegend steht es jedoch für „Schmutz, Dreck“, etwas weiter gefasst für „böse, schlecht, niederträchtig, ekelhaft, hässlich, gemein“ u.a.m. Basierend darauf benutzte man 穢 in der hauptstädtischen Region um Kyōto als Schimpfwort für die Menschen aus den östlichen Provinzen (Kantō-Gebiet). In diesem Sinne ist auch das hier verwendete 穢 als sehr herablassende Bezeichnung für die *bakufu*-Kräfte aus Kamakura und ihre Gefolgsleute zu verstehen.
Die Geschehnisse, um die es in diesem Eintrag geht und die Gotoba zur Rückkehr nach Kyōto bewogen haben, standen im Zusammenhang mit Unruhen, die von Kantō aus – also von Kräften des konkurrierenden *shōgun* in Kamakura – in Gang gesetzt worden waren, sich weiträumig ausgebreitet und schließlich die Hauptstadt erfasst hatten. Das *Hyakurenshō* klagt ein paar Zeilen nach der oben zitierten Passage: „In Stadt und Land herrscht Aufruhr, der sich in Worten nicht ausdrücken lässt“. (a.a.O.: 153) Entsprechende Erwähnungen findet man auch im *Azuma kagami* (vgl. Bd. 2: 754), und über die Rückkehr des abgedankten Kaisers von der Villa Minase am 6. Tag des 2. Monats aufgrund von Ereignissen, die in den östlichen Provinzen ihren Ursprung hatten und nun die Hauptstadt bedrohten, berichtet auch der Abt des Kyōtoer Tempels Tōji im Postscriptum eines Dekretes vom 9. Tag des 2. Monats des betreffenden Jahres (vgl. KI 4:2437). Diese Vorgänge sind Ausdruck der Rivalitäten zwischen Hofadel und Kaiserhof in Kyōto einerseits und dem an Macht und Einfluss gewinnenden *bakufu* in Kamakura andererseits. Sie prägten diese Zeit und fanden zwei Jahre nach den hier erwähnten Geschehnissen im Jahre 1221 einen Höhepunkt im sogenannten Jōkyū-Krieg (*Jōkyū no ran*, siehe Kapitel 1.1).

4 *Sentō*: Ehrenname für einen abgedankten Kaiser oder dessen Residenz.

5 Hier *jōkō*. Vgl. Regest # 3, Anm. 2.

7

Datum:	**Jōkyū 承久 3, 6. Monat, 25. Tag (1221/7/16)**
Aussteller:	**Hōjō Yoshitoki[1] in seiner Funktion als *shikken*[2]**
Gegenstand:	**Ernennung von Fujiwara no Munemasa[3] zum *shugo*[4] in der Provinz Settsu und zum *jitō*[5] im Gut Ai[6]**
Edition:	**T 54; KI 5:2761**

Über die umgehende Einsetzung von Fujiwara no Munemasa als *shugo* der Provinz Settsu und *jitō* des Gutes Ai

Es ergeht der Befehl[7], dass der oben Genannte diese Ämter ausüben soll.

3. Jahr Jōkyū, 6. Monat, 25. Tag

Mutsu no Kami Taira[8] (Signum)[9]

Anm.: 1 Hōjō Yoshitoki (auch, wie in diesem Schreiben, Taira no Yoshitoki, da die Hōjō ein Zweig des Taira-Clans waren): 1163–1224; 1205–1224 nach seinem Vater Tokimasa zweiter *shikken* (siehe Anm. 2) des Kamakura-*shōgun*. Jüngerer Bruder von Masako, der Ehefrau des *bakufu*-Gründers Minamoto no Yoritomo.

2 Als *shikken* bezeichnete man in der Kamakura-Zeit die Regenten des *shōgun*. Es war das höchste *bakufu*-Amt und lag fest in den Händen der Hōjō, die auf diese Weise eine überaus mächtige, vorherrschende Position einnahmen und mehr oder weniger direkt die Politik des *bakufu* bestimmten. Sie trafen sowohl politische wie auch militärische und polizeiliche Entscheidungen im Einflussbereich des *bakufu*.

3 Fujiwara no Munemasa (1162–1240) war ein Kamakura-Vasall (*gokenin*), der sich bereits Ende des 12. Jahrhunderts als Gefolgsmann der Minamoto an der Niederwerfung des Taira-Clans beteiligt hatte und ebenso während der Jōkyū-Unruhen auf Seiten des *bakufu* sehr aktiv war. Die ersten Jahrzehnte des 13. Jahrhunderts waren geprägt von Konflikten zwischen der kaiserlichen Regierung in Kyōto und den Kräften des *shōgun* in Kamakura. Die zeitgenössischen Schriftdokumente erwähnen wiederholt entsprechende Auseinandersetzungen, auch im Kontext mit Minase, da die treibende Kraft auf Seiten des Kaiserhofes der abgedankte Kaiser Gotoba war. Im Jahr 1221 (3. Jahr Jōkyū) erreichten die Spannungen ihren Höhepunkt im sogenannten Jōkyū-Krieg (*Jōkyū no ran*, wörtl. „Unruhen/Aufstand der Jōkyū-Ära“, siehe Kapitel 1.1), in dessen Folge das *bakufu* in allen Provinzen und Gütern, die vorher noch unter höfischer Kontrolle gestanden hatten, eigene Verwalter einsetzte (*shugo* und *jitō*, siehe Anm. 4 und 5). Vor diesem Hintergrund ist die hier beschriebene Ernennung des Fujiwara no Munemasa zu sehen.

4 *Shugo*: seit dem Ende des 12. Jahrhunderts eingesetzte Provinz- bzw. Militärgouverneure – die Übersetzungen variieren – des *bakufu* zur Durchsetzung seiner polizeilichen und militärischen Oberhoheit sowie zur Überwachung der Vasallen des *shōgun* im betreffenden Gebiet. Die *shugo* besaßen begrenzte Gerichtsgewalt. Sie waren den ebenfalls vom *shōgun* ernannten *jitō* (Vögte) übergeordnet und erlangten auf diese Weise wie auch durch ihre genuinen Amtsrechte die Kontrolle über teilweise sehr ausgedehnte Territorien. Zu ihrer historischen Rolle siehe auch Kapitel 1.1.

5 *Jitō*: Vogt. Seit dem Ende des 12. Jahrhunderts vom *bakufu* eingesetzte landsässige Verwalter in Landgütern (*shōen*), die keiner behördlichen Kontrolle und damit auch keinem *shugo* (siehe Anm. 4) unterstanden. Sie kontrollierten v.a. das System der Abgaben und Dienste in ihrem Zuständigkeitsbereich, übten aber auch lokale Gerichtsbarkeit aus. Zu ihrer historischen Rolle siehe auch Kapitel 1.1.

6 Ai no shō: Landgut der Familie Akamatsu im Gebiet Aimoto der heutigen Stadt Sanda, Präfektur Hyōgo. Existierte in der Kamakura- und Muromachi-Zeit.

7 *Ōsegechi*: Befehl/Anordnung, an eine Person oder Institution niederen Ranges gerichtet.

8 Mutsu no Kami Taira: „Gouverneur der Provinz Mutsu [aus dem Geschlecht der] Taira“. 1217–1222 trug diesen Titel der in Anm. 1 beschriebene Taira no Yoshitoki. Höfische Ämter und Titel wie hier Mutsu no Kami waren meist reine Ehrenbezeichnungen, ohne dass deren Träger das beschriebene Amt aktiv ausübten.

9 *Kaō*: Siegelzeichen, Signum, Monogramm.

8

Datum: **Antei 安貞 2, 8. Monat, 5. Tag (1228/9/4)**
Gegenstand: **Abschrift eines Verzeichnisses der Besitzungen der Shichijō Nyōin**[1]
Edition: **KI 6:3771**[2]

Verzeichnis der Besitzungen der Shichijō Nyōin

Signatur Shichijō Nyōin[3]

Anwesen und Landgüter, die an die Shumeimon'in fallen[4]

1 Anwesen Villa Minase zuzüglich Gut Inouchi[5]
muss vom kaiserlichen Palast befürwortet werden[6]

[…]

2. Jahr Antei, 8. Monat, 5. Tag

Anm.: 1 Shichijō Nyōin/Shichijō Nyoin (1157–1228) war die Mutter von Kaiser Gotoba, dem sie zahlreiche Besitzungen verdankte. Etwa einen Monat vor ihrem Ableben überließ sie diese zum großen Teil seiner Lieblingsgattin Shumeimon'in (siehe Anm. 4), was sich im vorliegenden Verzeichnis widerspiegelt. Geburtsname Fujiwara no Shokushi.

2 Von dem Dokument existieren mehrere Kopien in der Sammlung *Tōji hyakugō monjo*, einem im Archiv des Kyōtoer Tempels Tōji überlieferten Konvolut. In der Edo-Zeit wurden zur Förderung des Lernens landesweit historische Schriften gesammelt und kopiert. Maeda Tsunanori (1643–1724), Landesherr im Lehen Kaga (Kaga han), ließ von seinen Gefolgsleuten u.a. Abschriften von Dokumenten aus dem Archiv des Tōji anfertigen und katalogisieren. Bei Abschluss der Arbeiten, 1685, schenkte er dem Tempel 100 Kästen (*hyakugō*) aus Paulownienholz, in denen die Schriftstücke – seit 1997 Nationalschatz – noch heute lagern. Sie sind in verschiedenen Quelleneditionen enthalten, wie z.B. im *Kamakura ibun* oder im *Dai Nihon komonjo*, inzwischen sind sie aber auch in digitalisierter Form online zugänglich (http://hyakugo.kyoto.jp/, Stand 19.12.2018).
Die Abschriften des hier behandelten Verzeichnisses sind nicht völlig identisch, Unterschiede gibt es v.a. bei eingefügten Erklärungen, abweichenden Schreibweisen von Namen u.ä. Das KI verwendet als Vorlage das Schriftstück mit der Registrierung „Kasten Ho/27/1" (ほ函/27/1), einzusehen unter http://hyakugo.kyoto.jp/contents/detail.php?id=18959, Stand 19.12.2018. Die hier vorgenommene Übersetzung basiert auf diesem Dokument und dem Eintrag im KI, zieht aber weitere d. Verf. zugängliche Exemplare vergleichend hinzu. Diese gehören insbesondere zum bereits erwähnten digitalen Archiv der *Tōji hyakugō monjo* sowie zur Edition *Dai Nihon komonjo* in der Datenbank des Historiographischen Institutes der Universität Tōkyō (https://clioimg.hi.u-tokyo.ac.jp/viewer/image/idata/850/8500/05/1002/0503.tif, Stand 28.12.2018).

3 *Zaigohan*: In Dokumentenabschriften ersetzt dieser Vermerk eine im Original an dieser Stelle vorhandene (*zai/aru*) Signatur (*gohan*). Die im KI edierte Vorlage nennt in kleinerer Schrift zusätzlich den Namen der Signierenden: Shichijō Nyōin. Eine andere Abschrift dieses Dokumentes im Konvolut des Tōji enthält diesen Zusatz nicht (vgl. Registriernummer „Kasten I/33/5" (イ函/33/5), http://hyakugo.kyoto.jp/contents/detail.php?id=77, Stand 19.02.2017). Am

Ende des Dokumentes findet sich ein gleichartiger Hinweis auf die Signatur der Shumeimon'in, die Liste wurde also durch Schenkende und Beschenkte authorisiert.

4 Shumeimon'in (1182–1264) war die Gattin von Kaiser Gotoba und Mutter von Kaiser Juntoku (Juntoku Tennō, 1197–1242; reg. 1210–1221). Im KI wurde neben der Zeile in kleinerer Schrift und in Klammern gesetzt ihr Mädchenname Fujiwara no Shigeko (auch Kazuko gelesen) ergänzt.

5 Inouchi no shō. Bei der Edition im KI wurde neben der Zeile in kleinerer Schrift die Ortsbezeichnung „Provinz Settsu" (*Settsu no kuni*) ergänzt. Ein Dokument aus dem Jahr 1252 (Regest # 12) enthält die Notiz „Im Distrikt Shima no kami?" (*Shima no kami gun ka* 島上郡カ). Das Inouchi no shō taucht im Zusammenhang mit Minase in Schriftstücken der Kamakura- und Muromachi-Zeit auf. So im Vermächtnis von Kaiser Gotoba aus dem Jahr 1239 (Regest # 9), in einem Erlass von Kaiser Fushimi aus dem Jahr 1294 (Regest # 19) und in Verfügungen des Exkaisers Kōgon aus den Jahren 1336 und 1337 (Regesten # 30 und 31). Seine genaue Lage ist nicht bekannt, aufgrund der überlieferten Daten weiß man jedoch, dass es direkt an das Territorium des Gotoba'in Mieidō (heute Minase Jingū) angrenzte (siehe Regest # 31) und dass es in unmittelbarer Nachbarschaft des Minase no shō lag, mit dem es wohl später verschmolz (siehe Regest # 55). Gemeint ist damit jedoch das zur Villa Minase gehörige Besitztum, nicht das Tōdaiji-Gut Minase.

6 Die Edition im KI enthält neben der betreffenden Textpassage (可被進宮) die Notiz 善統親王, das *Dai Nihon komonjo* ergänzt an gleicher Stelle 四辻入道親王. Bei dem im Haupttext eigentlich anonymen Handlungsträger 宮 soll es sich folglich um den kaiserlichen Prinzen Yoshimune Shinnō 善統親王 alias Yoshitsuji Nyūdō Shinnō 四辻入道親王 gehandelt haben, dem sechsten Sohn von Kaiser Juntoku und Enkel der Shumeimon'in. Er wuchs bei seiner Großmutter auf, die ihm tatsächlich einige Besitzungen aus dem Nachlass der Shichijō Nyōin vermachte. Ob dazu auch Minase und Inouchi gehörten, ist aber ungewiss. Die Formulierung 可被進宮 findet sich im gesamten Dokument bei insgesamt 18 Besitzungen, nur bei Minase wurde ein Name hinzugesetzt. Es steht allerdings an erster Stelle des Verzeichnisses und könnte daher stellvertretend für alle folgenden Positionen fungieren. Der einmaligen Namensnotiz ist also nicht unbedingt Bedeutung beizumessen. Die *shōen*-Datenbank des NJG führt Prinz Yoshimune bei einigen dieser 18 Güter in der Liste der Eigentümer mit auf, bei Inouchi und Minase ist das jedoch nicht der Fall (www.rekihaku.ac.jp/up-cgi/set_conditionrd.pl?h=./history/w11546176487_28497&p=param/soue/db_param, Code 0599011, Stand 29.12.2018). Der Namensvermerk in beiden Editionen muss außerdem sehr viel später ergänzt worden sein. Denn zum einen wurde der betreffende Prinz erst 1233, also fünf Jahre nach Abfassen dieses Verzeichnisses, geboren (gest. 1317). Zum anderen enthält keine der im Tōji-Archiv erhalten gebliebenen Abschriften dieses Dokumentes aus der Edo-Zeit irgendeine Namensergänzung (vgl. http://hyakugo.kyoto.jp/contents/detail.php?id=77; http://hyakugo.kyoto.jp/contents/detail.php?id=1985; http://hyakugo.kyoto.jp/contents/detail.php?id=18959, alle Stand 29.12.2018). Drittens fällt auf, dass in einen Schenkungsvorgang im Jahr 1252, der das Minase-Besitztum betraf, als Obereigentümerin Shumeimon'in einbezogen wurde, nicht aber Prinz Yoshimune, der zu dem Zeitpunkt immerhin bereits 19 Jahre alt war (siehe Regesten # 12–14). Auch nach dem Tod der Shumeimon'in (1264) taucht er in keinem der untersuchten Schriftstücke als Obereigentümer auf, sondern als solcher fand dann grundsätzlich nur der Gotoba'in Mieidō Erwähnung (vgl. Regesten # 41ff). In der Summe dieser Überlegungen hat sich d. Verf. entschieden, *miya* 宮 trotz der Namensnotiz nicht als „kaiserlicher Prinz" (Yoshimune) zu deuten, sondern als „kaiserlicher Palast", „kaiserlicher Herrscher" und „kaiserliche Familie", wofür *miya* im weltlichen Sinne – also ohne Berücksichtigung von religiösen Bedeutungen wie Schrein etc. – in erster Linie stand.

Das Verb 進, hier durch 被 in den Passiv gesetzt, hat je nach Textzusammenhang eine ganze Reihe von Bedeutungen, dazu gehörten im vormodernen Sprachgebrauch u.a. das hier verwendete „etw. befürworten" sowie „(einer höher stehenden Person) etw. übermitteln". Darüber hinaus ist die Modalität der Aussage mehrdeutig, denn 可 kann sowohl mit unseren modalen Hilfsverben „müssen/sollen/können" übersetzt werden wie auch als temporales „werden". Aufgrund der knappen Kontextinformationen muss letztlich offen bleiben, ob die betreffende

Handlung stattfinden muss/soll/kann oder wird; d. Verf. hat sich für eine Aussage i.S.v. „müssen, sollen“ entschieden.
Die Übersetzung dieser Passage erfolgte auch mit Blick auf das im Regest # 9 wiedergegebene Vermächtnis, dem zufolge Exkaiser Gotoba elf Jahre später noch befugt war, Minase und Inouchi als Lehen zu vergeben. Trotz des hier beschriebenen Besitzüberganges gab es also über Shumeimon'in – und vorher vermutlich über Shichijō Nyōin – noch eine Instanz innerhalb des Palastes bzw. der kaiserlichen Familie, die unabhängig von ihr über diese Areale entscheiden konnte und bei Besitztransaktionen ein Mitspracherecht hatte.

9

Datum:	**Ryakunin 暦仁 2, 2. Monat, 9. Tag (1239/3/15)**
Gegenstand:	**Vermächtnis[1] von Exkaiser Gotoba, mit zwei Handabdrücken[2] von ihm besiegelt**
Edition:	**T 57; KI 8:5382[3]**

Mein Befinden verschlechtert sich in unerwarteter Weise von Tag zu Tag. Wenn das so bleibt, wird wohl auch der Tod nicht mehr fern sein. Und so möchte ich mich dankbar zeigen für die [mir erwiesenen] langjährigen Dienste. Meine Besitzungen werden dafür [jedoch] kaum ausreichen, was mich in höchstem Maße mit Gram erfüllt.
Die beiden Areale Minase und Inouchi überlasse ich unterschiedslos als Lehen[4], damit man die Trauerzeremonien für mein Seelenheil in der nächsten Welt abhalten möge. Darüber hinaus fallen meine Ländereien[5] an den treuen Chikanari[6]. [Gegen diese Entscheidung] soll Chikanaris Vater[6] nicht aufbegehren. Kaga[7] wollte ich ursprünglich Nobuuji[7] übertragen. Aber da Chikanari ohne Fehl und Tadel ist, gibt es wohl keinen Grund dafür, und so möge man es ebenfalls dem Chikanari als Lehen geben. Falls dieser es nach eigenem Ermessen an Nobuuji abtreten möchte, ist es mir recht. […] Selbst wenn es Widerstand gegen [diesen] meinen letzten Willen[8] geben sollte, darf man die genannten Besitzungen niemals wieder entziehen.

2. Jahr Ryakunin, 2. Monat, 9. Tag[9]

Anm.: 1 *Okibumi*: Nachlassverfügung, schriftliches Vermächtnis. Ab Ende der Heian-Zeit gebräuchliche Dokumentenform. Regelte u.a., wie mit Besitztümern zu verfahren sei.

2 *Tein*: ab dem 8. Jahrhundert wurden bestimmte, besonders bedeutungsvolle Schriftstücke wie Vermächtnisse, Gelübde u.ä. häufig beglaubigt oder bekräftigt, indem der Urheber den Abdruck einer Hand oder beider Hände aufbrachte. Das vorliegende Dokument trägt beide Handabdrücke von Gotoba, der nur 13 Tage später, am 22. Tag des 2. Monats, verstarb.

3 Das Vermächtnis ist Teil der *Minase Jingū monjo*. Eine Fotokopie ist u.a. enthalten in der 1940 durch die Präfektur Ōsaka herausgegebenen Publikation *Ōsaka-fu shiseki meishō tennen kinenbutsu chōsa hōkokusho dai 11 kan: Minase Jingū monjo*, S. 25 , zugänglich unter http://dl.ndl.go.jp/info:ndljp/pid/1138896, Stand 05.10.2018.

4 *Chigyō*. Der Begriff *chigyō* erscheint in Quellen ab der Heian-Ära und beschreibt je nach zeitlichem Kontext unterschiedliche Einkommensrechte als Entlohnung für verschiedene Dienste und Dienstherren. Näheres siehe Kapitel 3.3, FN 15.

5 *Mochita*: das KI ergänzt neben der Zeile „Izumo Shimane gun" 出雲島根郡.

6 Gemeint sind Minase Chikanari (13. Jahrhundert, genaue Lebensdaten unbekannt) und dessen Vater Minase Nobunari (1197–1262), auch Nobushige gelesen. Letzterer entstammte dem Nordzweig der Fujiwara-Familie und hatte diverse, teils sehr hohe höfische Ämter und Ränge inne. Aufgrund seiner Verwalterdienste für die Villa Minase bekam er von Gotoba den Familiennamen Minase verliehen, womit das gleichnamige Geschlecht begründet wurde. Chikanari war sein ältester Sohn. Um die Seelenzeremonien für Gotoba abzuhalten, wurden beide mit dem Areal der Villa Minase belehnt, wo sie zu diesem Zweck im Jahr 1240, also ein Jahr nach diesem Vermächtnis und Gotobas Tod, den Schrein Gotoba'in Mieidō gründeten, aus dem später der heute noch existente Minase Jingū hervorging. Das Minase-Areal blieb dauerhaft Lehnsbesitz des Minase-Geschlechtes, was etwa ein Jahrhundert später, im Jahr 1336, in einer Verfügung des Exkaisers Kōgon noch einmal explizit bekräftigt wurde (siehe Regest # 30).

7 Das KI ergänzt neben der Zeile wiederum „Izumo Shimane gun" 出雲島根郡 und verweist damit auf die historische Gemeinde Kaga gō im Distrikt Shimane gun in der Provinz Izumo no kuni (heute Teil der Stadt Matsue). Sie gehörte zu den zuvor erwähnten Ländereien (*mochita*) Gotobas in Shimane, und er hatte offensichtlich kurzzeitig erwogen, dieses Areal Chikanaris jüngerem Bruder Minase Nobuuji zu überlassen (13. Jahrhundert, genaue Lebensdaten nicht bekannt, zweitältester Sohn des Nobunari).

8 Wörtl. *oshite*: mit Handabdruck besiegeltes Dokument. Siehe Anm. 2.

9 Vom Folgetag (2. Jahr Ryakunin, 2. Monat, 10. Tag) ist ein Brief von Gotoba überliefert, in dem er Nobunari über den Inhalt seines Vermächtnisses in Kenntnis setzt und betont, dass sein letzter Wille künftig vom Hofadel wie vom Kriegeradel zu respektieren sei (*Kuge mo buke mo, nochi ni wa, yomo waga soi wo hatakaheshi to koso sonsure* 公家も武家も、後には、よも我素意をハたかへしとこそ存すれ; zitiert nach KI 8:5383). Des Weiteren müsse Kamakura seinen *jitō* zurückziehen und aufhören, Krieger [ins Minase-Gebiet] zu entsenden (*Kamakura yori jitō wo mo noke, bushi no nyūbu wo mo, totomuheki* 鎌倉より地頭をものけ、武士の入部をも、とゝむへき; ebd.).

10

Datum:	**Ninji 仁治 1, 7. Monat, 1. Tag[1] (1240/7/21)**
Aussteller:	**Ashikaga Yoshiuji[2]**
Empfänger:	**Minase Nobunari**
Gegenstand:	**Begleitschreiben von Ashikaga Yoshiuji zu einer Weisung aus Kamakura, den für die Villa Minase zuständigen *jitō* abzuberufen**
Edition:	**T 59; KI 8:5609; ZGR 33/1, S. 212**

Es wird [Ihnen hiermit] die Abschrift eines Erlasses über die Abberufung des für die Villa Minase zuständigen *jitō*[3] ausgehändigt. Das Original wurde dem Hause der verwitweten Kaiserinmutter (Shumeimon'in)[4] übergeben. Wenn es Ihnen beliebt, können Sie mir mit dem Zurücksenden dieser Schatulle eine Antwort zukommen lassen. [Denn] es heißt, Sie würden zu dieser Zeit in der Hauptstadt weilen. Außerdem soll es mehrfach Schwierigkeiten mit dem Befehl gegeben haben sowie [Versuche,] diesen zu umgehen. Aber es gibt klare Anweisungen zur Umsetzung; sollten sie nicht mit bedingungsloser Ergebenheit befolgt werden? Umso mehr, als dass die Behandlung dieser Angelegenheit das Herz ergreift und auf jedes Versprechen auch im Nachhinein vertraut wird. In Ehrfurcht und Ergebenheit.

1. Jahr Ninji
7. Monat, 1. Tag — Zen Mutsu no Kami (Ashikaga Yoshiuji)[5]
(Signum)

Dem Herren Awa Saishō Chūjō Nyūdō (Nobunari)[6]

Anm.: 1 Eventuell auch 7. Monat, 20. Tag (1240/8/9). Die verwendeten Editionen im T und KI enthalten in der Datumszeile am Ende des Briefes neben „1. Tag" die Notiz „20.? (廿カ)". Anmerkend erklärt das KI, dass sich im Quellenkonvolut des Minase-Schreins ein Schreiben von einem gewissen Ashikaga Tadayoshi befindet, welches den hier vorliegenden Brief auf den 20. Tag des 7. Monats datiert. Da Tadayoshis Schreiben selbst keine Jahreszahl enthält, muss offen bleiben, ob es sich um den erst 1306 geborenen Bruder von Ashikaga Takauji handelte, dem Begründer des Ashikaga-*bakufu*. Im *Zoku Gunsho ruijū*, einer zwischen 1779 und 1819 angelegten umfangreichen Sammlung literarischer und historischer Quellen, ist Yoshiujis Brief ohne solche Vermerke lediglich mit dem Datum „7. Monat, 1. Tag" aufgenommen (Bd. 33/1, S. 212).

2 Ashikaga Yoshiuji (1189–1254) war Neffe und in Diensten stehend von Minamoto no Yoritomo, dem Begründer des Kamakura-*bakufu*, bzw. der Hōjō-Familie, die nach Yoritomos Tod im Jahr 1199 die Macht innerhalb der Shōgunatsregierung übernahm. Yoshiuji war maßgeblich an der Niederwerfung der Gotoba-Truppen im Jōkyū-Krieg beteiligt (siehe Kapitel 1.1) und hatte verschiedene höhere *bakufu*-Ämter inne, z.B. den *shugo*-Posten in der Provinz Mikawa (zu *shugo* siehe u.a. Regest # 7, Anm. 4).

3 *Jitō*: landsässige Verwalter im Dienste des *bakufu*, siehe u.a. Regest # 7, Anm. 5.

4 Nyōin Shumeimon'in: Ehrenname für die Gemahlin von Gotoba und Mutter von Kaiser Juntoku, siehe auch Regest # 8, Anm. 4. Im Text ursprünglich schlicht als „verwitwete Kaiserinmutter" (*nyōin*) bezeichnet, neben der Zeile wurde „Shumeimon'in" ergänzt.

5 Zen Mutsu no Kami: „ehemaliger Präfekt von Mutsu". Neben der Zeile wurde „Ashikaga Yoshiuji" ergänzt (siehe Anm. 2). Bei *kami* handelt es sich um einen jener Titel, die in vielen Fällen reine Ehrenbezeichnungen waren und nicht zwingend bedeuteten, dass ihre Träger die damit verbundenen Tätigkeiten wirklich ausübten. Solche Ehrentitel wurden im Allgemeinen als Anrede für die betreffende Person benutzt, weshalb man sie in Dokumenten – wie im vorliegenden Fall – anstelle der wirklichen Namen als Empfängerbezeichnung oder Unterschrift benutzte. In etlichen Schriftstücken, wie ebenfalls hier zu sehen, wurden die persönlichen Namen dann aus Verständnisgründen ergänzt.

6 Awa Saishō Chūjō Nyūdō: *Saishō* (Bezeichnung für Mitglieder des Großministeriums *daijōkan*), *chūjō* (Titel für den Zweiten Kommandierenden der Kaiserlichen Garde) und *nyūdō* (Bezeichnung für buddhistische Mönche und Laienpriester) waren alte höfische resp. buddhistische Ämter und Titel, die in der hier behandelten Zeit häufig nur noch als Ehrenbezeichnungen fungierten (siehe Anm. 5). Awa war eine Provinz im Gebiet der heutigen Präfektur Tokushima auf Shikoku.
Im vorliegenden Fall handelt es sich bei dem so Angesprochenen um Minase Nobunari, daher auch die neben der Zeile ergänzten entsprechenden Schriftzeichen 信成. Er war seinerzeit Oberer Rat (*dainagon*) und damit vierthöchstes Mitglied des Großministeriums, also der obersten weltlichen Behörde der höfischen Regierung. Durch Gotobas Vermächtnis waren er und sein Sohn mit der Villa Minase belehnt worden (siehe Regest # 9), das Areal verblieb jedoch im Besitz von Gotobas Gemahlin Shumeimon'in. Aus diesem Grunde wurde das Original des

Briefes dem Haus der Shumeimon'in übergeben und Nobunari erhielt eine Kopie desselben. Die im vorliegenden Brief thematisierte, offenbar problembehaftete Abberufung des *jitō* ist im Zusammenhang mit Gotobas Vermächtnis zu sehen (siehe Regest # 9, insbes. Anm. 9).

11

Datum: **Ninji 仁治 2, Neujahrsmonat, 20. Tag (1241/3/4)**
Gegenstand: **Tagebuchaufzeichnung des Obersten Priestermönches des Imakumano-Schreins[1] über die Amtsernennungen zum Beginn des neuen Jahres**
Edition: **KI 8:5731**

[…]
Mitteilung an den Hof über neue Amtseinsetzungen[2]
2. Jahr Ninji, Neujahrsmonat, 17. Tag
[…]
Ernennung der lokalen Gutsverwalter[3]
[…]
Kanetoshi Jōza[4]: Gut Minase, Gut Tamai[5]
[…]

aufgezeichnet im Imakumano-Schrein im 2. Jahr Ninji, Neujahrsmonat, 20. Tag
Yōsō Kannori[6]

Anm.: 1 Imakumano Hōin: Der Imakumano-Schrein im Kyōtoer Stadtteil Higashiyama wurde 1160 durch Kaiser Goshirakawa (1127–1192) gegründet. Zur Bedeutung der Kumano-Schreine siehe u.a. David Moermann: „The Ideology of Landscape and the Theatre of State – Insei Pilgrimage to Kumano (1090–1220)“, in: *Japanese Journal of Religious Studies*, vol. 24:3/4 (1997), S. 347–374.
Hōin, ursprünglich *sōjō*, war die höchste von insgesamt drei Rangklassen der sogenannten *sōgō*. Das waren Priestermönche, die die Einhaltung der Glaubens- und Moralregeln überwachten. Die zweit- und dritthöchste Rangklasse waren die *sōzu* sowie die *risshi*. Zu jeder dieser drei Ränge gab es mehrere Unterklassen.

2 *Shonin kitsusho*: *Kitsusho* waren förmliche Schreiben zur Vorlage beim Thron, wenn bestimmte Dinge neu begonnen hatten, damit der Kaiser sie zur Kenntnis nehmen oder gegebenenfalls prüfen und bestätigen konnte. Dazu zählten sowohl Höflichkeitsschreiben zum Beginn des neuen Jahres (*toshihajime*) als auch diverse administrative Informationen wie z.B. Mitteilungen über Amtsernennungen (*matsurigotohajime*). Letzteres traf hier zu, da über das Antreten von Ämtern (*shonin*) berichtet wurde.

3 *Shōshō mokudai*: *Mokudai* waren landsässige Verwalter (hier von „diversen Gütern“, *shōshō* 庄々), die von Provinzverwesern, Grundherren oder Lehnsinhabern als lokale Stellvertreter eingesetzt wurden. Häufig deren Söhne oder Hausleute. Sie verfügten i.d.R. über umfangreiche Befugnisse und beträchtlichen Einfluss.

4 Kanetoshi Jōza: „Oberpriester Kanetoshi", Lebensdaten unbekannt. *Jōza* war ein hoher Priesterrang, den u.a. der höchste Vertreter des sogenannten Dreier-Rates innehatte (*sangō*; zusammenfassende Bezeichnung für die drei obersten Verwalter eines Tempels).

5 Tamai no shō: Tōdaiji-Besitztum in der Provinz Yamashiro, Distrikt Tsuzuki, am rechten Ufer des Kizu-Flusses ungefähr im Gebiet des heutigen Ortes Ide gelegen. Quellenmäßig belegt von der Heian- bis zur Muromachi-Zeit.

6 Yōsō Kannori: „Oberster Priestermönch Kannori". Der Titel *yōsō* bezieht sich nicht auf ein bestimmtes Amt oder eine bestimmte Funktion, sondern auf das Maß an buddhistischer Erkenntnis und Läuterung. Je nach Grad der Erleuchtung und Durchdringung mit der buddhistischen Lehre wurden vier Gruppen von Mönchen unterschieden. Auf der niedrigsten Stufe standen die noch unerfahrenen, „einfältigen", wörtl. „Schafsmönche" (*yōsō*).
Verfasser und Unterzeichner dieses Textes war Ki no Kannori (auch Ki no Shōshu, 13. Jahrhundert, genaue Lebensdaten unbekannt). Er fand in den Quellen u.a. Erwähnung 1221 als Hauptabt des Tōdaiji (*Tōdaiji bettō*), 1228 als Stellvertretender Hauptabt des Tōdaiji (*Tōdaiji gon bettō*), als älterer Bruder des hochrangigen Tōdaiji-Priesters Enshō Shōnin (1221–1277), als Gründer (*kaisan*) des Zenpōji sowie als Verwaltungsaufseher (*kengyō*) des Iwashimizu Hachimangū (http://zan35441.on.coocan.jp/sub20.html, Stand 25.06.2017).

12

Datum:	**Kenchō 建長 4, 6. Monat, 22. Tag (1252/7/29)**
Aussteller:	**Saigan, Verwalter des Inouchi-Gutes[1]**
Empfänger:	**Nishi-Kannonji[2]**
Gegenstand:	**Saigan überschreibt dem Nishi-Kannonji ein innerhalb des Minase-Gutes gelegenes Allmendareal**
Edition:	**KI 10:7449**

(Signum)

Schenkung[3] Betrifft das Allmendland von Kamidera innerhalb des Besitztums Minase[4]

Die vier Grenzpunkte sind:
[...][5]

Was das oben genannte [Areal] am Fuße der Berge anbelangt, so entbrannte hier im Gut Streit aufgrund des Holzeinschlags für den Nishi-Kannonji. Anweisungen und Befehle haben ihn nicht befriedet.[6] Deshalb [vollziehe ich] diese unbedeutende Schenkung. Die Meinung der verehrten Nyōin[7] wurde eingeholt, und das besagte Berggelände geht ab jetzt durch [diese] Schenkung in das Eigentum des Kannonji über.
[…]

4. Jahr Kenchō, 6. Monat, 22. Tag Inouchi no shō Zasshō Saigan

Anm.: 1 Inouchi no shō Zasshō Saigan: 13. Jahrhundert, genaue Lebensdaten und Familienname unbekannt. Zum Inouchi no shō siehe Regest # 8, Anm. 5. *Zasshō* waren vom Grundherren eingesetzte Gutsverwalter und deren Repräsentanten vor Ort. Sie standen über den lokalen Amtsleuten (*shōkan*), ihnen oblag i.d.R. die niedere Gerichtsbarkeit. Lokale Verwaltungsbeamte im Dienste der *shugo daimyō* – Provinzherren mit ausgedehntem Landbesitz, teilweise aufgrund ihres *shugo*-Amtes erlangt – nannte man später ebenfalls *zasshō*.

2 Der Nishi-Kannonji war einer von zwei Kannon-Tempeln in Ōyamazaki. Er war die weiter westlich gelegene Anlage und befand sich im Shinzen-Tal (Shinzendani/Shinzen no tani), auch Nishitani/Nishi no tani („westliches Tal") genannt. Daraus resultierten diverse Benennungen: „westlicher Kannon-Tempel" (Nishi-Kannonji), „westlicher Tempel" (Saiji), „Tal-Tempel" (Tani-dera), „Kannon-Tempel im Shinzen-Tal" (Shinzendani Kannonji). Der Nishi-Kannonji wurde vermutlich im Jahr 746 durch den Mönch Gyōki (668–749) gegründet und lag im Bereich des heutigen Shiio Jinja und Suntory-Werkes, also nur wenige hundert Meter nord-/nordwestlich des Minase-Areals. Als Folge antibuddhistischer Bewegungen (*haibutsu kishaku*) Anfang der Meiji-Zeit wurde er geschlossen, und an seiner Stelle entstand der heutige Shiio Jinja. Seine Reliquien und baulichen Anlagen wurden auf andere Tempel in Ōyamazaki verteilt bzw. dorthin umgesetzt, wie u.a. zum Dainenji, Hōshakuji oder dem zweiten, heute noch existenten Kannonji, auch bekannt als Yamazaki Shōten bzw. Yamazaki Shōten Kannonji. Dieser war z.B. bei Kampfhandlungen in den 1860er Jahren zerstört worden, und für seinen Wiederaufbau Anfang der Meiji-Zeit verwendete man Gebäude des gerade geschlossenen Nishi-Kannonji, die zu diesem Zweck ab- und an neuer Stelle wieder aufgebaut wurden (http://oyamazaki.info/archives/671, http://oyamazaki.info/archives/1405, Stand 15.06.2018).

3 *Kishin.*

4 *Minase goryō no uchi Kamidera yamawaribun* 水無瀬御領内上寺山割分. In Klammern wurde neben der Zeile hinzugesetzt: „Settsu, Distrikt Shima no kami" (*Settsu Shima no kami gun* 摂津島上郡). Mit *yamawari* bezeichnete man Flächen, die gemeinschaftlich genutzt wurden oder deren Erträge der Gemeinschaft zugute kamen (Gras- und Weideland, Wälder für Holzgewinnung u.ä.). Dem Schenkungsdokument zufolge befand sich der strittige Allmendwald von Kamidera innerhalb (内) des Mieidō-Besitztums Minase, sodass dessen Obereigentümerin (siehe Anm. 7) über die Transaktion informiert und gegebenenfalls auch ihre Zustimmung eingeholt werden musste. Die genaue Lage des Gebietes lässt sich leider nicht bestimmen. Die spärlichen geografischen Angaben lassen nur vermuten, dass es in Randlage des Gutes in unmittelbarer Nachbarschaft sowohl des Tōdaiji-Gutes Minase wie auch des Nishi-Kannonji gelegen war und sich höchstwahrscheinlich im Bereich jenes Dorfes Kamidera befand, welches in den *Genroku kuniezu* („Planskizzen aus den Provinzen der Genroku-Ära", 1688–1704) am Fuße eines Gebirgszuges am linken Ufer des Minase-Flusses eingezeichnet ist. Direkt östlich davon findet man in den Planskizzen eine Gemeinde Tōdaiji mura. Das im Schenkungsdokument als östliche Begrenzung angeführte „Tempelbesitztum" wäre dann u.U. dem Tōdaiji zuzuordnen (www.digital.archives.go.jp/DAS/pickup/view/detail/detailArchivesEn/0301000000/0000000227/00, Stand 13.12.2018).

5 Die hier aufgeführten Grenzmarken (Feldbezeichnungen, Wegkreuzungen, Territorialgrenzen) an der östlichen, westlichen, südlichen und nördlichen Grenze des Schenkungsareals können bis auf eine Ausnahme nicht mehr zugeordnet werden. Hilfreich ist lediglich die Angabe „im Norden der Grenzweg des Shinzendani-Besitztums", woraus sich ergibt, dass das Allmendland direkt an ein Gebiet des Nishi-Kannonji grenzte (siehe Anm. 2). Im Osten wird ein leider nicht näher bezeichnetes „Tempelbesitztum" erwähnt. Überlegungen dazu sowie zu der nur sehr begrenzt möglichen Lageanalyse insgesamt in Anm. 4.

6 Auf die erwähnten Unruhen nehmen auch die Regesten # 13 und 14 Bezug.

7 Nyōin: in Klammern wurde neben der Zeile „Shumeimon'in Minamoto no Ariko" ergänzt. Ariko (1171–1257) war eine der Gemahlinnen von Kaiser Gotoba und Mutter von Kaiser Tsuchimikado (1195–1231, reg. 1198–1210). Allerdings lautete ihr Ehrenname Shōmeimon'in, nicht Shumeimon'in. Letzteres war die Ehrenbezeichnung für Fujiwara no Kazuko, die zur gleichen Zeit wie Ariko kaiserliche Gemahlin und später dann verwitwete Kaiserinmutter (*nyōin*) war (siehe Regesten # 8, Anm. 4, sowie # 10, Anm. 4). Bei der Textergänzung unterlief

dem Schreiber also offenbar ein Fehler und es müsste richtig heißen entweder „Shōmeimon'in Minamoto no Ariko" oder „Shumeimon'in Fujiwara no Kazuko". Da verschiedene ältere wie jüngere Minase-Quellen ansonsten ausschließlich auf die Shumeimon'in Bezug nehmen, darunter auch Schriftstücke, die im Zusammenhang mit der hier angesprochenen Nutzung von Kamidera stehen, handelte es sich bei der erwähnten *nyōin* mit größter Wahrscheinlichkeit um Kazuko, nicht um Ariko. Ein acht Tage später verfasster Text zur gleichen Schenkungsangelegenheit wiederholt übrigens den Fehler, indem neben der im Text explizit genannten „Shumeimon'in 修明門院" die Namenszeichen „Minamoto no Ariko 源在子" ergänzt wurden (siehe Regest # 13).

13 (inhaltliche Zusammenfassung)

Datum:	**Kenchō 建長 4, 6. Monat, 30. Tag (1252/8/6)**
Aussteller:	**Hōgen Seison[1] im Auftrag des Oberpriesters Prinz Sonkaku[2]**
Gegenstand:	**Verfügung anlässlich einer Klage des Nishi-Kannonji über Aufruhr im Minase-Gut**
Edition:	**KI 10:7455; ŌY 66**

Die Übertragung des Allmendareals von Kamidera an den Nishi-Kannonji am 22. Tag des 6. Monats im 4. Jahr Kenchō hatte im Minase-Gut zu erheblichem Aufruhr geführt, denn die Allmende lag innerhalb der Gutsgrenzen und wurde von den Gutsbewohnern genutzt.[3] Der Kannonji beschwerte sich über die Tumulte und forderte u.a. die Bestrafung der fünf Rädelsführer. Prinz Sonkaku verfügte daher acht Tage nach der Schenkung am 30. Tag des 6. Monats, dass das strittige Areal aufgrund einer Schenkungsurkunde und einer entsprechenden Anordnung der Shumeimon'in[4] rechtmäßig in den Besitz des Nishi-Kannonji übergegangen sei, dass man dies zu respektieren und aufrührerisches Verhalten zu unterlassen habe.

Anm.: 1 Hōgen Seison (Lesung ev. auch Masatake): Lebensdaten unbekannt. *Hōgen* war ein hoher Priesterrang (siehe Regest # 15, Anm. 11), Gerber (502) übersetzt mit Vizeabt. Vermutlich handelt es sich bei Seison um den in Regest # 14 erwähnten Mönchsgesandten, der zusammen mit dem Obersten Priester (*zasu*) – dem hier genannten Zasu Sonkaku Shinnō? – den Streit zwischen Minase und dem Nishi-Kannonji schlichten sollte.

2 Oberpriester Prinz Sonkaku (Zasu Sonkaku Shinnō), auch Sonkaku Hosshinnō: 1215–1264, ältester Sohn von Kaiser Juntoku und Enkel der Shumeimon'in (siehe Regest # 8, Anm. 4), 1249–1259 im Amt des Tendai Zasu Oberhaupt des Tendai-Haupttempels Enryakuji. Die vorliegende Verfügung unterzeichnete er als Chūdō Shugyō Sōzu Gobō. Dabei stand *Chūdō* kurz für Konponchūdō, den alten Namen des Tempels Enryakuji auf dem Berg Hiei bei Kyōto; *shugyō* und *sōzu* waren hohe Priesterränge; *gobō* war ein höflicher Titel für Priester allgemein.

3 Zu den Hintergründen siehe auch Regest # 12.

4 Neben der Zeile wurde „Minamoto no Ariko" ergänzt. Siehe dazu Regest # 12, Anm. 7.

14

Datum: **Kenchō 建長 4 (1252)**
Aussteller: **Shumeimon'in[1]**
Empfänger: **Bewohner des Gutes Minase[2] (durch öffentliche Bekanntmachung)**
Gegenstand: **Abschrift eines Appells der Shumeimon'in**
Edition: **KI 10:7512**

Es wird [hiermit] öffentlich bekannt gegeben, dass der Streitfall zwischen Minase und Shisentani[3] dem Mönchsgesandten[4] und der Residenz des Obersten Priesters[5] vorgelegt wurde in der Hoffnung, dass diese schlichten und eine Versöhnung herbeiführen werden. [...] Es wird dazu aufgefordert, Ruhe und Ordnung zu bewahren.

Anm.: 1 Shumeimon'in: siehe Regest # 8, Anm. 4.
2 *Minase no shō jūnin.* Mit *jūnin* („Bewohner, Einwohner") betitelte man Angehörige der lokalen Oberschicht. Sie waren i.d.R. die Adressaten von Bekanntmachungen oder Anordnungen des Grundherren oder einer Regierungsinstanz.
3 *Minase to no to, Shisentani to no sōron no koto* みなせとのと、しせんたにとのさうろんの事. Der Appell nimmt Bezug auf die Regesten # 12 und 13: Aufruhr im Gut Minase aufgrund einer Landschenkung an den Nishi-Kannonji. Der Tempel befand sich in einem Tal namens Shinzentani, daher meint das hier verwendete Shisentani mit großer Wahrscheinlichkeit den Nishi-Kannonji als eine der beiden Streitparteien (vgl. Regest # 12, Anm. 2).
4 *Shisō*: Mönch, der als Abgesandter/Bote fungiert.
5 *Zasu* (auch *sasu*): (1) Oberhaupt der Tendai-Schule und ihres Haupttempels, des Enryakuji auf dem Berg Hiei bei Kyōto; (2) ranghöchster Mönch bei der Verwaltung eines Haupttempels. Mit Blick auf die als Regest # 13 aufgenommene Verfügung vom sechsten Monat des gleichen Jahres kann man wohl davon ausgehen, dass es sich hier um den Oberpriester Prinz Sonkaku handelte, der im fraglichen Jahr das *zasu*-Amt innehatte und im Streit zwischen Minase und dem Nishi-Kannonji um die Nutzung der Kamidera-Allmende vermittelte.

15

Datum: **Kenji 建治 3, 3. Monat, 25. Tag (1277/4/29)**
Aussteller: **Verwaltungsmönche des Tōdaiji**
Gegenstand: **Verzeichnis von Dokumenten, die auf Befehl der Hausbehörde[1] ausgehändigt wurden**
Edition: **T 66; KI 17:12690**

Das Gut Minase betreffende Schriftstücke:
1 Rolle, 11 Blätter: Grundzinsüberprüfungen[2] beginnend mit [der Ära] Chōkyū 長久 [1040–1044]

1 Rolle, 5 Blätter:	Abschrift einer Anweisung der Hausbehörde des Kaiserlichen Ratgebers und Ministers zur Linken[3] inklusive einer Planskizze
1 Rolle, 17 Blätter:	[Nass]feldvermessungsregister, beginnend mit dem 2. Jahr Kōhei 康平 [1059]
1 Heft[4], 2 Blätter:	Schreiben[5] aus dem 2. Jahr Kantoku 寛徳 [1045]
1 Dokument, 1 Blatt:	Mitteilung[6] über Ding- und Dienstpflichten[7], 3. Jahr Kyūan 久安 [1147]
1 Dokument, 1 Blatt:	Mitteilung[8] zu Trockenfeldern, 2. Jahr Kantoku 寛徳 [1045]
1 Dokument, 2 Blätter:	Feldvermessungsverzeichnis[9], 3. Jahr Kyūan 久安 [1147]

[…]

3. Jahr Kenji, 3. Monat, 25. Tag — Gon Jōza Keishun[10] (Signum)
Jōza Hōgen[11] (Signum)

Anm.: 1 *Mandokoro*: Oberste Verwaltungsbehörden der führenden Familien, Tempel und Schreine; beaufsichtigten u.a. den Grundbesitz und das Dokumentenarchiv. Nach Gerber (111f) waren sie das organisatorische Zentrum der führenden gesellschaftlichen Kräfte, d.h. des Hof- und Kriegeradels sowie der großen Tempel und Schreine. Einige dieser Hausbehörden wurden sehr mächtig und erreichten Ausmaße einer Regierungsbehörde mit Mitarbeitern verschiedener Rangstufen und unterschiedlicher Kompetenzen.

2 *Jishi kanmon.*

3 *Kanpaku sadaishi-ke mandokoro*: Aufgrund fehlender zeitlicher Angaben kann man das Schriftstück nicht zweifelsfrei zuordnen. Nahe liegend ist jedoch eine Verbindung mit dem Hause der Fujiwara, die im 11. Jahrhundert die genannten Positionen (Kaiserlicher Ratgeber *kanpaku*, Minister zur Linken *sadaishi*) besetzten.

4 Verwendet wird in dieser Zeile das sehr seltene und hier nicht darstellbare Zeichen *kiu* (Hälfte des Zeichens 弱), welches wie *kyū* 糾 „flechten; sammeln; vereinigen" bedeutete und als Zählwort für geheftete/gebundene Dokumente benutzt wurde.

5 *Gejō*: an höhergestellte Personen oder Institutionen gerichtete Schreiben, i.d.R. Eingaben oder Petitionen.

6 *Chūmon*: an höhergestellte Personen oder Institutionen gerichtete Schreiben, im Allgemeinen Mitteilungen, Berichte, Kommentare.

7 *Shoyaku*: in Unterscheidung zum Grundzins Oberbegriff für verschiedene Ding- und Dienstpflichten.

8 Siehe Anm. 6.

9 Die Vermessung der bewirtschafteten Feldflächen (*kenden*) diente der Ermittlung der zu zahlenden Grundzinsen; durchgeführt wurde sie von den als *kendenshi* bezeichneten Vermessungsbeauftragten.

10 Gon Jōza Keishun: „Stellvertretender Oberpriester Keishun", Lebensdaten unbekannt. Zu *jōza* siehe Regest # 11, Anm. 4.

11 Jōza Hōgen: „Meister des (gesetzesüberwachenden) Buddha-Auges", zweithöchster der drei höchsten buddhistischen Priestertitel, in Mittelalter und früher Neuzeit auch für Gelehrte, Ärzte, Maler und Dichter verwendet. Eine weitere Identifizierung der hier unterzeichnenden Person ist nicht möglich.

 # 16

Datum:	**Kenji 建治 3, 4. Monat, 28. Tag (1277/6/1)**
Gegenstand:	**Aufzeichnungen des Dokumentenverwalters des Tōdaiji[1]**
Edition:	**KI 17:12723**

[…]
Unter den Dokumenten das Gut Minase[2] [betreffend befinden sich]
1 Dokument Feldvermessungsverzeichnis[3]
1 Dokument Grundzinsüberprüfungen[4]
1 Dokument Mitteilungen über Ding- und Dienstpflichten[5]
1 Dokument Erlass seiner Hoheit, Abschrift[6]

Rückgabe der genannten vier Dokumente am 10. Tag des 2. Monats im Jahr Kōan 22.[7]

Anm.: 1 *Tōdaiji monjo suitō nikki*. *Suitō* waren für die Überwachung der Ein- und Ausgänge bestimmter Dinge zuständig: Einnahmen aller Art, Ausgaben, Archivdokumente u.a.m. Je nach Umfeld waren sie Sekretäre, Privatsekretäre, Verwalter. Hier geht es um die Notizen eines namentlich nicht genannten Verwaltungsmönches des Tōdaiji, der für die Kontrolle der Ein- und Ausgänge von Schriftstücken verantwortlich war. Das Dokument wurde im Familienarchiv des Philosophen und Pädagogen Kanō Kōkichi (1895–1942, *Kanō Kōkichi shi shūshū monjo*) überliefert, möglicherweise besteht also eine personelle Verbindung zur Kanō-Familie.

2 Daneben in Klammern ergänzt „Settsu, Distrikt Shima no kami" (*Settsu Shima no kami gun*).

3 *Kendenchō*.

4 *Jishi kanmon*.

5 *Shoyaku chūmon* (siehe Regest # 15, Anm. 6 und 7).

6 *Denka kudashibumi an*: *Denka* war eine Ehrenbezeichnung für die Mitglieder der kaiserlichen Familie, für die kaiserlichen Regenten und Berater (*sesshō* und *kanpaku*) sowie für den *shōgun*. *Kudashibumi* waren Befehle/Erlasse einer hochgestellten Person oder Institution an Untergebene, *an* waren Abschriften von Originaldokumenten. Mangels näherer Angaben muss offen bleiben, wer der Urheber des genannten Erlasses war, worum es darin ging und von wann er datierte.

7 弘安二二年二月十日四通返納了: Hier muss ein Schreibfehler unterlaufen sein, denn die erwähnte Ära Kōan 弘安 (1278–1288) war zum Zeitpunkt dieser Aufzeichnung noch nicht angebrochen und währte auch keine 22 Jahre. Vermutlich kam es zu einer Verwechslung mit der Ära Kyūan 久安 (1145–1151), und das Ausstellungsdatum war nicht das 22. Jahr dieser Ära – bei senkrechter Schreibweise vier untereinanderstehende waagerechte Striche –, sondern das dritte Jahr (三年). Das im Regest # 15 erwähnte Dokumentenverzeichnis führt sowohl ein Feldvermessungsverzeichnis als auch eine Mitteilung über Ding- und Dienstpflichten aus dem 3. Jahr Kyūan auf.

17

Datum: **Kōan 弘安 2, 5. Monat, 7. Tag (1279/6/17)**
Gegenstand: **Vermächtnis des Ninren[1,2]**
Edition: **KI 18:13584**

Nachlassfestlegungen die Besitzungen des Ninren betreffend

Betrifft insgesamt
[…]
1 *tan*[3] Nassfelder innerhalb des Gutes Minase[4], Besitztum des Tōdaiji
[…]
Die 1 *tan* Nassfelder des Tōdaiji-Besitztums sollen dem Shinzendani Kannonji[5] gestiftet werden.
[…]
2. Jahr Kōan, 5. Monat, 7. Tag Ninren (Signum)

Anm.: 1 *Ninren okibumi*: Vermächtnis/Testament des Ninren (Mönchsname, Lebensdaten unbekannt). *Okibumi* enthielten Willensbekundungen, wem bestimmte Besitztümer einmal übertragen werden sollen. Die tatsächliche Übertragung wurde in *yuzurijō* genannten Dokumenten festgehalten.
2 Es sind nur die inhaltlich relevanten Textpassagen wiedergegeben.
3 1 *tan*: circa 1.200 m². Näheres siehe Kapitel 5.1.
4 In Klammern neben der Zeile ergänzt: „Settsu, Distrikt Shima no kami“ (*Settsu Shima no kami gun*).
5 Shinzendani Kannonji: siehe Regest # 12, Anm. 2.

18

Datum: **Shōō 正応 4, 2. Monat, 25. Tag (1291/3/27)**
Aussteller: **Sonken als scheidender Repräsentant der Fünf Meister[1]**
Empfänger: **Kenshun[2] als künftiger Repräsentant der Fünf Meister**
Gegenstand: **Liste der Dokumente, die Kenshun bei Amtsantritt übergeben wurden[3], darunter Schreiben zur Schenkung des Minase-Gutes an den Hachimangū**
Edition: **T 68; KI 23:17560[4]**

[…]
Schreiben betreffend die Stiftung des Gutes Minase[5] als Grundstück [zur Unterstützung] der Lehr- und Studientätigkeit des Hachimangū[6] sowie Kopie eines von der Mönchsgemeinschaft[7] unterzeichneten Schreibens (Original lagert im Tōnan'inge[8]).

[…]

4. Jahr Shōō, 2. Monat, 25. Tag Nen'yo Goshi Sonken

Anm.: 1 Nen'yo Goshi Sonken. *Nen'yo goshi* fungierten als höchste Vertreter der sogenannten „Fünf Meister" (*goshi*), d.h. der Gruppe von Mönchen, die für das Studium der Lehre Buddhas und für die geistig-religiösen Angelegenheiten des Tempellebens inkl. Überwachung der Disziplin der Mönche und Leitung der Mönchsversammlung verantwortlich waren. Piggott (49) nennt sie die „spiritual elders of the monk community". Wie die Regesten # 23 und 24 zeigen, beteiligten sie sich auch an der Finanzverwaltung des Tempels und verfassten oder signierten entsprechende Schriftstücke. Hisano (52) beschreibt sie als Kernelement der Selbstverwaltung des Tōdaiji mit erheblichem Einfluss auf die Verwaltung der Tempelgüter. Die *nen'yo goshi* als oberste Repräsentanten dieser Gruppe übten ihre Funktion jeweils ein Jahr lang aus (*nen*) und zeichneten während dieser Zeit für die Dokumentenverwahrung (*yo*) verantwortlich. Jeweils im Februar wechselte der Inhaber dieser Funktion, die an den Amtsnachfolger übergebenen Dokumente wurden dabei in Übergabelisten (*kentojō*, *kentochō*) erfasst. Siehe auch Regest # 22, Anm. 3.

2 Kenshun.

3 *Kentojō*: siehe Anm. 1.

4 Hier übersetzte Passage KI 23, S. 85. Ein textidentischer Eintrag findet sich im Übergabeverzeichnis des nächsten Jahres (Shōō 5, 2. Monat, 25. Tag), ediert in T 69 sowie KI 23:17829. Dort mit dem Zusatz „Wie bei vorangegangener Übergabe" 如前勘渡.

5 In Klammern neben der Zeile ergänzt: „Settsu, Distrikt Shima no kami"(*Settsu Shima no kami gun*).

6 *Hachimangū dangi dansho*. *Dangi* bedeutet im buddhistischen Kontext die Auslegung und Erörterung der buddhistischen Schriften und Lehre sowie die Unterweisung darin. *Dansho* ist gleichbedeutend mit *ryōchi* und bezeichnet Land/Grundstück, insbesondere Bauland, das für einen bestimmten Zweck vorgesehen oder reserviert ist. *Dangi dansho* kann hier also einerseits bedeuten, dass Minase-Areal zur Errichtung von Lehr- und Studiengebäuden zur Verfügung gestellt wurde oder dass andererseits nur ein bestimmter Teil der Minase-Erträge zur Ausrichtung von Seminaren und Lesungen dauerhaft abgeliefert wurde. Beides ist denkbar, die Auslegung der Textpassage hängt daher letztlich davon ab, um welchen Hachimangū es sich hier konkret handelte. Es ist davon auszugehen, dass sich die Schenkung auf den zum Tōdaiji selbst gehörenden Tamukeyama Hachimangū bzw. Tōdaiji Hachimangū bezog (siehe Regest # 4, Anm. 6) und dass es um die Lieferung der Erträge einer bestimmten Minasefläche zur Unterstützung der Studien im betreffenden Hachimangū ging. In einem Beschluss des Tōdaiji aus dem Jahr 1376 wird das Gut Minase als Gebiet bezeichnet, das „schon seit langer Zeit dem Hanchimangū dieses Tempels [d.h. des Tōdaiji] gehört" (siehe Regest # 42).

7 *Jike* bezeichnet (1) die in einem Tempel wohnenden Mönche, insbesondere die leitenden Verwaltungsmönche u.a. Autoritäten der Mönchsgemeinschaft; (2) die Gebäude eines Tempels, einen Tempel als Ganzes, Zweig- oder Tochtertempel; (3) die Dienerschaft und Abhängigen eines Tempels. Sinngebend ist hier nur das Bedeutungsfeld (1), daher wurde die betreffende Textstelle mit „Mönchsgemeinschaft" übersetzt. Sehr gut denkbar wäre auch die genannte engere Deutung i.S.v. „leitende Verwaltungsmönche" oder „Repräsentanten des Tempels/der Mönchsgemeinschaft". Aufgrund der gemeinsamen Auflistung der beiden Schriftstücke (Stiftungsschreiben und *jike*-Schreiben) kann man wohl von einem inhaltlichen Zusammenhang der beiden Dokumente ausgehen.

8 Tōnan'inge. *Inge* bezeichnete (1) adlige und gelehrte Priester und Mönche, v.a. in den Mönchsstand eingetretene Exkaiser und kaiserliche Prinzen, sowie die gleichzeitig mit ihnen dem betreffenden Tempel beigetretenen Adligen, die dann die „Familie" (*ke*/*ge*) des Exkaisers oder Prinzen (*in*) bildeten. Hochrangige *inge* fungierten i.d.R. als Oberpriester oder in ähnlich gehobenen Positionen im Tempel. *Inge* und *in* waren (2) Tochtertempel eines Haupttempels, in denen die unter (1) beschriebenen Personen lebten und ihren alltäglichen Verrichtungen nach-

gingen. Nach Piggott (46) waren die nahe der Großen Buddhahalle gelegenen Tochtertempel von besonderer Bedeutung, „because they were the working places of the scholar monks, a key group within the temple's population". Der wohl prominenteste Tochtertempel des Tōdaiji war der hier erwähnte Tōnan'in bzw. Tōnan'inge („Südost-Tempel"), dessen Name sich von seiner Lage im Südosten des Tempelkomplexes unweit des Großen Südtores herleitete. Er diente u.a. wiederholt als Unterkunft für hochrangige Reisende wie z.B. Kaiser. Wie andere *inge* des Tōdaiji auch, hatte der Tōnan'in sein eigenes Dokumentenarchiv.

19

Datum:	**Einin 永仁 2, 2. Monat, 2. Tag (1294/2/28)**
Aussteller:	**Hino Toshimitsu in seiner Funktion als Oberer Verwaltungsdirektor zur Rechten[1]**
Empfänger:	**Gardekommandant Minase (Kaneyoshi?)[2]**
Gegenstand:	**Erlass des Kaisers Fushimi[3]**
Edition:	**T 70; KI 24:18470**

Weil das Gut Inouchi das mit Handabdrücken signierte Vermächtnis des abgedankten Kaisers Gotoba aus der Ära Ryakunin[4] die beiden Güter Minase[5] und Inouchi betreffend nicht anerkennen wollte, wurde von Iwakura no Miya[6] festgestellt, dass es am Lehn[sstatus][7] keinerlei Zweifel gibt. Es ist der kaiserliche Wille, dies bekannt machen zu lassen. Daher tun wir es [hiermit] entsprechend kund.

2. Jahr Einin, 2. Monat, 2. Tag Udaiben[8] (Signum)

ehrerbietig überbracht dem Minase Shōshō Dono[9]

Anm.: 1 Udaiben: „Oberer Verwaltungsdirektor zur Rechten". Dem Großministerium (*daijōkan*) waren eine Linke und eine Rechte Staatsverwaltung untergeordnet (*sabenkan*, *ubenkan*), die u.a. die Arbeit der einzelnen Ministerien koordinierten und kontrollierten sowie die Schriftstücke des Großministeriums ausstellten und verwahrten. Ihre Leitung lag in den Händen je eines Oberen, Mittleren und Unteren Verwaltungsdirektors (*daiben*, *chūben*, *shōben*), die entsprechend ihrer institutionellen Zugehörigkeit zur Linken oder Rechten Staatsverwaltung den Zusatz *sa*, „zur Linken", oder *u*, „zur Rechten", im Titel führten. Die mit der Ausfertigung dieser Anordnung beauftragte Rechte Staatsverwaltung war zuständig für das Kaiserliche Hofamt (*kunaishō*), das Militärministerium (*hyōbushō*), das Justizministerium (*gyōbushō*) und das Finanzministerium (*ōkurashō*). Der Signatur dieses Dokumentes zufolge bekleidete zu diesem Zeitpunkt Hino Toshimitsu das Amt des *udaiben* (siehe Anm. 8).

2 Minase Shōshō Dono: „Dritter Kommandierender der Kaiserlichen Garde aus dem Hause Minase". Das Suffix *dono* markiert eine höfliche Anrede; *shōshō* war ursprünglich ein ziviles höfisches Amt, dann jedoch die militärische Rangklasse des dritthöchsten Kommandierenden der Kaiserlichen Garde. Wie andere Titel auch, stellten diese Rangklassen im Laufe der Zeit oft nur noch reine Ehrenbezeichnungen dar, ohne dass die betreffende Person wirklich zur Palastgarde gehören musste. Neben *shōshō* trifft man häufig auf *chūjō*, „Zweiter Kommandierender der Kaiserlichen Garde".

Hier ist vermutlich Minase Kaneyoshi gemeint (1269–1331), Urenkel von Minase Nobunari (siehe Regesten # 9 und 10, jeweils Anm. 6), in den Quellen u.a. erwähnt als „Zweiter Kommandierender der Palastgarde zur Linken" (*sa konoe chūjō*).

3 Fushimi Tennō: 1265–1317, reg. 1288–1298. Sein Urgroßvater war der im Text genannte ehemalige Kaiser Gotoba, sein Großvater, Kaiser Gosaga, war der Cousin des ebenfalls erwähnten Iwakura no Miya (siehe Anm. 6).

4 Siehe Regest # 9.

5 In Klammern neben der Zeile ergänzt: „Distrikt Shima no kami" (*Shima no kami gun*).

6 Iwakura no Miya bzw. Prinz Tadanari: 1221–1279, Enkel von Kaiser Gotoba. Er sollte ursprünglich der 88. Kaiser werden, eine für ihn ungünstige Kräftekonstellation bei Hofe verhinderte dies jedoch und brachte stattdessen seinen Cousin, Prinz Kunihito, als Kaiser Gosaga auf den Thron (1220–1272, reg. 1242–1246).

7 *Chigyō*: siehe Regest # 9, Anm. 4.

8 In Klammern neben der Zeile ergänzt: Hino Toshimitsu. Die Hino stammten von den Fujiwara ab und gehörten zu den hochrangigen Hofadelsgeschlechtern. Toshimitsu (1260–1326) hatte eine Reihe hoher Ämter inne, u.a. war er 1317 als erstes Mitglied der Hino-Familie „Stellvertretender Oberer Rat" (*gon dainagon*), eine gehobene Position im höchsten Gremium des höfischen Staates, dem Großministerium (*daijōkan*). Ab 1325 war er bis zu seinem Tod kaiserlicher Gesandter beim Shōgunat in Kamakura und verhandelte dort u.a. die Nachfolge auf dem kaiserlichen Thron.

9 Es ist zwar nicht überliefert, warum das Gut Inouchi die Festlegungen Gotobas zu seinen Besitzungen Minase und Inouchi nicht anerkennen wollte. Stellt man diese, an ein Mitglied der Minase-Familie gerichtete Bestätigung allerdings neben das in Regest # 12 erfasste Schreiben, wären Konflikte um die Verwaltungsrechte am Inouchi-Gut ein denkbarer Erklärungsansatz. Denn Gotobas letztem Willen zufolge sollten sowohl das Minase- als auch das Inouchi-Areal unterschiedslos, wie es in dem Vermächtnis heißt, dem Minase Chikanari und dessen Vater Nobunari als Lehen übertragen werden. Das implizierte deren Anrecht auf das Amt des obersten Verwalters (*zasshō*). Wenige Jahre nach dem Vermächtnis jedoch, 1252, trat noch ein gewisser Saigan als *zasshō* des Inouchi-Gutes in Erscheinung (Regest # 12). Falls er diese entscheidende Funktion nicht im Einvernehmen mit den Minase ausgeübt hat, sondern z.B. nur, weil er oder Verwandte von ihm dieses Amt bereits früher innehatten, würden sowohl die hier erwähnte Anfechtung von Gotobas Erbverfügung Sinn machen, weil sie Pfründe entzog, wie auch die belegbaren wiederholten Bemühungen der Minase, sich die Rechtmäßigkeit ihrer Lehnsansprüche durch kaiserliche Anordnungen bestätigen zu lassen (neben dem hier vorliegenden Erlass ist eine weitere Verfügung solchen Inhalts von Exkaiser Kōgon aus dem Jahr 1336 auf uns gekommen, Regest # 30). Weitere Ausführungen dazu im Kapitel 3.3.

20

Datum:	**Einin 永仁 2, 5. Monat, 8. Tag (1294/6/3)**
Gegenstand:	**Kaiser Fushimi erteilt den Auftrag zur Errichtung eines Tempels auf dem Areal der ehemaligen Villa Minase**
Edition:	**ZGR Bd. 33/1, S. 209**

An der Stelle der einstigen Villa Minase gibt es [noch] kein Tempelgebäude. Da wir aus diesem Grund die drei Torturen[1] werden erleiden müssen, sollen die Edlen und die weisen Mönche [dort] einen Tempel gründen. […] In diesem Tempel sollen Mönche leben. Das ist mein Karma. […]

Anm.: 1 *Sannetsu* 三熱, auch *sangen* 三患, sind nach buddhistischer Vorstellung die drei Qualen bzw. drei Torturen, die der Drachenkönig zu erleiden hat: (1) heiße Winde und Sandstürme verbrennen ihm Haut und Fleisch, (2) stürmische Winde berauben ihn seiner Wohnstatt und aller Gewänder und damit jeglichen Schutzes vor der Hitze, (3) der drachenfressende *Garuda*-Vogel (sanskr., jap. *konjichō*) attackiert ihn.

21

Datum: **Einin 永仁 4, 12. Monat, 18. Tag (1297/1/22)**
Aussteller: **Tsuchimikado Myōkoku**[1]
Gegenstand: **Abschrift einer Verfügung von Kaiser Fushimi**
Edition: **KI 25:19224; ZGR Bd. 33/1, S. 209**

Es gab einen vertraulichen Bericht an den Kaiser[2], dass an der Stelle der ehemaligen Villa Minase [nun] ein großer Tempel[3] errichtet werden soll. Damit das auch so geschehe, ergeht diese Anordnung. Denn es ist unser Wunsch, dass es solch einen Tempel geben möge.

Anm.: 1 Tsuchimikado Myōkoku (oder auch Tsuchimikado Akirakuni): Lebensdaten unbekannt. Die Tsuchimikado waren eine v.a. in der Kamakura- und Muromachi-Zeit einflussreiche hochrangige Höflingsfamilie.
2 *Nainai sōmon.*
3 *Garan*: geht auf sanskr. *samgha-ārāma* zurück („Garten für eine Gruppe von Mönchen", jap. *sōgya ranma*) und wird in der Bedeutung „großer Tempel, großes Tempelgebäude" verwendet.

22

Datum: **Einin 永仁 7, Monat des Hasen**[1]**, 20. Tag (1299/5/20)**
Aussteller: **Sieben Verwaltungsmönche des Tōdaiji**
Gegenstand: **Kalkulation der Abgaben für Reisen in die Kantō-Region**
Edition: **T 74; KI 26:20044**

Auflistung der Reise-, Proviant- und Rest[mittel] für Kantō-Reisen[2]
Für das Sekretariat [der Fünf Meister][3] zu erbringender Teil

[…]
15 *kanmon*[4] [geliefert] vom Gut Minase, zu verwenden für Lesungen und Erörterungen der Schriften des Seshin[5]
davon gehen 7 *kan* 640 *mon*[6] an den für die Ausführung zuständigen Mönch, bleibt ein Rest von 6 *kanmon*

[…]

7. Jahr Einin, Monat des Hasen, 20. Tag die Verwalter […][7]

Anm.: 1 *Uzuki* : nach dem Mondkalender der 4. Monat des Jahres.

2 *Kantō gekō*: Diese Passage lässt aufgrund der Ambivalenz von *gekō* mehrere Deutungen zu. Der Begriff steht (1) für Reisen von einer angesehenen in eine weniger angesehene Region, wie z.B. von der Hauptstadt in die Provinz. Er bezeichnet (2) Heimreisen nach einem Tempel- oder Schreinbesuch. Es muss offen bleiben, vor welchem Hintergrund die hier erwähnten Kantō-Reisen erfolgten. Beide Deutungsvarianten sind denkbar, sie müssen sich auch nicht gegenseitig ausschließen. Im Blick behalten sollte man an dieser Stelle, dass die Durchführung von oder Teilnahme an Zeremonien und Sutrenlesungen außerhalb des Tempels, z.B. am kaiserlichen Hof in Kyōto, einen wichtigen Platz unter den Aufgaben der Mönchsgelehrten (scholar monks) einnahmen (vgl. Piggott: 49). Die hier aufgelisteten Abgaben für Reisen in die Kantō-Region können durchaus solchen Zwecken gedient haben. Ziel könnte ein in den östlichen Provinzen gelegener Zweigtempel gewesen sein oder auch der Sitz des *bakufu* selbst, das unter Minamoto no Yoritomo den Wiederaufbau des Tōdaiji nach dessen Brandschatzung während des Genpei-Krieges maßgeblich unterstützt und forciert hatte. Auch Regest # 25 zufolge sollten die Minase-Abgaben für Kantō-Reisen explizit für Lesungen und Erörterungen der Schriften des Seshin verwendet werden.

3 *Nen'yosho*: Verwaltungsbüro v.a. des höfischen Adels und der großen Tempel, manchmal nur temporär für bestimmte Sonderaufgaben eingerichtet. Nachweisbar ab Mitte der Heian-Zeit, allgemeine Verbreitung ab circa 12. Jahrhundert. Die Hauptaufgaben bestanden in der Erstellung und Verwahrung von Dokumenten; im Tōdaiji fungierte das *nen'yosho* als Sekretariat der „Fünf Meister" (siehe # 18, Anm. 1).

4 *Kanmon*/*kan*: Gewichts- und Münzeinheit. Als Gewichtseinheit entsprach 1 *kan* circa 3,75 kg; als Münzeinheit entsprach 1 *kanmon* der Menge von 1000 auf einer Schnur aufgefädelten *mon* 文, das waren Kupfermünzen mit einem Einzelgewicht von circa 3,75 g. Die hier erwähnten 15 *kanmon* entsprachen daher einer Menge von 15000 Kupfermünzen (*mon*), die erwähnten 7 *kan* 640 *mon* entsprachen 7640 *mon*-Münzen. Die *kanmon*-Schnüre enthielten allerdings nicht hundertprozentig verlässlich 1000 Münzen, sondern oft auch deutlich weniger (Segal: 90, Anm. 56).

5 Seshin ist der japanische Name des indischen Mönches Vasubandhu. Näheres siehe Kapitel 3.1, FN 10.

6 Die Summe ist links neben der Zeile durch kleine Striche als fragwürdig markiert. Rechts neben der Zeile wurde „6 *kanmon*" notiert.

7 *Satanin*: hier Mönch mit Verwalterfunktion. Es folgen die Namen und Signa von sieben Mönchen, fünf davon *daihōshi* (Großpriester), einer ohne nähere Funktions- oder Rangbezeichnung, einer als Tempeldiener tituliert (*kunin*, in Tempeln i.d.R. Laien oder Mönche von sehr niedrigem Rang, die mit verschiedenen Aufgaben betraut waren). Bei einigen ist konkret aufgeführt, für welches Gut und welchen Abgabenanteil sie zuständig sind, Minase wird dabei nicht explizit erwähnt.

23

Datum: **Einin 永仁 7, Monat des Hasen, 21. Tag (1299/5/21)**
Aussteller: **Repräsentant der Fünf Meister[1]**
Gegenstand: **Kopie einer Bestätigung über den Empfang[2] von Geld- und Sachmitteln für Studien- und Lehrzwecke[3]**
Edition: **KI 26:20046**

Kopie einer Bestätigung über den Empfang von 15 *kan*[4] für Studien und Unterweisungen [in den buddhistischen Lehren und Schriften] vom Gut Minase sowie von 1 Ballen[5] Obi-Seide vom Gut Ōi[6] (7. Jahr Einin, 4 21[7])

eingegangen Abgabe des Minase-Gutes zur Verwendung für [unsere] Studien und Unterweisungen[8]
insgesamt 15 *kan*

Die Entgegennahme des oben Genannten wird bestätigt.

7. Jahr Einin, Monat des Hasen, 21. Tag Nen'yo Goshi

Anm.: 1 *Nen'yo goshi*: siehe # 18, Anm. 1.
2 *Uketorijō*: Empfangsbestätigung, Quittung.
3 *Dangi*: Auslegung und Erörterung der buddhistischen Schriften und Lehren sowie die Unterweisung darin.
4 *Kan*: siehe Regest # 22, Anm. 4 sowie Kapitel 5.1
5 *Ippiki* 一疋: *hiki* 疋 bezeichnete Stoffballen von circa 18 x 0,78 m.
6 Ōi no shō: Gut des Tōdaiji in der Provinz Mino, frühe Heian-Zeit bis Muromachi-Zeit, erste urkundliche Erwähnung im Jahr 950.
7 Die Kombination „4 21" muss verstanden werden als „4. Monat, 21. Tag".
8 水瀬庄沙汰[??]用途事: zwei Schriftzeichen sind im Original nicht mehr lesbar, sie werden in den Editionen als *dangi* 談義 gedeutet.

24

Datum: **Einin 永仁 7, Monat des Hasen, [?] Tag (1299/5/?)**
Aussteller: **Repräsentant der Fünf Meister[1]**
Gegenstand: **Entwurf[2] einer Abgabenkalkulation für den Unterhalt von Tōdaiji-Abgesandten**
Edition: **KI 26:20054**

[…]

9 *kan* Abgabe des Minase-Gutes[3] für das Sekretariat der Fünf Meister[4,5]

7. Jahr Einin, Monat des Hasen, [?] Tag Nen'yo Goshi[6]

Anm.: 1 *Nen'yo goshi*: siehe # 18, Anm. 1.
2 *Dodai*: im Mittelalter Entwurf eines Schriftstückes.
3 In Klammern neben der Zeile ergänzt: „Settsu, Distrikt Shima no kami" (*Settsu Shima no kami gun*).
4 *Nen'yosho*: siehe Regest # 22, Anm. 3.
5 Gemessen an der gesamten Kalkulationssumme von circa 40 *kanmon* erscheint der Anteil der Minase-Abgaben relativ hoch. Das wirtschaftsstarke Kuroda-Gut (Kuroda no shō) ist z.B. mit vergleichsweise geringen circa 13 *kan* aufgeführt, die unweit von Minase gelegenen Güter Nagasu (Nagasu no shō) und Tamai (Tamai no shō) mit jeweils nur circa 1 *kan* 200 *mon*. Auf der Rückseite des Blattes ist eine andere Version der Kalkulation erhalten, in der Minase mit 7 *kan* 643 *mon* genannt wird, neben der Zeile korrigiert zu 9 *kan*.
6 In Klammern neben der Zeile ergänzt: „Jissen".

25

Datum: **Einin 永仁 7, Monat des Hasen, [?] Tag (1299/5/?)**
Aussteller: **Verwaltungsmönche des Tōdadiji**
Gegenstand: **Abschrift einer Mitteilung[1] über Abgabenleistungen für Kantō-Reisen**
Edition: **KI 26: 20057**

Mitteilung über Abgaben, die dem Tempel für Kantō-Reisen zu erbringen sind

Dem Tempel sind zu liefern:
[…]
15 *kan* [vom] Gut Minase[2] zu verwenden für Lesungen und Erörterungen der Schriften des Seshin[3]
[…]
[vom] Gut Minase 15 gefärbte Leder[4]
[…]

7. Jahr Einin, Monat des Hasen, [?] Tag
von den Verwaltern beratschlagt, entschieden und verkündet

Anm.: 1 *Chūmon*: siehe Regest # 15, Anm. 6.
2 In Klammern neben der Zeile ergänzt: „Settsu, Distrikt Shima no kami" (*Settsu Shima no kami gun*).
3 Entspricht der vorangegangenen Kalkulation, siehe Regest # 22.

4 Neben dem eigentlich verwendeten Zeichen 華 (*hana* „Blume“, „Blüte“) wurde später fragend neben der Zeile ergänzt „*kawa ka* 革カ “ („Leder/Haut/Fell?“), da es sich bei 華 mit sehr hoher Wahrscheinlichkeit um einen Schreibfehler handelte. Auch eine wenige Monate später datierende Auflistung von Abgaben für die jahreszeitlichen Zeremonien und Feste im Tōdaiji führt für das Gut Minase „15 gebündelte gefärbte Leder“ in der Schreibung 革 auf (siehe Regest # 26).

26

Datum:	**Shōan 正安 1, 11. Monat, [?] Tag (1299/11/?)**
Aussteller:	**Leitender Verwaltungspriester des Tōdaiji[1]**
Gegenstand:	**Verzeichnis von Leistungen, die dem Tōdaiji für die Ausrichtung von jahreszeitlichen Zeremonien und Festen[2] zu erbringen waren**
Edition:	**KI 27:20308**

[…]
Für die Ausrichtung der 30 Lesungen an den sechs glückverheißenden Tagen in der Unterkunft des Hauptabtes[3]
[…]
Minase no shō 15 gebündelte gefärbte Leder[4]
[…]
1. Jahr Shōan, 11. Monat, [?] Tag

Anm.: 1 Unterzeichnet wurde das Verzeichnis von einem Mönch im Range eines *shugyō jōza hōgen*. Das zeichnet ihn als einen der leitenden Verwaltungspriester des Tōdaiji aus. Zu *shugyō* siehe Regest # 13, Anm. 2, zu *jōza hōgen* siehe Regest # 15, Anm. 11.

2 *Nenjū gyōji yōto chō*.

3 Anlässlich der monatlich sechs glückverheißenden Tage (*kichinichi*) fanden in der Unterkunft des Hauptabtes (*bettōbō*) Lesungen aus den 30, von Seshin verfassten Faszikeln der Abhidharma-Lehrtexte (jap. *kusha*) statt. Die *kusha*-Rezitationen gehörten zu den feststehenden jahreszeitlichen Zeremonien des Tōdaiji, für deren Ausrichtung die Tempelgüter diverse Abgabenleistungen zu erbringen hatten (Nishiyama: 108). Das vorliegende Verzeichnis ordnet zunächst eine Reihe von Domänen einem glückverheißenden Tag zu, für den sie Leistungen zu erbringen hatten, ohne die Art der Leistung konkret zu benennen; es folgen sechs Güter, die eine bestimmte Menge *zōshi* darzubringen hatten, abschließend die Forderung nach dem gefärbten Leder von Minase. *Zōshi*/*zatsushi* war ein dünnes, weiches Papier, das man aus dem Bast des Papiermaulbeerbaumes herstellte (*Broussonetia papyrifera*, jap. *kōzo*) und das von Adel und Klerus gern für verschiedene (*zō*/*zatsu*) alltägliche Aufzeichnungen verwendet wurde.

4 *Musubio irogawa* 結緒色革.

27

Datum: **Shōwa 正和 3, 11. Monat, 16. Tag (1314/12/23)**
Aussteller: **Erster stellvertretender Minister im Ministerium für zivile Angelegenheiten[1]**
Empfänger: **Minase Sanmi Dono[2]**
Gegenstand: **Verfügung des Exkaisers Gofushimi[3] zum Erlass der *tanmai*-Abgabe[4]**
Edition: **T 77; KI 33:25292**

Was die Reis[abgaben] für die Bauarbeiten am Sumiyoshi-Schrein[5] anbelangt, so werden die Güter Minase und Inouchi auf der Grundlage des mit Handabdrücken besiegelten Vermächtnisses des abgedankten Kaisers Gotoba [von der Leistungspflicht] befreit. Dass man dies allgemein zur Kenntnis bringe, ist der Wille des neuen abgedankten Kaisers. Dem entsprechend ergeht diese Mitteilung.

3. Jahr Shōwa, 11. Monat, 16. Tag Jibu Taifu (Mitsunari)
(Signum)

ehrerbietig überbracht
dem ehrwürdigen Minase Sanmi Dono

Anm.: 1 *Jibu taifu*: *Taifu* 大輔, allgemein „Vizeminister", bezeichnete hier die zweithöchste Position im Ministerium für zivile Angelegenheiten (*jibushō*). In der Unterschriftszeile wurde in Klammern der persönliche Name Mitsunari ergänzt. Welchem Geschlecht dieser entstammte, konnte nicht ermittelt werden.

2 Minase Sanmi Dono: „ehrwürdiger Inhaber des 3. Hofranges aus dem Hause Minase". Vermutlich Minase Tomoyoshi, 1269–1331, Urenkel des Minase-Ahnherren Nobunari (siehe Regest # 9, Anm. 6).

3 Kaiser Gofushimi: 1288–1336, reg. 1298–1301 als 93. Kaiser, danach wiederholt als abgedankter Kaiser (*jōkō*, siehe Regest # 3, Anm. 2) beratend agierend. Sohn von Kaiser Fushimi. Die vorliegende Verfügung wurde wenige Monate nach der Übernahme der Beraterfunktion für Kaiser Hanazono (1297–1348, reg. 1308–1318) verfasst, daher wird er im Text als „neuer abgedankter Kaiser" (*shin in*) bezeichnet.

4 *Tanmai*: ab Ende Heian-Zeit belegte, nach Fläche (*tan*) berechnete Abgabenform. Ursprünglich in Reis (*mai*) zu entrichten, mit Verbreitung des Geldwesens in der Muromachi-Zeit jedoch zunehmend in Münzen (*sen*) und dann als *tansen* bezeichnet. Funktionen: (1) Unabhängig von *kanmotsu* und *nengu* temporär erhobene Sondersteuer für den kaiserlichen Hof und dem Hof angegliederte religiöse Einrichtungen wie den Ise-Schrein (z.B. zur Ausrichtung von bestimmten Zeremonien, bei Thronbesteigungen oder Abdankungen, später auch bei der Ernennung eines neuen *shōgun* etc.). Etwa ab Mitte des 15. Jahrhunderts immer mehr durch das *bakufu* vereinnahmt. (2) Abgabenanteil, der ursprünglich bestimmten Gutsbeamten wie Kataster- und Steuerbeamten als Gehalt zugewiesen war, im Laufe der Zeit jedoch von den Grundherren usurpiert wurde. Siehe auch Kapitel 3.2.

5 Sumiyoshisha, heute Sumiyoshi Taisha: Shintō-Schrein im heutigen Ōsaka, Hauptschrein der über 2.000 japanischen Sumiyoshi-Schreine. Während der Zeit der nördlichen und südlichen Dynastie (*Nanbokuchō jidai*, siehe Regest # 29, Anm. 1) wurde die Anlage des Sumiyoshi-Schreins vom südlichen Hof als Residenz genutzt.

28

Datum:	**Gentoku 元徳 2, 4. Monat[1], [?] Tag (1330/4/?)**
Aussteller:	**Jōchū, Repräsentant des Büros der Fünf Meister,[2] und zehn weitere Verwaltungsmönche des Tōdaiji**
Empfänger:	**Gesamtheit der Mönche des Tōdaiji[3]**
Gegenstand:	**Detaillierter Bericht über eingenommene Abgaben[4] im Zeitraum Gentoku 1, 9. Monat, 1. Tag (1329/9/24) bis Gentoku 2, 2. Monat, 25. Tag (1330/3/15)**
Edition:	**TM 17:904[5]**

[…]

1 *kan* 500 *mon*	anstelle von Leder[6] vom Gut Minase für 30 Lesungen Die erste [Lieferung] im 12. Monat des Jahres Gentoku 1 wurde zum Ausgleich einer Schuld beim Taifu Tokugō[7] verwendet. 2. Jahr Gentoku, Neujahrsmonat, 23. Tag

[…]
So lautet im Großen und Ganzen unser Bericht.

2. Jahr Gentoku, 4. Monat, [?] Tag — Jōchū, Repräsentant des Büros der Fünf Meister

Anm.: 1 *Uzuki.*

2 Nen'yo-dai Jōchū: Jōchū, Lebensdaten unbekannt, in seiner Funktion als Repräsentant der Fünf Meister (*nen'yo-dai*) bzw. des Büros der Fünf Meister (*nen'yosho*).

3 *Sōji*: Gesamtheit der Mönche, gesamter Tempel.

4 *Ketsugejō*: detaillierter Bericht i.d.R. der Gutsverwalter an den Grundherren über Abgabeneinnahmen (insbesondere Grundzins) und -ausgaben.

5 Das Dokument ist aufgenommen in: *Dai Nihon komonjo. Iewake 18: Tōdaiji monjo 17* 大日本古文書. 家わけ第十八: 東大寺文書之十七, Tōkyō Daigaku Shuppankai 1999, S. 115–132. Hier zitierte Passage: S. 121 (https://clioimg.hi.u-tokyo.ac.jp/viewer/image/idata/850/8500/05/1818/0121.tif, Stand 16.01.2019).

6 Auch im Regest # 26 aus dem Jahr 1299 wird erwähnt, dass das Gut Minase als Beitrag für die jahreszeitlichen Zeremonien und Feste im Tōdaiji zur Lieferung von gefärbtem Leder verpflichtet war. Namentlich genannt werden dabei die 30 Lesungen an den sechs Glück verheißenden Tagen. Neben „Gut Minase“ (*Minase no shō*) wurde in Klammern ergänzt „Settsu, Distrikt Shima no kami“ (*Settsu Shima no kami gun*).

7 Taifu Tokugō: Die hier erwähnte Person war *taifu* 大夫, was ihn als Träger des fünften, vierten oder dritten Hofranges auswies, und *tokugō*. Dieser Mönchsrang wurde verliehen, wenn jemand eine bestimmte Stufe im Studium der buddhistischen Lehre erreicht hatte.

29

Datum: Genkō 元弘 3, 8. Monat (1333/9)
Gegenstand: Schilderung von Unruhen, die den Sturz der Hōjō und die Auflösung des Kamakura-*bakufu* begleiteten[1]
Edition: ZGR Bd. 33/1 (hier übersetzte Passage: S. 208)

[…] Auch die Residenz in der Hauptstadt ist nicht mehr sicher, und die Abgaben von den Gütern erreichen uns nicht mehr. […] Seine Kaiserliche Majestät[2] hat sich zur Villa Minase begeben. […]

Anm.: 1 Die beschriebenen Unruhen ereigneten sich im Zuge der sogenannten Kenmu-Restauration (*Kenmu no shinsei*, 1333–1336). Dabei handelte es sich um den Versuch von Kaiser Godaigo (siehe Anm. 2), die Macht des Kaiserhauses in Kyōto wieder herzustellen. Es war Ende des 12./Anfang des 13. Jahrhunderts durch das von Kamakura aus agierende *bakufu* unter Führung der Hōjō nahezu entmachtet und auf vorrangig zeremonielle Funktionen zurückgedrängt worden. Godaigo ging dazu eine Allianz mit Kriegeradelsgeschlechtern ein, die in Opposition zum Kamakura-*bakufu* standen, allen voran den Ashikaga, angeführt von Ashikaga Takauji (1305–1358). Nach dem Sturz des Kamakura-*bakufu* im Jahr 1333 und der nach wiederholten Auseinandersetzungen schließlich endgültigen Niederwerfung der Kamakura-Fraktion kam es 1335/1536 jedoch zum Bruch zwischen Godaigo und den Ashikaga, in dessen Folge Godaigo 1336 von Kyōto ins weiter südlich gelegene Yoshino floh. Damit begann die von inneren Spannungen geprägte „Zeit der südlichen und nördlichen Dynastie" (*Nanbokuchō jidai*, 1336–1392), siehe dazu auch Kapitel 1.1.

2 Godaigo Tennō: 1288–1339, 96. Kaiser 1318–1339. Godaigos Wirken war von dem Bestreben geprägt, Einfluss und Vormacht des Shōgunats in Kamakura zu brechen und stattdessen die Macht von Kaiserhaus und Hofadel in Kyōto wiederzubeleben. Das führte zu seiner Gefangennahme (1331) und Verbannung auf die Oki-Inseln (1332). Im Zuge der von ihm initiierten Kenmu-Restauration (siehe Anm. 1) gelangen ihm Anfang 1333 Flucht und Rückkehr in die Hauptstadt, wo er vorübergehend den Thron wieder besteigen konnte. Aufgrund des Zerwürfnisses mit seinem einstigen Hauptverbündeten, Ashikaga Takauji, musste er Kyōto 1336 jedoch wieder verlassen. Er floh nach Yoshino, wo er bis zu seinem Tod als erster Kaiser der sogenannten „südlichen Dynastie" wirkte (*Nanbokuchō jidai*, siehe Anm. 1 und Kapitel 1.1).

30

Datum:	**Kenmu 建武 3, 11. Monat, 16. Tag (1336/12/19)**
Aussteller:	**Staatsrat Yanagiwara Sukeakira[1]**
Empfänger:	**Minase Tomokane, ehemaliger Dritter Kommandierender der Kaiserlichen Palastgarde[2]**
Gegenstand:	**Verfügung von Exkaiser Kōgon[3] zum Lehnsstatus der Güter Minase und Inouchi**
Edition:	**T 92**

Die in der Provinz Settsu gelegenen Güter Minase und Inouchi sind beides Erblehen[4], zwischen denen man keine Unterschiede machen darf[5]. So lautet eine Verfügung des abgedankten Kaisers[6], die [hiermit] entsprechend kundgetan wird.

3. Jahr Kenmu, 11. Monat, 16. Tag — Sangi (Signum)
(Yanagiwara Sukeakira?)

ehrerbietig überbracht dem Minase Zen Shōshō Dono (Tomokane)

Anm.: 1 Die Staatsräte (*sangi*) gehörten nach den Großministern (*daijō daijin*) und Räten (*nagon*) zu den höchsten Beamten des kaiserlichen Großministeriums (*daijōkan*). Neben der Unterschrift im Fuß des Dokumentes wurde in Klammern „Yanagiwara Sukeakira?" (*Yanagiwara Sukeakira ka* 柳原資明カ) ergänzt, die personelle Zuordnung des Schreibens ist also nicht gesichert. Yanagiwara (auch: Yanagihara) Sukeakira, 1297–1353, war Sohn des Hino Toshimitsu (siehe Regest # 19, Anm. 8) und begründete das Yanagiwara-Geschlecht. Er hatte eine Reihe hoher höfischer Ämter inne, so war er u.a. 1337 Stellvertretender Mittlerer Rat (*gon chūnagon*), 1345 Stellvertretender Oberer Rat (*gon dainagon*) sowie Leiter der obersten Verwaltungsbehörde des abgedankten Kaisers Gofushimi (*Gofushimi in no chō shikken*). 1346 trat er von seinen Ämtern zurück, 1353 fiel er einem Mordanschlag zum Opfer.

2 Minase Zen Shōshō Dono. Zu Minase Shōshō Dono siehe Regest # 19, Anm. 2. Der Name Tomokane wurde neben der Unterschriftszeile in Klammern ergänzt. Tomokane, 1294–1362, war der Ururenkel von Minase Nobunari (siehe Regest # 9, Anm. 6) und Inhaber diverser mittlerer und höherer höfischer Ämter, wie z.B. 1309–? Kaiserlicher Kammerherr (*jijū*), 1314–1332 Dritter Kommandierender der Palastgarde zur Linken (*sa konoe shōshō*), 1332–1351 Zweiter Kommandierender der Palastgarde zur Linken (*sa konoe chūjō*), 1351–? Staatsrat (*sangi*). 1362 bekam er den 2. Hofrang verliehen und trat in den Mönchsstand ein (*shukke*).

3 Kōgon Tennō: 1313–1364, dritter Sohn von Kaiser Gofushimi. Er wurde 1331 anstelle von Godaigo auf den Thron gesetzt, nachdem dieser wegen seiner Rebellion gegen das Kamakura-Shōgunat abgesetzt und verbannt worden war. Als Godaigo 1333 die Flucht aus der Verbannung und die Rückkehr nach Kyōto gelangen, musste Kōgon den Thron wieder an Godaigo abtreten. Ab 1336 fungierte er jedoch als beratender Kaiser (*in*) für seinen jüngeren Bruder Kaiser Kōmyō, den Ashikaga Takauji als Gegenkaiser zu Godaigo eingesetzt hatte (siehe Regest # 29, Anm. 1 und 2). In dieser Funktion ließ er die vorliegende Verfügung ausstellen.

4 *Sōden chigyō.*

5 不可有相違 kann auch übersetzt werden als „daran darf es keine Zweifel geben".

6 *Inzen*: Verfügung/Anordnung, die auf Befehl eines abgedankten Kaisers durch dessen Verwaltungsbüro (*in no chō*) ausgestellt wurde.

31

Datum:	**Kenmu 建武 3, 12. Monat, 25. Tag (1337/1/27)**
Aussteller:	**Staatsrat Yanagiwara Sukeakira[1]**
Empfänger:	**Minase Tomokane, ehemaliger Dritter Kommandierender der Kaiserlichen Palastgarde[2]**
Gegenstand:	**Verfügung von Exkaiser Kōgon[3] die Güter Minase und Inouchi betreffend**
Edition:	**T 93**

Die beiden in der Provinz Settsu gelegenen Güter Minase und Inouchi umgeben die Gedenkhalle für den ehemaligen Kaiser Gotoba in direkter Nachbarschaft[4]. Es wäre daher besser, wenn [dort] das Töten von Lebewesen verboten und Missetaten[5] der Menschen unterbunden würden. So lautet unser Wille.

3. Jahr Kenmu, 12. Monat, 25. Tag — Sangi (Signum)
(Yanagiwara Sukeakira?)

ehrerbietig überbracht dem Minase Zen Shōshō Dono (Tomokane)

Anm.: 1 Sangi Yanagiwara Sukeakira: siehe Regest # 30, Anm. 1. Auch im vorliegenden Dokument wurde der Name Yanagiwara Sukeakira fragend neben dem Signum im Fuß des Dokumentes ergänzt.
2 Minase Zen Shōshō Dono: siehe Regest # 30, Anm. 2.
3 Kōgon Tennō : siehe Regest # 30, Anm. 3.
4 Gotoba'in Mieidō: Gedenkschrein für den 1239 verstorbenen Kaiser Gotoba auf dem Areal seiner einstigen Villa Minase. Näheres siehe Regest # 2, Anm. 3. Laut Shōgunatsrecht war es innerhalb der Grenzen eines buddhistischen Areals unter Strafe verboten zu jagen oder Bäume zu fällen (Mass 1974: 178).
5 *Rōzeki.*

32

Datum:	**Kōei 康永 3, 3. Monat, 9. Tag (1344/4/22)**
Aussteller:	**Minamoto no Ason (= Ashikaga Tadayoshi), Oberster Kommandierender der Palastgarde zur Linken[1]**
Gegenstand:	**Verbot die Villa Minase und den Daikōzenji[2] betreffend**
Edition:	**T 97**

Verbot

die Villa Minase und den Daikōzenji betreffend

[Die Errichtung des] Daikōzenji an der Stelle der ehemaligen Villa Minase wurde [bereits] von Kaiser Gotoba angewiesen, da er ihn als kaiserliche Residenz zu nutzen gedachte sowie als reinen Ort zur Aufbewahrung seiner kaiserlichen Autographen[3] und hoch geschätzten Bildnisse und Skulpturen[4]. [...] Obwohl die heilige Würde [dieses Areals] in den letzten Jahren tagtäglich aufs Neue bekräftigt wurde, sind in jüngster Zeit Krieger und Gemeine[5] ohne Ehrfurcht vor der Seele Buddhas[6] und dem kaiserlichen Willen[7] widerrechtlich in das Gut eingedrungen, haben dort Bambus und Bäume abgeholzt, gejagt und dergleichen mehr getan. Lädt man [aber nicht schon] Schuld auf sich, wenn man solche Handlungen nur in Erwägung zieht? In Zukunft hat man [all das] streng zu untersagen, und wenn es eine Familie gibt, die [diesem Verbot] zuwiderhandelt, dann muss sie verurteilt und bestraft werden. Diese Verfügung ist umgehend allgemein bekannt zu geben. So wird es angeordnet.

3. Jahr Kōei, 3. Monat, 9. Tag — Sahyōe no Kami Minamoto no Ason (Signum)

Anm.: 1 Sahyōe no Kami Minamoto no Ason. Neben der Unterschriftszeile wurde in Klammern der Name Tadayoshi ergänzt, bei dem Genannten handelte es sich also offenbar um Ashikaga Tadayoshi (1307–1352; die Ashikaga gingen auf den Seiwa-Genji-Zweig der Minamoto zurück). Als Bruder und zunächst Unterstützer von Takauji war er laut Wintersteen (1988b: 215) für die meisten der juristischen und administrativen Belange des *bakufu* zuständig. Dann kam es zum Zerwürfnis mit Takauji, da seine Hilfe zu wenig gewürdigt wurde, und er wechselte circa 1350 zur Fraktion der Takauji-Gegner, d.h. zu den Godaigo-Gefolgsleuten bzw. auf die Seite des südlichen Hofes.

2 Ein Tempel namens Daikōzenji lässt sich, auch historisch gesehen, nur in Nord-Kyūshū nahe der Stadt Fukuoka ausmachen. Nachweise mit direktem Bezug zur Region Minase und frühen Muromachi-Zeit konnten nicht gefunden werden, lediglich für die heutigen Städte Ōsaka und Amagasaki. Aus dem vorliegenden Verbot, aus kaiserlichen Verfügungen der Jahre 1294 und 1297 sowie aus einem Gelübde von Kaiser Gomurakami aus dem Jahr 1350 (siehe Regesten # 20, 21 und 34), kann man wohl aber schließen, dass bereits auf Gotobas Geheiß hin im Bereich der Villa Minase ein Tempel dieses Namens errichtet werden sollte, dass das Areal im Laufe der folgenden Jahrzehnte zwar einen besonderen, „geheiligten" Status genoss und man immer wieder den Bau einer Tempelanlage dort plante bzw. anwies, dass es bis zur Mitte des 14. Jahrhunderts aber anscheinend bei entsprechenden Vorsätzen geblieben war.

3 *Shinkan*: vom Kaiser selbst geschriebene Schriftstücke, Autographen.

4 *Gyoei/goei/miei*: Bildnisse und Skulpuren von Gottheiten, Mitgliedern der kaiserlichen Familie und Edelleuten.

5 *Kōotsunin*: „diese und jene", „alle möglichen Leute", „das gemeine Volk".

6 *Butsui*: Buddhas Herz/Seele.

7 *Shinryo*: göttlicher/kaiserlicher Wille, göttliche/kaiserliche Vorsehung.

33

Datum: **Kōei 康永 3, 10. Monat, 26. Tag (1344/12/31)**
Aussteller: **Ehemaliger Repräsentant [der Fünf Meister] Senshō[1]**
Gegenstand: **Mitteilung über Abgaben zur Ausrichtung von Lesungen der Abhidharma-Texte[2] im 1. Jahr Kōei (1342)**
Edition: **TM 18:1045[3]**

Bericht[4] über Reisabgaben für 30 Abhidharma-Lesungen im 1. Jahr Kōei
[verfasst von] Senkei, Repräsentant [der Fünf Meister][5,6]

[…][7]
Für Opfergaben dargebracht:
1 *kanmon*[8] [vom] Gut Nagasu[9]
1 *kan* 500 *mon* [vom] Gut Minase[10]
1 *kanmon* [vom] Gut Ina[11]
500 *mon* [vom] Gut Tamai[12]
zusammen 4 *kanmon*
[…]
So wird es mitgeteilt.

3. Jahr Kōei, 10. Monat, 26. Tag — Ehemaliger Repräsentant [der Fünf Meister] Senshō (Signum)

Anm.: 1 Sen Nen'yo Senshō: Ehemaliger Repräsentant [der Fünf Meister] Senshō. Lebensdaten unbekannt. Die Inhaber dieses Amtes wechselten jährlich jeweils im zweiten Monat, Näheres zu *nen'yo* siehe Regesten # 18, Anm. 1 sowie 22, Anm. 3.

2 *Kusha*: Abhidharma-Lehrtexte, bestehend aus 30 Faszikeln, siehe Regest # 26, Anm. 3.

3 Das Dokument ist aufgenommen in: *Dai Nihon komonjo. Iewake 18: Tōdaiji monjo 18* 大日本古文書. 家わけ第十八: 東大寺文書之十八, Tōkyō Daigaku Shuppankai 2002, S. 31–33. Hier zitierte Passagen: https://clioimg.hi.u-tokyo.ac.jp/viewer/image/idata/850/8500/05/1819/0031.tif bis …/0033.tif, Stand 09.11.2018.

4 *Ketsugejō*: detaillierter Bericht, siehe Regest # 28, Anm. 4.

5 Nen'yo Senkei: Repräsentant [der Fünf Meister] Senkei. Lebensdaten unbekannt. Er verfasste im Jahr 1342 den ursprünglichen Bericht, den Senshō zwei Jahre später erneut einer höheren Instanz (vermutlich übergeordneten Funktionsträgern des Tōdaiji) übermittelte. Denn der Dokumententitel nennt das Jahr Kōei 1 (1342) als Berichtszeitraum und den Namen Senkei als Berichtsverfasser. Die Zusammenstellung endet jedoch mit der Phrase „So wird es mitgeteilt", ist auf das Jahr Kōei 3 (1344) datiert und trägt das Signum von Senshō.
Nicht auszuschließen ist, dass es sich bei Senkei 專經 und Senshō 專紹 um ein und dieselbe Person handelte und bei der Beschriftung des Dokumentes beim zweiten Schriftzeichen des Namens lediglich ein Schreibfehler unterlaufen ist. Diese Person hätte den Bericht dann in der Funktion des Repräsentanten (年預) verfasst und zwei Jahre später als ehemaliger Repräsentant (先年預) erneut vorgelegt.

6 *Hashiuragaki*: rückwärtiger Dokumententitel; am Rand (*hashi*) der Dokumentenrückseite (*ura*) notierte man Angaben zum Inhalt, gegebenenfalls auch Datum und Verfasser. Da Schriftstücke

i.d.R. in aufgerollter Form aufbewahrt wurden, blieb diese Notiz außen sichtbar und ermöglichte eine schnelle Identifizierung der Dokumente.

7 Aufgelistet werden die Reislieferungen verschiedener Güter in einem Gesamtumfang von circa 10 *koku* (ungefähr 720 Liter).

8 *Kanmon*: Münzeinheit, siehe Regest # 22, Anm. 4, sowie Kapitel 5.1.

9 Nagasu no shō: in Klammern neben der Zeile ergänzt „Settsu, Distrikt Kawabe“ (*Settsu Kawabe gun*).

10 Minase no shō: in Klammern neben der Zeile ergänzt „Settsu, Distrikt Shima no kami“ (*Settsu Shima no kami gun*).

11 Ina no shō: in Klammern neben der Zeile ergänzt „Settsu, Distrikt Kawabe“ (*Settsu Kawabe gun*).

12 Tamai no shō: in Klammern wurde neben der Zeile hinzugefügt „Yamashiro, Distrikt Tsuzuki“ (*Yamashiro Tsuzuki gun*).

34

Datum: **Shōhei 正平 5, 7. Monat, 22. Tag (1350/8/25)**
Gegenstand: **Gelübde von Kaiser Gomurakami[1] u.a. zur Errichtung des Daikōzenji an der Stelle der ehemaligen Villa Minase[2]**
Edition: **ZGR Bd. 33/1, S. 212**

Erstens, an der Stelle der einstigen kaiserlichen Villa Minase soll der Tempel Daikōzenji errichtet werden.
Zweitens, der Mieidō von Minase[3] soll zu einem Ort der Verehrung der Götter[4] werden.
[…]
Die ehemalige Villa Minase soll in einen Zen-Tempel namens Daikōzenji umgewandelt werden.
[…]

5. Jahr Shōhei, 7. Monat, 22. Tag — Meine unbedeutende kaiserliche Person in Ehrfurcht

Anm.: 1 *Gomurakami'in gogan*. Gomurakami'in/Gomurakami Tennō: 1328–1368, 1339–1368 zweiter Kaiser des südlichen Hofes (97. Kaiser der Gesamtgenealogie); Prinzenname Noriyoshi Shinnō. Als Sohn von Godaigo setzte er dessen Anti-Ashikaga-Politik fort und versuchte 1351, die Ashikaga mit einem Einmarsch in Kyōto zu stürzen, unterlag jedoch 1352 und zog sich in den Folgejahren u.a. in den Sumiyoshi-Schrein nach Settsu (im Stadtgebiet des heutigen Ōsaka) zurück, wo er 41-jährig starb.

2 Vgl. zur Frage der Tempelgründung am Ort der Villa Minase auch Regest # 32, insbesondere Anm. 2.

3 Gemeint ist der Gedenkschrein für Kaiser Gotoba: Gotoba'in Mieidō. Näheres siehe Regest # 2, Anm. 3.

4 *Shadan*: Ort oder Schrein für die Götterverehrung durch den Kaiser.

35

Datum:	**Shōhei 正平 9, 11. Monat, 22. Tag (1355/1/5)**
Aussteller:	**Zweiter Kommandierender der Kaiserlichen Palastgarde zur Rechten**[1]
Empfänger:	**Mittlerer Rat Minase Tomokane**[2]
Gegenstand:	**Abschrift eines Befehls von Kaiser Gomurakami u.a. die ehemalige Villa Minase betreffend**
Edition:	**NI 3:2681**

An der Stelle der [ehemaligen] Villa Minase soll [ein Gebäude] zur Verehrung der Götter errichtet werden. […] Dem Willen des Kaisers gemäß, soll dem Hof dann darüber Bericht erstattet werden.

9. Jahr Shōhei, 11. Monat, 22. Tag Uchūjō (Signum)

ehrerbietig überreicht dem Minase Chūnagon (Tomokane)

Anm.: 1 Uchūjō: Titel für den Zweiten Kommandierenden der Kaiserlichen Garde zur Rechten; Name und Lebensdaten der hier unterzeichnenden Person unbekannt.
2 Minase Chūnagon, der Name Tomokane wurde neben der Zeile ergänzt. Zur Person siehe Regest # 30, Anm. 2.

36

Datum:	**Enbun 延文 2, 10. Monat, 2. Tag (1357/12/13)**
Aussteller:	**Ashikaga Yoshiakira**[1] **im Auftrag des *shōgun***
Empfänger:	**Akamatsu Mitsunori**[2] **in seiner Funktion als *shugo* von Settsu**
Gegenstand:	**Abschrift einer Verfügung des *shōgun***[3] **Amtsverfehlungen des Akutagawa Umanojō Nobusada**[4] **betreffend**
Edition:	**T 115**[5]

Es gab eine Mitteilung des Sadakatsu, Verwalter[6] des Gotoba'in Mieidō, u.a. das Gut Minase in der Provinz Settsu, Ikuta im Verwaltungsbezirk Takahama sowie den An'yōji[7] betreffend. Laut dieser Klageschrift hat Akutagawa Umanojō Nobusada unter anderem Mitteilungen[8] nicht den Vorschriften entsprechend weitergeleitet und in die Hoheitsrechte anderer eingegriffen[9]. Diese Behinderungen sind äußerst dreist und müssen schnellstens unterbunden werden. Die lokalen Amtsträger haben [Schriftstücke direkt] über ihre [Amts]stellen zu empfangen und weiterzuleiten. Wenn Gesandte oder Regierungsbeamte

Unzufriedenheit [mit ihrer Amtsführung aufkommen] lassen, hat man nach Maßgabe der bestehenden Vorschriften dagegen vorzugehen. So lautet die Anordnung.

2. Jahr Enbun, 10. Monat, 2. Tag Hōkyō'in[10] (Signum)

Akamatsu Shinano Taifu no Hōgan Dono

Anm.: 1 Ashikaga Yoshiakira (1303–1367) wurde als Sohn und Nachfolger von Takauji im Jahr 1358 zweiter Ashikaga-*shōgun*. Er baute das Ashikaga-*bakufu* sowie den von ihm gestützten nördlichen Kaiserhof weiter auf und war damit direkter Widersacher von Gomurakami, dem Kaiser des südlichen Hofes. 1367, wenige Monate vor seinem Tod, trat er zugunsten seines Sohnes Yoshimitsu (1358–1408) als *shōgun* zurück. Sein buddhistischer Name (*hōmyō*) war das in diesem Schriftstück verwendete Hōkyō'in, auch Hōkyō'in Dono.

2 Akamatsu Mitsunori (1320–1381) war zwischen 1351 und 1373 mehrfach *shugo* von Settsu, hatte zwischenzeitlich jedoch auch andere Ämter in teilweise anderen Provinzen inne. So wirkte er u.a. in der Provinz Shinano (heute Präfektur Nagano) als Gouverneur (*Shinano no kami*), weshalb er im vorliegenden Schreiben unter Weglassung seines Rufnamens als „Akamatsu Shinano Taifu no Hōgan Dono" angeredet wurde. Bei *taifu no hōgan* (auch *taifu hōgan*) handelte es sich um eine Amts- und Rangbezeichnung in der höfischen Poizeibehörde (*kebiishichō*), hier gekoppelt mit der höflichen Anredeform *dono*.

3 *Gohan (no) migyōsho*: vornehmlich in der Ashikaga-Zeit verwendete Bezeichnung für *migyōsho*, d.h. für schriftliche Befehle, die von Personen im dritten Hofrang oder höher ausgestellt wurden und den Willen des *shōgun* kundtaten; insbesondere Dokumente mit dem Siegel des *shōgun*.

4 Akutagawa Umanojō Nobusada 芥河右馬亮信貞: Vermutlich liegt hier ein Schreibfehler bei dem Zeichen 亮 vor. Im *Dai Nihon shiryō* wird diese Textstelle 芥河右馬允信貞 geschrieben (siehe Anm. 5), wodurch sich die hier verwendete Lesung Umanojō (右馬允) ergibt. Das war die Bezeichnung einer Funktion in der Marstall-Verwaltung zur Rechten. Die Marstall-Verwaltungen, *maryō/meryō*, waren für die kaiserlichen Ställe in der Hauptstadt sowie für die Ställe der lokalen Verwaltungen in den Provinzen zuständig. Es gab jeweils eine Linke (*samaryō/sameryō*) und eine Rechte Marstall-Verwaltung (*umaryō/umeryō*), was sich auch in der Benennung der jeweiligen Funktionsträger niederschlug.

Zur Person des Akutagawa Nobusada konnten keine Lebensdaten ermittelt werden. Aufgrund seines familiären Hintergrundes und des Verfügungstextes insgesamt lässt sich mutmaßen, dass er in Settsu die Position des *bakufu*-Gesandten (*shisetsu*) innehatte und damit dem *shugo* untergeordnet, dem lokalen Gutsverwalter (*zasshō*) jedoch übergeordnet war. Diese Position übten Mitglieder der Familie Akutagawa wiederholt aus. Sie waren eine lokal führende Kriegeradelsfamilie mit großem politischen und wirtschaftlichen Einfluss. Ihr Stammsitz befand sich im Gebiet Akutagawashuku, heute zugehörig zur Stadt Takatsuki, einem wichtigen Verkehrs- und Handelsknotenpunkt, wo sich San'yōdō und Akutagawa-Fluss kreuzen. Bereits in der Kamakura-Zeit gehörten die Akutagawa zu den Vasallen des *shōgun* (*gokenin*), in der nachfolgenden Muromachi-Zeit stellten sie u.a. die erwähnten Abgesandten des Ashikaga-*bakufu* in der Provinz Settsu. Nach einer Niederlage gegen die Hosokawa-Truppen im Jahre 1520 ging das Geschlecht unter.

Aus dem Jahr 1367 (Jōji 5) ist ein weiteres Schreiben des Yoshiakira überliefert, in dem Nobusada erneut aufgefordert wird, sich nicht in die Hoheitsbelange des Minase-Gutes einzumischen (siehe Regest # 38).

5 Siehe auch: *Dai Nihon shiryō* 6/21 大日本史料第六編之二十一, S. 453, https://clioimg.hi.u-tokyo.ac.jp/viewer/image/idata/850/8500/02/0621/0453.tif, Stand 21.01.2018.

6 *Zasshō*: siehe Regest # 12, Anm. 1. Da die *zasshō* i.d.R. aus dem Hause Minase stammten (vgl. u.a. Regesten # 46ff und 57), lautete der vollständige Name des Genannten vermutlich Minase

Sadakatsu. Biografische Belege für eine solche Person konnten allerdings nicht gefunden werden.

7 Takahama-fu Ikuta und An'yōji konnten nicht genau identifiziert werden. Takahama gehört zum Verwaltungsbezirk Shimamoto und liegt circa 1,5 km Luftlinie südlich des Minase-Areals. Ein Ikuta in der Provinz Settsu lässt sich historisch jedoch nur im Distrikt Yatabe lokalisieren, heute im Stadtgebiet von Kōbe gelegen. Namengebend war der gleichnamige Fluss (Ikutagawa). Da weder Ikuta noch An'yōji singulär in Japan sind, kann hier keine eindeutige Zuordnung erfolgen.

8 Hier *ukebumi*. Diese Dokumentenkategorie erfüllte verschiedene Funktionen: (1) Verpflichtungserklärung; Schreiben, mit dem der Verfasser zum Ausdruck brachte, dass er den Befehl/die Anweisung einer höher gestellten Person oder Institution erhalten hat und befolgen wird; (2) Gehorsamserklärung; (3) Übernahmeerklärung, -bestätigung; (4) Empfangsbestätigung, Antwort zum Zwecke einer Empfangsbestätigung.

9 *Ōbō*: Verletzung der Hoheits-/Besitz-/Herrschaftsrechte einer anderen Person, Übergriff auf deren Rechte. Bei Landbesitz: die Herrschafts-/Verwaltungshoheit (*chigyō*) der eigentlich berechtigten Person verletzen oder usurpieren.

10 Siehe Anm. 1.

37

Datum:	**Jōji 貞治 5, 9. Monat, 30. Tag[1] (1366/11/3)**
Aussteller:	**Kommandierender der Torgarde zur Linken (Matsuda)[2] sowie Kommandierender der Torgarde zur Rechten (Ai)[3] in ihrer Funktion als Gesandte des *bakufu***
Empfänger:	**Verwalter des Gotoba'in Mieidō**
Gegenstand:	**Bestätigung der zum Gotoba'in Mieidō gehörenden Nassfeldflächen innerhalb des Minase-Gutes**
Edition:	**T 133[4]**

Abschrift des Begleitschreibens der beiden Gesandten[5]
Zu den Nassfeldflächen innerhalb des Gutes Minase, Provinz Settsu, sowie zu Ikuta, Verwaltungsbezirk Takahama, die Besitzümer des Gotoba'in Mieidō sind, wird dem [zuständigen] Verwalter[6] die [beigefügte] Bestätigung[7] ausgehändigt.

5. Jahr Jōji, 9. Monat, letzter Tag — Saemonjō (Matsuda) (Signum)
Uemonjō (Ai) (Signum)

Mitteilung[8]
Zum Besitztum des Gotoba'in Mieidō gehören innerhalb des Gutes Minase in der Provinz Settsu mehr als 2 *chō* 9 *tan*[9] Nassfeldfläche, davon ungefähr 2 *chō* Nassfelder [der Familie] Yoshimine[10], 2 *tan* im ursprünglichen Kernareal des Gutes und 7 *tan* von der Familie Tsuda in Besitz genommene Grenzfelder[11], außerdem Ikuta[12] im Verwaltungsbezirk Takahama. Es verhält sich so, wie hier mitgeteilt.

5. Jahr Jōji, 9. Monat, [?] Tag — rückwärtiger Stempel[13] der beiden Gesandten

Anm.: 1 Jōji (1362–1368) ist eine Ära-Bezeichnung aus der Zeit der nördlichen und südlichen Dynastie (*Nanbokuchō jidai*, siehe Regest # 29, Anm. 1). Sie wurde vom nördlichen, vom *bakufu* unterstützten Hof in Kyōto benutzt. Der südliche Hof in Yoshino benutzte von 1347–1370 die Ära-Bezeichnung Shōhei. Als Tagesdatum steht im Dokumententext *misoka* (auch *kaijitsu* oder *tsugomori* gelesen), womit der letzte Tag eines Monats bezeichnet wurde, in diesem Fall der 30. Tag.

2 Kommandierender der Torgarde zur Linken: *saemonjō*. Der Familienname Matsuda wurde neben der Unterschriftszeile ergänzt. Matsuda und Ai (siehe Anm. 3) gehörten dem nördlichen Hof in Kyōto an, der vom *bakufu* gestützt wurde, und agierten als Gesandte im Auftrag des *shōgun*.

3 Kommandierender der Torgarde zur Rechten: *uemonjō*. Der Familienname Ai wurde neben der Unterschriftszeile ergänzt. Das Kriegergeschlecht der Ai gehörte seit der Kamakura-Zeit zu den lokalen Grundherren in Settsu (*zaichi ryōshu*) und stand in Diensten des *bakufu*. Ihr Stammgebiet lag am Unterlauf des Flusses Ai , der von Ibaraki her kommend weite Strecken parallel zum Yodo-Fluss zur Bucht von Ōsaka fließt. Im Nordosten der Stadt Ibaraki gibt es nach wie vor einen Stadtteil namens Ai, bis 1954 eigenständige Gemeinde Ai (Ai mura), wo man auf Überreste der Burg Ai (Ai jō) gestoßen ist.

4 Siehe auch: *Dai Nihon shiryō* 6/27 大日本史料第六編之二十七, S. 460f, https://clioimg.hi.u-tokyo.ac.jp/viewer/image/idata/850/8500/02/0627/0460.tif und .../0461.tif, Stand 23.01.2018.

5 *Ryōshi watashijō an*, als kleiner geschriebene Notiz neben der Zeile vermerkt. *Watashijō*, auch *uchiwatashijō*, waren Schriftstücke, mit denen Befehle und Anweisungen von höherer Instanz, i.d.R. vom *bakufu* und seinen Vertretern, an die eigentlich betroffene(n) Person(en)/ Institution(en) weitergeleitet wurden; Begleitschreiben. Ausgefertigt v.a. im Schriftverkehr der Shōgunatsverwaltung der Muromachi-Zeit im Zusammenhang mit Landbesitzvorgängen (Klärung von Streitfällen, Besitzübertragungen u.ä.). Im Allgemeinen erhielten die *shugo* eine schriftliche Anweisung vom *bakufu*, sogenannte *shigyōjō*, welche sie in Form von Vollstreckungs-/Ausführungsschreiben, sogenannten *jungyōjō*, an ihre Stellvertreter vor Ort weitergaben. Diese informierten dann die eigentlich betroffene Person oder Institution mit *(uchi) watashijō* genannten Schreiben. Diese enthielten neben der ursprünglichen Anweisung begleitenden Text der weiterleitenden Beamten. Der hier beschriebene muromachizeitliche Dokumentcharakter unterlag Wandlungen und konnte von früheren, insbesondere kamakurazeitlichen, oder späteren Charakteristika abweichen. So wurden *shigyōjō* z.B. in der Kamakura-Zeit i.d.R. von *shugo*, also auf Provinzebene ausgefertigt, in der Muromoachi-Zeit wurden sie mehrheitlich direkt vom *bakufu*, also auf zentraler Ebene ausgestellt. Von *shugo* auf lokaler Ebene ausgestellte Dokumente reflektierten oder transportierten jedoch grundsätzlich vorangegangene Erlasse oder Anordnungen des *bakufu*.

6 *Zasshō*: siehe Regest # 12, Anm. 1. Hier vermutlich der im Regest # 36 erwähnte Sadakatsu.

7 *Satatsuke*: Begriff aus dem mittelalterlichen Prozesswesen. Schreiben, mit dem der Sieger in einem Rechtsstreit um Boden die Rechte am strittigen Areal bestätigt bekam. In der Nanbokuchō-Ära wurden diese Schreiben von den *shugo* oder von Gesandten des *shōgun* dem Prozesssieger ausgestellt und übermittelt, sofern dieser im Verfahren die Rechtmäßigkeit seiner Ansprüche mit entsprechenden Unterlagen belegen konnte.

8 *Chūshin*, auch *chūshinjō*: siehe Regest # 1, Anm. 3. Hier i.S.v. Berichterstattung bzw. Darlegung eines Sachverhaltes, auf deren Grundlage das Shōgunat in einem Rechtsstreit ein Urteil gefällt hat.

9 Entspricht umgerechnet circa 3,5 Hektar, siehe Kapitel 5.1.

10 *Yoshimine no ta*. Nahe liegend ist eine Deutung von Yoshimine als Familienname und damit eine Übersetzung der Textstelle wie oben gewählt, was auch i.S.v. „[von der Familie] Yoshimine [gestiftete] Nassfelder" verstanden werden kann. Allerdings befand sich wenige Kilometer nördlich des Minase-Gebietes der noch heute existente Yoshimine-Tempel (Yoshiminedera). Es ist nicht ausgeschlossen, nach Ansicht d. Verf. aber eher unwahrscheinlich, dass sich die Textstelle auf ihn bezieht.

11 *Kanō (Tsuda oryō)* 加納(津田押領): *Kanō* („zusätzlich hinzugefügt/hineingetan"), eigentlich *kanōden*, war die Bezeichnung für Felder, die an ein Gut angrenzten, also ursprünglich außer-

halb der Gutsgrenzen lagen, von den Gutsbauern aber mit bewirtschaftet wurden und dadurch mit der Zeit als dem Gut zugehörig betrachtet wurden. *Tsuda oryō* folgt ergänzend in kleinerer Schriftgröße hinter *kanō* und wurde hier daher in Klammern gesetzt. Tsuda ist als Familienname und *oryō* als „(gewaltsam) usurpiertes/okkupiertes Land" zu verstehen.

12 Ikuta hier in der Schreibung 生畠.

13 *Urahan*: auf der Rückseite eines Schriftstückes aufgebrachter Stempel. Eine im japanischen Mittelalter übliche Methode, ein Dokument zu bestätigen und zu beglaubigen.

38

Datum:	**Jōji 貞治 5, 12. Monat, 8. Tag (1367/1/8)**
Aussteller:	**Ashikaga Yoshiakira**[1]
Empfänger:	**Verwalter des Gotoba'in Mieidō**
Gegenstand:	**Verfügung des *shōgun*[2] zur Unterbindung der Übergriffe des Akutagawa Nobusada[3] auf die Besitzungen des Gotoba'in Mieidō**
Edition:	**T 135**[4]

Die uns gemeldete Behinderung [der Verwaltung] der zum Besitzum des Gotoba'in Mieidō gehörenden Nassfelder innerhalb des Gutes Minase in der Provinz Settsu sowie von Ikuta im Verwaltungsbezirk Takahama durch Akutagawa Umanojō Nobusada muss umgehend unterbunden werden. Der Verwalter vor Ort[5] muss [Schriftstücke ungehindert] weiterleiten[6] und empfangen können. So lautet unsere Anweisung.

5. Jahr Jōji, 12. Monat, 8. Tag

Hōkyō'in Dono
(Ashikaga Yoshiakira)
(Signum)

Anm.: 1 Zur Person siehe # 36, Anm. 1. Das Dokument ist ursprünglich mit dem buddhistischen Namen (*hōmyō*) von Yoshiakira unterzeichnet: Hōkyō'in Dono. Sein weltlicher Name wurde neben der Unterschriftszeile ergänzt.

2 *Migyōsho*: siehe Regest # 36, Anm. 3.

3 Zur Person siehe # 36, Anm. 4.

4 Siehe auch: *Dai Nihon shiryō* 6/27 大日本史料第六編之二十七, S. 593. https://clioimg.hi.u-tokyo.ac.jp/viewer/image/idata/850/8500/02/0627/0593.tif, Stand 23.01.2018.

5 *Zasshō*: siehe Regest # 12, Anm. 1.

6 *Shisshin*: auf niederer Ebene ausgestellte Schriftstücke einer höheren Instanz zuschicken.

39

Datum:	**Ōan 応安 2, 4. Monat, 14. Tag[1] (1369/5/20)**
Aussteller:	**Oberer Verwaltungsdirektor zur Rechten[2]**
Empfänger:	**Minase Tomokane**
Gegenstand:	**Tomokane bekommt die Verwaltung von Gemeinden übertragen, die dem Gotoba'in Mieidō gestiftet wurden**
Edition:	**NI 4:3707**

Man gedenkt, die Gemeinden Hikami[3] und Nakama[4] in der Provinz Sanuki[5], die dem Gotoba'in Mieidō gestiftet worden sind, Eurer Verwaltung zu unterstellen. Das ist der Wille seiner Kaiserlichen Majestät, und dem gemäß wird es kundgetan und ausgeführt.

2. Jahr Ōan, 4. Monat, 14. Tag Udaiben (Signum)

ehrerbietig überreicht dem Herrn Minase Nii Nyūdō (Tomokane)[6]

Anm.: 1 Die Ära-Bezeichnung Ōan wurde von der *bakufu*-treuen nördlichen Dynastie in Kyōto benutzt und währte von 1368 bis 1375. Der südliche Hof in Yoshino benutzte in dieser Zeit die Ära-Bezeichnungen Shōhei (1347–1370, siehe Regest # 35), Kentoku (1370–1372) und Bunchū (1372–1375).

2 Udaiben: „Oberer Verwaltungsdirektor zur Rechten", siehe Regest # 19, Anm. 1. Die Identität der hier unterzeichnenden Person konnte nicht ermittelt werden.

3 Hikami gō, daneben in Klammern die Angabe Miki gun. Heutige Lage: Gemeinde Hikami (Hikami mura), Distrikt Kita (Kita gun), Präfektur Kagawa (Kagawa ken).

4 Nakama gō, daneben in Klammern die Angabe Kōzai gun. Heute Teil der Stadt Takamatsu, Präfektur Kagawa. Hinweise auf den oder die Stifter gibt es nicht.

5 Sanuki no kuni: vormoderne Provinz im Gebiet der heutigen Präfektur Kagawa im Nordosten der Insel Shikoku.

6 Minase Nii Nyūdō Dono: *nii* steht für den zweiten Hofrang, *nyūdō* bezeichnete einen buddhistischen Mönch. Der persönliche Name Tomokane wurde neben der Zeile in Klammern ergänzt. Zur Person siehe Regest # 30, Anm. 2.

40

Datum: **Ōan 応安 6, 12. Monat, 9. Tag (1374/1/21)**
Aussteller: **Stellvertretender Mittlerer Rat Yanagiwara Tadamitsu**[1]
Empfänger: **Minase Tomokane**
Gegenstand: **Bekräftigung einer früheren Freiung der Güter Minase und Inouchi von der *tanmai*-Abgabe**[2]
Edition: **T 142**[3]

Gemäß einer kaiserlichen Entscheidung[4] aus [der Ära] Shōwa sind die beiden Güter Minase und Inouchi von der *tanmai*-Abgabe für Bauarbeiten am Sumiyoshi-Schrein befreit. Dass man dies [allgemein] zur Kenntnis bringe, ist der Wille des neuen abgetretenen Kaisers[5]. Dementsprechend ergeht [diese] Mitteilung.

12. Monat, 9. Tag Gon Chūnagon Tadamitsu

dem verehrten Minase Hōin Gobō[6]

Anm.: 1 Gon Chūnagon Tadamitsu. Im *Dai Nihon shiryō* (siehe Anm. 3) ist neben der Unterschriftszeile der Familienname Yanagiwara vermerkt (Lesung auch Yanagihara). Yanagiwara Tadamitsu (1334–1379) war ein Höfling am nördlichen Hof in Kyōto und hatte diverse hochrangige Positionen inne. Als Rat (*nagon*) gehörte er zu den höchsten Mitgliedern des kaiserlichen Großministeriums (*daijōkan*), siehe auch Regest # 30, Anm. 1.

2 *Tanmai*: temporäre Sondersteuer, siehe Regest # 27, Anm. 4. Die Bestätigung nimmt höchstwahrscheinlich Bezug auf eine entsprechende *tanmai*-Freiung aus dem Jahr Shōwa 3 (1314), siehe Regest # 27.

3 Siehe auch: *Dai Nihon shiryō* 6/38 大日本史料第六編之三十八, S. 391. https://clioimg.hi.u-tokyo.ac.jp/viewer/image/idata/850/8500/02/0638/0391.tif, Stand 25.01.2018.

4 *Chokusai*.

5 *Shin in*, steht hier für Gokōgon'in: 1338–1374, reg. 1352–1371 als vierter Kaiser des nördlichen Hofes, danach bis zu seinem Tode beratender Kaiser (*in*) für seinen Sohn, Kaiser Goen'yū (1358–1393, 1371–1382 fünfter Kaiser des Nordhofes).

6 Minase Hōin Gobō: „dem verehrten Obersten Priester [aus dem Geschlecht der] Minase". Zur Bedeutung von *hōin* siehe Regest # 11, Anm. 1. *Gobō* war eine höfliche Anrede für Mönche und Priester. Das *Dai Nihon shiryō* gibt als Empfänger des Schreibens Minase Tomokane an. Zu seiner Person siehe Regest # 30, Anm. 2.

41

Datum: **Ōan 応安 7, 10. Monat, 14. Tag (1374/11/18)**
Aussteller: **Hosokawa Yorimoto in seiner Funktion als *shugo* von Settsu[1]**
Empfänger: **Die Kommandierenden der Torgarde zur Linken Nagao Jirō und Suibara Jirō[2]**
Gegenstand: **Den Beauftragten zur Erhebung der *tanmai*-Abgabe für Bauarbeiten am Sumiyoshi-Schrein soll das Eindringen in die Güter Minase und Inouchi zum Zwecke der Abgabeneintreibung untersagt werden**
Edition: **DNS 6/41, S. 191[3]**

Die beiden Güter Minase und Inouchi sind Besitztümer des Gotoba'in Mieidō. Abgesandten des Schreins, die sich darauf berufen, es habe dort früher den *tanmai*-Beauftragten des Sumiyoshi-Schreins zugewiesene Flächen gegeben, muss das Eindringen in die Güter [zum Zwecke der Abgabenerhebung] untersagt werden. Ergebendst,

7. Jahr Ōan[4], 10. Monat, 14. Tag Yorimoto[5] (Signum)

dem Kommandierenden der Torgarde zur Linken Nagao Jirō
dem Kommandierenden der Torgarde zur Linken Suibara Jirō

Anm.: 1 Hosokawa Yorimoto: 1343–1397, hochrangiger Kriegeradliger und Provinzherr (*shugo daimyō*) der Muromachi-Ära, hatte diverse hohe Funktionen innerhalb der Shōgunatsverwaltung inne, u.a. in verschiedenen Provinzen das *shugo*-Amt, das er für Settsu über zwanzig Jahre lang ausübte (1374–1379 sowie 1383–1397). 1391–1393 war er zudem Generalgouverneur bzw. Stellvertreter des *shōgun* (*kanrei*) und damit dem *shōgun* direkt unterstellter höchster *bakufu*-Beamter. Das *kanrei*-Amt hatten die Hosokawa lange Zeit für ihre Familie usurpiert, und als *shugo* ermöglichten sie den Ashikaga, Kontrolle über eine Reihe von Provinzen auszuüben (siehe Jansen: 110f und 145).

2 Nagao Jirō Saemonjō Dono; Suibara Jirō Saemonjō Dono: Lebensdaten unbekannt. Es ist davon auszugehen, dass es sich um höhergestellte Amtsträger des *bakufu* handelte, bei denen der *shugo* von Settsu, Hosokawa Yorimoto, dieses Gesuch einreichte. Die Nagao gehörten zu den einflussreichen Kriegergeschlechtern mit Stammsitz im Gebiet der heutigen Stadt Kamakura; die Suibara waren ein Kriegergeschlecht, das v.a. im 16. Jahrhundert an Bedeutung gewann. Ende 16./Anfang 17. Jahrhundert waren sie Gefolgsleute des mächtigen Uesugi-Clans.

3 *Dai Nihon shiryō* 6/41 大日本史料第六編之四十一, S. 191, https://clioimg.hi.u-tokyo.ac.jp/viewer/image/idata/850/8500/02/0641/0191.tif, Stand 25.01.2018.

4 Die Jahresangabe wurde in anderer Schrift ergänzt.

5 Neben der Unterschriftszeile wurde der Familienname Hosokawa ergänzt.

42

Datum: **Eiwa 永和 2, 7. Monat, [?] Tag (1376/7/?)**
Aussteller: **Versammlung der Mönche des Tōdaiji[1]**
Gegenstand: **Beschluss des Tōdaiji, gegen die widerrechtliche Einforderung der *hanzei*-Abgabe[2] für das Gut Minase vorzugehen**
Edition: **T 146**

Das Gut Minase in der Provinz Settsu[3] gehört schon seit langer Zeit dem Hachimangū dieses Tempels[4]. [Es dient der Unterstützung] der Studien und Unterweisungen in der Kegon- und Sanron-Lehre sowie der Gebetsorte unserer Herrscher[5]. Seine *hanzei*-Abgabe wurde [uns] in den letzten Jahren zur Durchführung notwendiger Baumaßnahmen überlassen. Dessen ungeachtet, wollte sie der stellvertretende Militärgouverneur dieser Provinz, Nara Gorō Emonjō[6], durch Beamte einziehen lassen. [...] Als Mutō[7] im vorangegangenen Jahr mit seiner gesetzeswidrigen Forderung nach Ablieferung des *hanzei*-Anteils Unruhe verbreitete, hatte die Mönchsgemeinschaft[8] Klage erhoben, damit dem unverzüglich ein Ende gesetzt würde. Umso mehr, da die Gesetze den Tempeln und Schreinen die uneingeschränkte Verwaltungshoheit über ihre Güter zugestehen.[9] Es soll daher eine Anordnung ergehen mit dem Inhalt, dass wir eine Unterbindung dieses Unruhe stiftenden Verhaltens fordern. So wurde es beschlossen.

2. Jahr Eiwa, 7. Monat, [?] Tag

Anm.: 1 *Shūto* oder auch *shūgi*: Versammlung der Mönche eines Tempels, entscheidungsfindendes Tempelorgan, in dessen Namen häufig Dokumente gegengezeichnet wurden.

2 *Hanzeibun*, auch *hanzei*. 1352 wurde von Ashikaga Takauji verfügt, dass die Hälfte der Gutserträge an den zuständigen *shugo* abzuführen sind. Anfangs nur als temporäre Sonderabgabe zur Unterstützung der Truppen in drei zentralen Provinzen gedacht, fand dieses fiskalische Instrument bald breite Anwendung und trug in der Muromachi-Zeit grundlegend zur Deckung der Militärausgaben des *bakufu* bei, gleichzeitig aber auch zu Missbrauch und persönlicher Bereicherung durch die *shugo*. Bereits 1355 setzten Bemühungen des *bakufu* ein, die *hanzei*-Pflicht zu regeln und Konflikte zwischen den Grundherren und *shugo* zu schlichten. Zu den wichtigsten Schritten zählte ein Erlass aus dem Jahr 1368, mit dem die Leistungspflicht für Besitzungen von Kaiserhaus, Hofadel und Klerus wieder aufgehoben wurde. Dennoch forcierte die *hanzei*-Praxis Schwächung und schließlich Untergang des *shōen*-Systems. Zumal sie, wie das vorliegende Dokument zeigt, offenbar auch über das Jahr 1368 hinaus angewendet wurde. Weitere Ausführungen in den Kapiteln 1.1 und 3.1.

3 Hier in der Schreibung 摂州 (Sesshū).

4 Gemeint ist vermutlich der Tamukeyama bzw. Tōdaiji Hachimangū. Siehe Regest # 4, Anm. 6.

5 *Kegon Sanron ryōshū no dangi, tenka gokitō ichi no dansho* 花儼・三論兩宗之談義、天下御祈禱異地之断所. Der Tōdaiji ist ein Tempel der buddhistischen Kegon-Schule und war frühzeitig auch ein – ab 10. Jahrhundert *das* – Lehrzentrum der buddhistischen Sanron-Schule.

6 Shugo-dai Nara Gorō Emonjō. Lebensdaten unbekannt.

7 Der Name ist nur noch als 武藤為[...] lesbar, der Vorname und damit die genaue Identität der genannten Person muss offen bleiben. Die Familie Mutō hatte ihren Stammsitz in der Provinz Musashi (Musashi no kuni, heute Großraum Tōkyō/Saitama) und geht auf den Nordzweig des Fujiwara-Clans zurück. Aus den jeweils ersten Namenszeichen von Musashi und Fujiwara

wurde der Familienname Mutō gebildet. In der Kamakura-Zeit zählten sie zu den Gefolgsleuten des *bakufu* und stellten etliche *shugo*, besonders einflussreich waren sie auf Kyūshu. Auch die hier erwähnte Person muss als *shugo* oder *shugo-dai* (*shugo*-Vertreter) gehandelt haben, da nur ihnen das Einziehen der *hanzei*-Abgabe oblag.

8 *Jike*: siehe Regest # 18, Anm. 7.

9 Mit dieser Aussage (*jisha ryō wa ichien kanryō no tsūhō* 寺社領者一円管領之通法) beruft sich die Mönchsversammlung bei ihrer Beschwerde allem Anschein nach auf die in Anm. 2 bereits erwähnte *bakufu*-Verfügung aus dem Jahr 1368, der zufolge Tempel- und Schreingüter allgemein sowie *ichien shōen* von Hofadel und Klerus insbesondere von der *hanzei*-Pflicht befreit waren [Wintersteen (1988b): 219 gibt übrigens 1367 als Verfügungsjahr an]. Die Verwendung des Begriffes *ichien kanryō* ist durchaus bemerkenswert. Damit wurde prononciert zum Ausdruck gebracht, dass der Tōdaiji das Minase-Gut als vollständig immunes Besitztum ansah, für das er die uneingeschränkte Herrscher- und Verfügungsgewalt beanspruchte.

43

Datum:	**Shitoku 至徳 1, 12. Monat, 26. Tag (1385/2/6)**
Aussteller:	**Shiba Yoshimasa in seiner Funktion als Generalgouverneur des *bakufu*[1]**
Empfänger:	**Hosokawa Yorimoto[2] in seiner Funktion als *shugo* von Settsu**
Gegenstand:	**Verfügung des *shōgun*[3] über die Freiung des Minase-Gutes von Sonderabgaben[4]**
Edition:	**T 150**

Das zum Besitztum des Gotoba'in Mieidō gehörende Gut Minase in der Provinz Settsu braucht keine Sonderabgaben zu leisten. Der Befehl, dass dies umgehend zur Kenntnis genommen werde, wird der Anordnung [des *shōgun*] entsprechend hiermit übermittelt.

1. Jahr Shitoku, 12. Monat, 26. Tag Saemonsuke (Signum)

dem verehrten Hosokawa Ukyō Taifu Dono[5]

Anm.: 1 Shiba Yoshimasa: 1350–1410, hochrangiger Provinzherr (*shugo daimyō*) der Muromachi-Zeit. 1362–1366 erster Inhaber des *kanrei*-Amtes (Generalgouverneur des *bakufu*, siehe Regest # 41, Anm. 1), das er bis zu seinem Tode mehrfach bekleidete (u.a. 1379–1391, also im hier interessierenden Zeitraum). Darüber hinaus hatte er diverse andere Positionen inne, so führte er ab 1379 den Titel Zweiter Kommandierender der Torgarde zur Linken (*saemonsuke*), als welcher er das vorliegende Dokument unterzeichnete. Der Name Shiba Yoshimasa wurde neben der Unterschriftszeile ergänzt.

2 Hosokawa Yorimoto: siehe Regest # 41, Anm. 1.

3 *Migyōsho*: siehe Regest # 36, Anm. 3.

4 *Rinji kaeki*: wörtl. „außerordentliche/temporäre Abgaben und Dienste"; v.a. in der Muromachi-Zeit den *shōen* vom *bakufu* auferlegte Dingpflicht, z.B. für Feldflächen in Form der *tanmai*/*tansen* (siehe Regest # 27, Anm. 4) und für Wohngrund in Form der *munebetsusen* (auch *munabechisen*; wörtl. „Firstgeld", d.h. pro Haus/Dachfirst erhobene Abgabe). Die *rinji kaeki*

bildeten eine wichtige Einnahmequelle des *bakufu* und waren von den Gütern zusätzlich zu den Abgaben für die Grundherren und den Kaiserhof (*nengu*, *kuji* etc.) zu entrichten.

5 Hosokawa Ukyō Taifu Dono: „Leiter der Hauptstadtbehörde zur Rechten aus dem Hause Hosokawa".

44

Datum: **Ōei 応永 20, 9. Monat, 24. Tag (1413/10/18)**
Aussteller: **Azechi Kanenaga[1] für den Exkaiser Gokomatsu[2]**
Empfänger: **Minase Tomotaka[3]**
Gegenstand: **Freiung der Güter Minase und Inouchi von der *tanmai*-Abgabe für den Sumiyoshi-Schrein**
Edition: **T 165**

Wiederholten kaiserlichen Entscheidungen zufolge sind die beiden Güter Minase und Inouchi von der *tanmai*-Abgabe für Bauarbeiten am Sumiyoshi-Schrein befreit. Dem Willen des abgetretenen Kaisers[4] gemäß wird hiermit kundgetan, dass man dies [allgemein] zur Kenntnis bringen möge.

20. Jahr Ōei[5], 9. Monat, 24. Tag Azechi Kanenaga

ehrerbietig überbracht dem verehrten Minase Sanmi Nyūdō Dono

Anm.: 1 Azechi Kanenaga. Im *Dai Nihon shiryō* 7/17 大日本史料第七編之十七, S. 363, ist neben der Unterschriftszeile der Familienname Kanroji vermerkt (https://clioimg.hi.u-tokyo.ac.jp/viewer/image/idata/850/8500/02/0718/0363.tif, Stand 25.01.2018). Das Geschlecht der Kanroji stammte vom Nordzweig der Fujiwara ab und gehörte zum hohen Hofadel. Kanenaga, 1357–1422, hatte diverse hochrangige Posten und Titel inne, wozu auch das hier genannte *azechi* gehörte. Dies war ursprünglich ein im Jahr 719 eingerichtetes Amt zur Beaufsichtigung der lokalen Verwaltungen, das ab der Heian-Zeit aber nur noch in den Provinzen Mutsu und Dewa existierte. Ungefähr zur gleichen Zeit wurde es ein rein nomineller, honorativer Namensestandteil bei hohen Regierungsbeamten, i.d.R. ohne Bezug zu tatsächlicher Amtsausübung.

2 Gokomatsu'in: 1377–1433, ältester Sohn von Kaiser Goen'yū, reg. 1382–1412 als sechster und letzter Kaiser des nördlichen Hofes (100. Kaiser der Gesamtgenealogie). Danach beratender Kaiser (*in*). Er bekam 1392 vom zurückgetretenen Kaiser des südlichen Hofes, Gokameyama, die kaiserlichen Herrschaftsinsignien überreicht und wurde damit wieder alleiniger japanischer Kaiser, allerdings unter maßgeblicher Einflussnahme des Ashikaga-*shōgun*. Die Zeit der südlichen und nördlichen Dynastie (*Nanbokuchō jidai*) ging damit zu Ende.

3 Minase Tomotaka: Sohn von Minase Tomokane, Lebensdaten unbekannt. Angesprochen wurde er am Ende des Schreibens mit Minase Sanmi Nyūdō Dono, was ihn als Mönch (*nyūdō*) und Inhaber des dritten Hofranges (*sanmi*) auswies.

4 *In*.

5 Die Jahresangabe wurde in anderer Schrift neben der Zeile ergänzt.

 # 45

Datum:	**Eikyō 永享 3, 10. Monat, 25. Tag (1431/11/29)**
Aussteller:	**Shiba Yoshiatsu für den *shōgun* Ashikaga Yoshinori**[1]
Empfänger:	**Hosokawa Mochiyuki**[2] **in seiner Funktion als *shugo* von Settsu**
Gegenstand:	**Das *bakufu* untersagt dem *shugo* von Settsu, seine Beauftragten in die Güter Minase, Zenpōji und Inouchi zu entsenden**
Edition:	**T 172**

(Signum des Fukōin Dono)[3]

Einer persönlich signierten Anordnung [des *shōgun*][4] vom 27. Tag des vergangenen Monats zufolge haben Sie es zu unterlassen, [Ihre] Beauftragten in das Gut Minase sowie in die beiden Güter Zenpōji[5] und Inouchi, [alles] Besitztümer des Gotoba'in Mieidō in der Provinz Settsu, zu entsenden. So lautet der Befehl, der hiermit bekannt gegeben wird.

3. Jahr Eikyō, 10. Monat, 25. Tag Sahyōesuke[6] (Signum)

dem verehrten Hosokawa Ukyō Taifu Dono[7]

Anm.: 1 Shiba Yoshiatsu: 1397–1433, Enkel von Shiba Yoshimasa (siehe Regest # 43, Anm. 1), hochrangiger Krieger und Provinzherr (*shugo daimyō*) der mittleren Muromachi-Zeit. Er übte mehrere hohe Ämter aus, u.a. war er zweimal (1409/10 und 1429–1432) *kanrei*, d.h. Generalgouverneur bzw. Stellvertreter des *shōgun* (siehe dazu Regest # 41, Anm. 1). In dieser Funktion stellte er das vorliegende Schreiben aus.
Ashikaga Yoshinori, auch – wie in diesem Dokument – Fukōin/Fukōin Dono: 1394–1441, lebte zunächst als Mönch Gien im Shōren'in in Kyōto, bevor er nach dem Tod seines Bruders Yoshimochi sechster Ashikaga-*shōgun* wurde (1429–1441). Seine Ernennung war jedoch sehr umstritten und führte zu langwierigen und heftigen Auseinandersetzungen zwischen den verschiedenen Lagern des Kriegeradels (u.a. *Eikyō no ran* [Unruhen der Eikyō-Ära] 1438/39) sowie 1441 schließlich zu seiner Ermordung im Auftrag von Akamatsu Mitsusuke, einem seiner größten Widersacher.

2 Hosokawa Mochiyuki: 1400–1442, hochrangiger Krieger und Provinzherr (*shugo daimyō*) der mittleren Muromachi-Zeit, Inhaber diverser hoher Ämter, u.a. Militärgouverneur (*shugo*) in mehreren Provinzen (Settsu 1429–1442), Leiter der Hauptstadtbehörde zur Rechten (*ukyō taifu*), Generalgouverneur des *shōgun* (*kanrei*, 1432–1442).

3 Signum des Ashikaga Yoshinori, siehe Anm. 1. Da es sich um ein Schriftstück der Gattung *gohan no mune* handelt (siehe Anm. 4), steht das persönliche Signum des *shōgun* am Kopf des Dokumentes.

4 *Gohan no mune*: Befehl/Anordnung mit dem persönlichen Signum des Urhebers am Kopf, d.h. am rechten Rand des Dokumentes, vor dem eigentlichen Textkorpus. Besonders aus der Muromachi-Zeit überliefert und dort v.a. Bezeichnung für Erlasse des *shōgun*, der mit seinem Unterschriftszeichen das vorher von einem Beamten ausgestellte Dokument abschließend beglaubigte und für gültig erklärte.

5 Zenpōji no shō: in der Muromachi-Zeit vereinzelt erwähntes Gut des Gotoba'in Mieidō, das in diesem Schriftstück erstmals urkundlich nachgewiesen ist. Aus den wenigen Überlieferungen ist zu schließen, dass es dem ebenfalls zum Gotoba'in Mieidō gehörenden Minase-Gut ange-

gliedert war (vgl. Regesten # 50, 51, 53 und 55). Denkbar ist eine Verbindung zur hofadligen Familie Zenpōji. Sie ging auf den Ki-Clan zurück und war ein lokal führendes Geschlecht, das über lange Zeit hinweg erblich das Amt des Hauptabtes des Iwashimizu-Schreins von Ōyamazaki ausübte. Ahnherr der Familie war Zenpōji Jōsei (1122–1199; vgl. u.a. www.geocities.jp/okugesan_com/kinoshi.htm, Stand 21.06.2018). In der *shōen*-Datenbank des NJG findet sich keine Eintragung zu einem Gut dieses Namens.

6 Sahyōesuke: „Zweiter Kommandierender der Kaiserlichen Garde zur Linken". Neben der Zeile wurden der Name Shiba Yoshiatsu (siehe Anm. 1) sowie die Zeichen 武衛 (chin. *wŭ wèi*, jap. *buei*) ergänzt, die in China übliche Bezeichnung für die Kaiserliche Garde (in Japan *hyōe*).

7 Hosokawa Ukyō Taifu Dono: „Leiter der Hauptstadtbehörde zur Rechten aus dem Hause Hosokawa". Gemeint ist Hosokawa Mochiyuki (siehe Anm. 2).

46

Datum:	**Eikyō 永享 10, 4. Monat, 4. Tag (1438/4/28)**
Aussteller:	***Shōgun* Ashikaga Yoshinori**[1]
Empfänger:	**Hosokawa Mochiyuki**[2] **in seiner Funktion als *shugo* von Settsu**
Gegenstand:	**Das *bakufu* untersagt dem *shugo* von Settsu, im Gut Minase die *tansen*-Abgabe und [andere] Sonderabgaben einzufordern**
Edition:	**T 176**

(Signum von Yoshinori)

Hinsichtlich der Mitteilung des Verwalters[3] Minase Shōshō Suekane[4] über die [Erhebung der] *tansen*-Abgabe und [anderer] Sonderabgaben[5] im Gut Minase in der Provinz Settsu ergeht die Verfügung, dass [das Gut] der Gewohnheit entsprechend [von der Leistungspflicht] zu befreien ist und dass es die Beauftragten des *shugo*[6] umgehend zu unterlassen haben, [das Gutsterritorium] zu betreten. So lautet die Anweisung.

10. Jahr Eikyō, 4. Monat, 4. Tag

Anm.: 1 Ashikaga Yoshinori: siehe Regest # 45, Anm. 1.

2 Hosokawa Mochiyuki: siehe Regest # 45, Anm. 2.

3 *Zasshō*: siehe Regest # 12, Anm. 1.

4 Minase Shōshō Suekane: genaue Lebensdaten unbekannt, aber ab 1455 sind Verleihungen höfischer Ränge und Ämter überliefert, so z.B. 1463 Ernennung zum Staatsrat (*sangi*, siehe Regest # 30, Anm. 1). 1495 Übertritt in den Mönchsstand (*shukke*). In dieser Verfügung wird er als „Dritter Kommandierender der Kaiserlichen Garde" tituliert (*shōshō*, siehe Regest # 19, Anm. 2).

5 *Tansen narabi rinji kaeki* 段銭并臨時課役 (siehe Regesten # 27 und 43, jeweils Anm. 4). Eine Freiung aus dem Jahr 1442, die auf diese *bakufu*-Verfügung Bezug nimmt, spricht von *tansen*-Abgabe und „Sonderarbeitsleistungen" (*ninbu rinji kaeki*, siehe Regest # 48).

6 *Shugo-shi*: Beauftrage des *shugo*, die u.a. Landvermessungen als Grundlage der Abgabenerhebung durchführten und Aufsicht darüber führten, dass die auferlegten Dienst- und Dingpflichten erfüllt wurden.

47

Datum: **Eikyō 永享 10, 4. Monat, 7. Tag (1438/5/1)**
Aussteller: **Hosokawa Mochiyuki[1] in seiner Funktion als *shugo* von Settsu**
Empfänger: **Nagashio Bizen Nyūdō in seiner Funktion als Stellvertreter des *shugo* in der Provinz Settsu[2]**
Gegenstand: **Umsetzung der Verfügung des *shōgun* vom 4. Tag des Monats[3]**
Edition: **T 177**

(Signum Kōgen'in Hosokawa Mochiyuki)

Hinsichtlich der Mitteilung des Verwalters Minase Shōshō Suekane über die [Erhebung der] *tansen*-Abgabe und [anderer] Sonderabgaben im Gut Minase in der Provinz Settsu erging die Verfügung des *shōgun*[4], dass [das Gut von der Leistungspflicht] befreit ist und und dass es die Beauftragten des *shugo* umgehend zu unterlassen haben, [das Gutsterritorium] zu betreten. So lautet die Anweisung.

10. Jahr Eikyō, 4. Monat, 7. Tag (Signum Hosokawa Mochiyuki)

dem verehrten Nagashio Bizen Nyūdō Dono

Anm.: 1 Hosokawa Mochiyuki: siehe Regest # 45, Anm. 2. Der in der Signatur verwendete Namenszusatz Kōgen'in 興源院 geht u.U. auf den von Mochiyuki 1429 gegründeten Tempel Kōgenji zurück, der sich im ersten Zeichen allerdings abweichend 弘源寺 schreibt.
2 Nagashio Bizen Nyūdō Dono: anderer Name für Nagashio Munenaga. Genaue Lebensdaten unbekannt, trat Mitte des 15. Jahrhunderts mehrfach als Stellvertreter des Militärgouverneurs (*shugo-dai*) der Provinz Settsu in Erscheinung. Das dortige *shugo*-Amt lag über lange Zeit in den Händen der Hosokawa, zu deren führenden Gefolgsleuten die Familie Nagashio gehörte.
3 Siehe Regest # 46.
4 *Gohan no mune*: siehe Regest # 45, Anm. 4.

48

Datum: **Kakitsu 嘉吉 2, 2. Monat, 5. Tag (1442/3/17)**
Aussteller: **Nagashio Munenaga in seiner Funktion als Stellvertreter des *shugo* von Settsu[1]**
Empfänger: **Aji Tarō, Dritter Kommandierender der Torgarde zur Linken[2]**
Gegenstand: **Aufgrund einer Verfügung des *shōgun* aus dem Jahr 1438 erhält das Gut Minase eine Freiung von den *tansen*-Abgaben und Sonderarbeitsleistungen[3,4]**
Edition: **T 179**

Was die Mitteilung des Verwalters Minase Shōshō Dono[5] in der Angelegenheit der *tansen*-Abgaben und Sonderarbeitsleistungen[6] vom Gut Minase in der Provinz Settsu angeht, so werden die Beauftragten [des *shugo*] in Befolgung der am 7. Tag des 4. Monats im Jahr Eikyō 10 ergangenen Anordnung[7] [das Gutsterritorium] künftig nicht mehr betreten. So lautet die Anweisung.

2. Jahr Kakitsu, 2. Monat, 5. Tag — Munenaga (Signum)

dem verehrten Saemonjō Aji Tarō

Anm.: 1 Nagashio Munenaga: siehe Regest # 47, Anm. 2.

2 Saemonjō Aji Tarō: genaue Lebensdaten unbekannt. Die Familie Aji gehörte zu den führenden landsässigen Potentaten in Settsu (*Settsu kokujin*) und stand in Diensten der Hosokawa. Der hier genannte Tarō ist daher sicher als ein lokaler Amtsträger des *bakufu* einzustufen, auch wenn dies aus dem Dokument nicht explizit hervorgeht. In der Hierarchie dürfte er unterhalb von *shugo* und *shugo-dai* gestanden haben.

3 Siehe Regesten # 46 und 47.

4 Bei dem vorliegenden Schreiben handelt es sich um ein Dokument der Kategorie *jungyōjō*. Das waren Schriftstücke, mit denen Befehle des *shōgun* über die *shugo* und deren Vertreter vor Ort (*shugo-dai*) an die zuständigen lokalen Beamten weitergegeben wurden. Siehe auch Regest # 37, Anm. 5.

5 Gemeint ist Minase Suekane, siehe Regest # 46, Anm. 4.

6 *Ninbu rinji kaeki*, auch *ninpu rinji kaeki*: Sonderabgabe (*rinji kaeki*) in Form von Arbeitsleistungen der fron- bzw. dienstpflichtigen Bevölkerung (*ninbu*).

7 Siehe Regest # 47.

49

Datum:	**Bun'an 文安 5, 9. Monat, 29. Tag (1448/10/26)**
Aussteller:	**Hosokawa Katsumoto in seiner Funktion als *shugo* von Settsu[1]**
Empfänger:	**Nagashio Bizen Nyūdō in seiner Funktion als Stellvertreter des *shugo* von Settsu[2]**
Gegenstand:	**Mitteilung über die Abberufung des Tango Nyūdō[3]**
Edition:	**T 183**

Betrifft eine Mitteilung des Verwalters Minase Chūjō Suekane[4] in der Angelegenheit des Besitztums des Gotoba'in Mieidō in der Provinz Settsu, identisch mit der ehemaligen [Villa] Minase. Da sich der Tango Nyūdō mit den Priestern des Iwashimizu Hachimangū in Ōyamazaki[5] zusammengetan und durch gesetzwidriges Verhalten Unruhe gestiftet hat, wird [er] auf jeden Fall [sofort] abberufen, wenngleich eine [entsprechende] Verfügung des *shōgun*[6] [erst noch] ergehen wird. So soll es dem Verwalter in der üblichen Art und Weise umgehend mitgeteilt werden.

5. Jahr Bun'an, 9. Monat, 29. Tag (Signum Katsumoto)

dem verehrten Nagashio Bizen Nyūdō

Anm.: 1 Hosokawa Katsumoto: 1430–1473, hochrangiger Krieger und Provinzherr (*shugo daimyō*) der mittleren Muromachi-Zeit, Inhaber diverser hoher Ämter, u.a. Militärgouverneur (*shugo*) in mehreren Provinzen (Settsu 1442–1473), Leiter der Hauptstadtbehörde zur Rechten (*ukyō taifu*), zwischen 1445 und 1473 mehrfach Generalgouverneur bzw. Stellvertreter des *shōgun* (*kanrei*).

2 Nagashio Bizen Nyūdō alias Nagashio Munenaga: siehe Regest # 47, Anm. 2.

3 Tango Nyūdō. Die Person, um die es geht, konnte mangels biografischer Hinweise nicht identifiziert werden. Der Inhalt des Dokumentes lässt allerdings den Schluss zu, dass es sich um einen lokalen *bakufu*-Amtsträger in Settsu handelte.

4 Minase Chūjō Suekane: zur Person siehe Regest # 46, Anm. 4.

5 In Ōyamazaki gab es – und gibt es immer noch – zwei Hachiman-Schreine, zwischen denen in den Quellen leider selten deutlich unterschieden wurde, sodass eine eindeutige Zuordnung oft nicht möglich ist. Auch hier muss offen bleiben, ob mit dem erwähnten Hachimangū (1) der mächtige Iwashimizu Hachimangū gemeint ist, der sich gegenüber von Ōyamazaki östlich des Yodo-Flusses auf der Anhöhe Otokoyama befindet, oder aber (2) der Ortsschrein Iwashimizu Rikyū (heute Rikyū Hachimangū) in Ōyamazaki selbst, also am westlichen Yodo-Ufer. Einiges spricht dafür, dass hier der lokale Schrein (Rikyū H.) gemeint war, dessen Gebiet einem shōgunalen Erlass aus dem Jahr 1392 zufolge an das Flüsschen Minase grenzte (nach Gerber: 429), sodass der beschriebene Konflikt zwischen diesem und dem benachbarten Minase wahrscheinlicher erscheint als zwischen Minase und dem Hachiman-Komplex jenseits des Yodo-Flusses. Zu den Hachiman-Schreinen in Ōyamazaki siehe auch Gerber: 393–397 sowie 447–451.

6 *Migyōsho*: siehe Regest # 36, Anm. 3.

50

Datum:	**Hōtoku 宝徳 2, 5. Monat, 22. Tag (1450/7/1)**
Aussteller:	**Nagashio Munenaga in seiner Funktion als Stellvertreter des *shugo* von Settsu[1]**
Empfänger:	**Aji Shichirō, Dritter Kommandierender der Torgarde zur Linken[2]**
Gegenstand:	**Abgabenfreiung für das Gut Zenpōji**
Edition:	**T 185**

Es wurde angeordnet, dass dem innerhalb des Gutes Minase, Provinz Settsu, gelegenen Besitztum Zenpōji[3] die verschiedenen Ding- und Dienstpflichten[4] zu erlassen sind. So wird es daher angewiesen.

5. Monat, 22. Tag[5] Munenaga (Signum)

dem verehrten Aji Shichirō Saemonjō

Anm.: 1 Nagashio Munenaga: siehe Regest # 47, Anm. 2.
2 Aji Shichirō Saemonjō: genaue Lebensdaten unbekannt, dem Dokumenteninhalt und -umfeld zufolge jedoch ein lokaler Amtsträger des *bakufu*. Vgl. dazu Regest # 48, Anm. 2.
3 *Zenpōji no ryō*: gemeint ist das Zenpōji no shō des Gotoba'in Mieidō, welches verschiedenen Quellen zufolge innerhalb des Gutsareals von Minase lag (siehe Regest # 45, Anm. 5).
4 *Sho kuji* 諸公事: Der bereits in der Ritsuryō-Zeit (7.–10. Jahrhundert) entstandene Begriff *kuji* fungierte im mittelalterlichen Abgabensystem als zusammenfassende Bezeichnung für die verschiedenen Ding- und insbesondere Dienstpflichten, die nicht unter den Grundzins fielen. Näheres siehe Kapitel 3.2.
5 Neben der Zeile wurde die Jahresangabe „Hōtoku 2" ergänzt.

51

Datum:	**Chōroku 長禄 2, 4. Monat, 29. Tag (1458/7/9)**
Aussteller:	***Shōgun* Ashikaga Yoshimasa[1]**
Gegenstand:	**Verfügung über Abgabenfreiungen sowie Zutrittsverbote für die Güter Inouchi und Zenpōji**
Edition:	**T 190**

(Signum Yoshimasa)

Betrifft eine Mitteilung des verehrten Verwalters Minase Sanmi Suekane[2] in der Angelegenheit der beiden Minase-Güter Inouchi und Zenpōji, Provinz Settsu, und der u.a. [dort eingeforderten] *tansen*-Sonderabgabe und Dienstpflichten für den *shugo*[3]. Der Gewohnheit entsprechend werden [die Abgaben und Dienste] erlassen. Sie müssen umgehend als Gebiete ohne Zutritt[srecht] für Beauftragte des *shugo*[4] und als völlig eigenständig verwaltete Besitzungen[5] [behandelt] werden. So lautet der Befehl.

2. Jahr Chōroku, 4. Monat, 29. Tag

Anm.: 1 Ashikaga Yoshimasa: 1436–1490, zweiter Sohn von Ashikaga Yoshinori, 1449–1473 achter *shōgun* aus dem Hause Ashikaga, 1485 Eintritt in den Mönchsstand. Yoshimasas Wirkungszeit war einerseits geprägt von kulturellen Leistungen (Higashiyama-Kultur), andererseits von Günstlingswirtschaft, Intrigen und Führungsschwäche, die den Ōnin-Krieg mit anschließender 100-jähriger Bürgerkriegsperiode auslösten (*Ōnin no ran* 1467–1478, *Sengoku jidai* bis 1568).
2 Minase Sanmi Suekane Kyō Zasshō: zur Person siehe Regest # 46, Anm. 4.
3 *Tansen rinji kaeki narabi shugo eki ninbu* 段銭臨時課役并守護役人夫.
4 *Shugo-shi fu'nyū no chi* 守護使不入之地.
5 *Mattaku ryōchi*: ein Gebiet vollständig besitzen und verwalten.

52

Datum: Chōroku 長禄 2, 10. Monat, 16. Tag (1458/11/22)
Aussteller: Hosokawa Katsumoto in seiner Funktion als *shugo* von Settsu[1]
Empfänger: Nagashio Bizen Nyūdō in seiner Funktion als Stellvertreter des *shugo* von Settsu[2]
Gegenstand: Umsetzung der Verfügung des *shōgun* von Chōroku 2, 4. Monat, 29. Tag[3]
Edition: T 193

Betrifft eine Mitteilung des verehrten Verwalters Minase Sanmi Suekane in der Angelegenheit der beiden Minase-Güter Inouchi und Zenpōji, Provinz Settsu, und der u.a. [dort eingeforderten] *tansen*-Sonderabgabe und Dienstpflichten für den *shugo*. Die Verfügung [des *shōgun*][4] vom 29. Tag des 4. Monats, der zufolge die Beauftragten des *shugo* [die Güter] ab sofort nicht mehr betreten dürfen, ist umgehend umzusetzen. So lautet die Anweisung.

2. Jahr Chōroku, 10. Monat, 16. Tag (Signum Katsumoto)

dem verehrten Nagashio Bizen Nyūdō

Anm.: 1 Hosokawa Katsumoto: zur Person siehe Regest # 49, Anm. 1.
2 Nagashio Bizen Nyūdō, anderer Name für Nagashio Munenaga: zur Person siehe Regest # 47, Anm. 2.
3 Siehe Regest # 51.
4 *Gohan no mune*: siehe Regest # 45, Anm. 4.

53

Datum: Bunmei 文明 18, 9. Monat, 5. Tag (1486/10/2)
Aussteller: Yakushiji Motonaga in seiner Funktion als Stellvertreter des *shugo* von Settsu[1]
Empfänger: Shinomiya Shirō[2]
Gegenstand: Durchsetzung einer Abgabenfreiung für die Güter Zenpōji und Inouchi
Edition: T 236

Betrifft die Sonderarbeitsleistungen[3] in den beiden Minase-Gütern Zenpōji und Inouchi, Besitztümer des Herren Minase[4] in der Provinz Settsu. Der Verfügung [des *shōgun*] vom 2.

Jahr Chōroku, 10. Monat, 16. Tag, ist Folge zu leisten.[5] Es wird hiermit dringend angemahnt, [das Erheben der Abgaben] zu unterlassen. So lautet die Anweisung.

9. Monat (Schaltmonat), 5. Tag[6] Motonaga (Signum)[7]

Anm.: 1 Yakushiji Motonaga: ?–1501. Die in Settsu ansässige Familie Yakushiji geht auf das Fujiwara-Geschlecht zurück. Als Gefolgsleute des Kamakura-*bakufu* (*gokenin*) wurden sie mit Ämtern und Funktionen in Zentral- und Westjapan betraut, insbesondere agierten sie als *jitō* (Vögte) und *shugo*-Vertreter (*shugo-dai*). In der Muromachi-Zeit gehörten sie zu den führenden Gefolgsleuten der Hosokawa, für die sie – wie hier Motonaga – v.a. als *shugo*-Vertreter in Settsu tätig waren. In der Sengoku-Periode (1467–1568) erlebte das Yakushiji-Geschlecht den Höhepunkt seiner Entwicklung. Ab Ende des 15. Jahrhunderts setzte sich für seine Mitglieder allmählich die Ehrenbezeichnung Bingo no Kami („Leiter der Provinzbehörde von Bingo") durch.

2 Shinomiya Shirō: genaue Lebensdaten unbekannt. Die Familie Shinomiya gehörte zu den führenden landsässigen Potentaten in Settsu (*Settsu kokujin*) und stand in Diensten der Hosokawa. Bei dem hier genannten Shirō wird es sich daher um einen lokalen Amtsträger des *bakufu* gehandelt haben, auch wenn dies aus dem Dokument nicht explizit hervorgeht. In der Hierarchie dürfte er unterhalb von *shugo* und *shugo-dai* gestanden haben.

3 *Ninbu rinji kaeki*: siehe Regest # 48, Anm. 6.

4 *Minase Dono goryō*. In vergleichender Sicht auf alle untersuchten Schriftstücke und unter terminologischen Aspekten ist davon auszugehen, dass die Minase nach wie vor nur Untereigentümer waren, auch wenn Zenpōji und Inouchi hier als ihre Besitztümer bezeichnet werden. Nach dem Tod der Shumeimon'in (1264) wird mit Ausnahme der Regesten # 53 und 54 grundsätzlich nur der Gotoba'in Mieidō als Obereigentümer erwähnt, und die Minase treten lediglich als Verwalter in Erscheinung. Darüber hinaus steht der Begriff *goryō* für Land im Besitz besonders prominenter Personen oder Institutionen, vornehmlich von Kaiserhaus und Shōgunat. Die Minase dürften eher nicht zu diesem Kreis gezählt haben, aber anscheinend erschien ihre Verfügungsgewalt über die betreffenden Areale zumindest dem Aussteller dieses Schreibens wie auch des Schreibens in Regest # 54 als so ausgeprägt und dominant, dass es zu dieser Formulierung kam. Siehe auch Kapitel 3.3.

5 Das Schreiben nimmt Bezug auf den *shōgun*-Befehl von Chōroku 2/4/29 und die daran anschließende Anweisung des *shugo* von Settsu für seinen Vertreter vor Ort von Chōroku 2/10/16 (siehe Regesten # 51 und 52). Die hier vorgenommene Verknüpfung des *shōgun*-Befehls (*gohan no mune*) mit dem Datum Chōroku 2/10/16 ist ein Irrtum. Bezeichnend ist, dass die Umsetzung der *shōgun*-Verfügung auch 30 Jahre später noch eingefordert werden musste, was ein Schlaglicht auf die zunehmende Verselbstständigung der lokalen Kräfte wirft.

6 Neben der Zeile wurde die Jahresangabe Bunmei 18 ergänzt.

7 Neben der Zeile wurde der Familienname Yakushiji ergänzt.

 # 54

Datum: **Chōkyō 長享 1, 12. Monat, 15. Tag (1488/1/28)**
Aussteller: **Iio Iekane[1]**
Empfänger: **Yakushiji Motonaga Bingo no Kami[2] sowie Yasutomi Yozō Saemonjō[3]**
Gegenstand: **Verfügung des *bakufu*[4] über den Erlass der *tansen*-Abgaben für die Besitzungen des Herren Minase**
Edition: **T 241**

Betrifft die in Sesshū[5] zu entrichtenden *tansen*-Abgaben. Es wird hiermit dringend angemahnt, die Erhebung [der genannten Abgabe] in den Besitzungen des Herren Minase[6] zu unterlassen. So lautet der Befehl, der entsprechend weiterzugeben ist.

12. Monat, 15. Tag[7] Iekane[8] (Signum)

dem verehrten Yakushiji Bingo no Kami[9]
dem verehrten Yasutomi Yozō Saemonjō

Anm.: 1 Iio Iekane: genaue Lebensdaten unbekannt. Die Iio (auch Iinoo, Inoo) sind eine auf die Fujiwara zurückgehende Kriegeradelsfamlie, die v.a. im 16. Jahrhundert zu Einfluss gelangte, da sie u.a. Mitglieder des *bugyōshū* stellte. Dieser oft mit Kommissariat oder Magistrat übersetzte Terminus bezeichnete ein zentrales Verwaltungsorgan des *bakufu*, das politische Analysen und Handlungsempfehlungen für den *shōgun* ausarbeitete und besonders im 15. Jahrhundert sehr einflussreich war. In der Lesung *hōkōshū* (bei gleicher Schreibung) bezeichnete es auch die Militärgarde des *shōgun*. Wenngleich der Dokumenteninhalt die Annahme nahe legt, dass es sich bei dem hier genannten Iekane um einen höheren *bakufu*-Beamten handelte, muss offen bleiben, ob er auch Mitarbeiter des beschriebenen *bugyōshū* war.

2 Yakushiji Motonaga Bingo no Kami: siehe Regest # 53, Anm. 1.

3 Yasutomi Yozō Saemonjō: Yasutomi Yozō, Kommandierender der Torgarde zur Linken. Lebensdaten unbekannt. Die Yasutomi waren vom 13.–15. Jahrhundert eine bedeutende Kriegeradelsfamilie, die zu den führenden Gefolgsleuten der Hosokawa gehörte.

4 *Migyōsho*: siehe Regest # 36, Anm. 3.

5 Hier Sesshū 摂州 statt Settsu 摂津.

6 *Mi[na]se Dono goryō* 水[無]瀬殿御領. Das zweite Zeichen von Minase (*na* 無) fehlt im Haupttext. Neben der Zeile wurde daher vermerkt: „*na ausgelassen* (*na dassu* 無脱).

7 Neben der Zeile wurde die Jahresangabe Chōkyō 1 ergänzt.

8 Neben der Zeile wurde in Klammern der Familienname Iio ergänzt.

9 Neben der Zeile wurde in Klammern der persönliche Name Motonaga ergänzt.

55

Datum: **Entoku 延徳 2, 3. Monat, 28. Tag (1490/4/17)**
Aussteller: **Iio Tamesada, Sei Gentei, Settsu Masachika**[1]
Empfänger **Yakushiji Motonaga in seiner Funktion als Stellvertreter des *shugo* von Settsu**
Gegenstand: ***Bakufu*-Freiung für die Minase-Areale Inouchi und Zenpōji von Sonderabgaben für Bauarbeiten am Schrein von Ise**
Edition: **DNS 8/36, S. 186**[2]

Das Gut Minase (Inouchi und Zenpōji)[3], Domäne[4] des Gotoba'in Mieidō in Sesshū, ist schon lange von den Sonderreisabgaben[5] für Bauarbeiten am Äußeren Schrein von Ise[6] befreit. Wir fordern Sie deshalb auf, [die Erhebung dieser Abgaben] einzustellen. So lautet die Anordnung.

3. Monat, 28. Tag[7]

Tamesada (Signum)
Gentei (Signum)
Masachika (Signum)

dem Vertreter des *shugo*[8]

Anm.: 1 Lebensdaten, Stellung und Funktion der genannten Personen konnten nicht ermittelt werden. Sie unterzeichneten das Dokument lediglich mit ihren persönlichen Namen, die jeweiligen Familiennamen wurden später neben den Zeilen in Klammern gesetzt ergänzt.
Iio Tamesada: Zur Familie Iio siehe auch Regest # 54, Anm. 1.
Sei Gentei: Vorname kann auch als Motosada gelesen werden.
Settsu Masachika: Das Geschlecht der Settsu geht zurück auf Nakahara no Morokazu (1184–1251), einen einflussreichen Rodungsgrundherren (*kaihatsu ryōshu*) und Gefolgsmann des frühen Kamakura-Shōgunats. Mitglieder der Familie Nakahara übten u.a. das Amt des Gouverneurs in der Provinz Settsu aus (*Settsu no kami*), was für sie zum Ende der Kamakura-Zeit namengebend wurde.

2 *Dai Nihon shiryō* 8/36 大日本史料第八編之三十六, S. 186, https://clioimg.hi.u-tokyo.ac.jp/viewer/image/idata/850/8500/02/0836/0186.tif, Stand 31.01.2018.

3 In dieser Verfügung werden Inouchi und Zenpōji durch die Art der Formulierung erstmals als Bestandteile des Minase-Gutes behandelt: *Minase no shō (Inouchi, Zenpōji)* 水無瀬庄(井内、善法寺). Inouchi und Zenpōji stehen im Original zwar nicht in Klammern, sondern folgen auf Minase no shō in deutlich kleinerer Schrift, was hier nicht adäquat wiedergegeben werden kann, inhaltlich ist das jedoch einer Klammerung bzw. Unterordnung von Zenpōji und Inouchi unter Minase gleichzusetzen. In allen vorangegangenen Erwähnungen brachten die Formulierungen eher ein Nebeneinander zum Ausdruck i.S.v. ,die beiden Minase-Güter Zenpōji und Inouchi': *Minase (Inouchi, Zenpōji) ryōshō* 水無瀬(井内、善法寺)両庄 (die Klammern ersetzen wiederum die im Original vorhandene kleinere Schriftgröße; vgl. z.B. Regest # 53).

4 *Ryōsho*: Grundsätzlich stand *ryōsho* allgemein für Grundbesitz, an dem jemand Einnahmerechte hatte, sinnverwandt mit *ryōchi* (Domäne, Lehnsbesitz). Ab dem Mittelalter bezeichnete es jedoch speziell Ländereien der kaiserlichen Familie, des *bakufu* und einflussreicher Territorialherren (*daimyō*). Unter der Voraussetzung, dass der Begriff hier nicht zufällig und allgemein, sondern gezielt in dieser speziellen Bedeutung verwendet wurde, darf die Schlussfolge-

rung gezogen werden, dass der eigentliche Eigentümer des Minase-Besitztums hinter dem Gotoba'in Mieidō die kaiserliche Familie war. Näheres siehe Kapitel 3.3.

5 *Yakubutakumai*: Sonderabgabe in Form von Reis für den intervallmäßigen Neubau von Shintō-Heiligtümern (*shikinen zōei*). Siehe auch Regest # 1, Anm. 2.

6 *Gekū*: Äußerer Schrein des Großen Schreins von Ise.

7 Neben der Zeile wurde die Jahresangabe Entoku 2 ergänzt.

8 *Shugo-dai*. Daneben wurde in Klammern hinzugesetzt: „Yakushiji Motonaga" (siehe Regest # 53, Anm. 1).

56

Datum:	**Bunki 文亀 1, 5. Monat (1501/5)**
Aussteller:	**Bugyō**[1]
Gegenstand:	**Verkauf von Nassfeldern aus dem Besitz des Gotoba'in Mieidō zur Begleichung von Reparaturkosten**
Edition:	**ŌY 134**

(Signum)

Betrifft den Verkauf von Nassfeldern[2]

insgesamt 2 *tan* die Grenzpunkte sind: im Süden der Grenzweg, im Osten ein Weg, im Norden ein Graben, im Westen Felder[3]

der Gegenwert beträgt 5 *kanmon*

Das oben genannte Areal gehört dem Gotoba'in Mieidō. Es wird aber abgetreten, um die Gebühren für Reparaturarbeiten [zu begleichen]. Falls es deswegen zu Unruhen oder Störungen kommen sollte, wird es seitens des obersten Grundherren[4] ohne Zweifel deutlichen Tadel dafür geben. Es dürfen keinerlei Ding- und Dienstpflichten[5], sondern nur der im Februar eines jeden Jahres zu entrichtende reguläre Zins[6] [in Höhe von] 10 *mon* pro *tan* eingefordert werden. So wird es auch zum Zwecke einer späteren Beweisführung [von mir] bestätigt.

1. Jahr Bunki, 5. Monat

Anm.: 1 *Bugyō*: wörtl. „einen Befehl/eine Anordnung empfangen und ausführen", eigentliche Wortbedeutung daher nur „Verwalter/Beamter" u.ä. Ab der Kamakura-Zeit bezeichnete *bugyō* übergreifend die vom *bakufu* eingesetzten örtlichen Amtsleute, denen die Durchführung, Beaufsichtigung und Bestätigung verschiedener administrativer und rechtlicher Angelegenheiten oblag. Je nach Aufgabenbereich konnte die allgemeine Bezeichnung *bugyō* konkretisiert werden: Beauftragter für Landerschließung (*shinden bugyō*), Beauftragter für die Tempel und Schreine (*jisha bugyō*) etc.

2 Neben der Zeile wurde die Ortsangabe „In Inouchi, Hirose." (*Hirose Inouchi nari* 広瀬井内也) ergänzt.

3 *Ruichi*: wörtl. „vergleichbarer/ähnlicher Boden“, also Gelände, das den in Rede stehenden Flächen (= Feldern) vergleichbar bzw. ähnlich war.
4 *Honjo*. Hier der Gotoba'in Mieidō bzw. die kaiserliche Familie, die als Obereigentümer hinter dem Gotoba'in Mieidō agierte.
5 *Manzō kuji*.
6 *Hon'yaku*: im Voraus festgelegter regulärer, standardmäßiger Grundzins, der je nach tatsächlich eingebrachter Ernte auch angepasst werden konnte, falls es z.B. Ausfälle durch Naturkatastrophen o.ä. gab. Siehe auch Kapitel 2.

57

Datum: **Eishō 永正 10, 3. Monat, [?] Tag (1513/4/?)**
Aussteller: **Minase Hidekane**
Gegenstand: **Hidekane klagt beim *bakufu* die Einhaltung des Zutrittsverbotes für das Gut Minase ein**
Edition: **T 273; DNS 9/4, S. 600[1]**

Ehrerbietige Mitteilung[2] des Verwalters Minase Shōshō Hidekane[3]
Die genannte unbedeutende Person [weist darauf hin], dass das Gut Minase im Distrikt Shima no kami in Sesshū ein Gebiet ist, zu dem die Beauftragten des *shugo* keinen Zutritt[4] haben. Sie darf voller Dank und Ehrfurcht ein Schreiben aufbewahren, mit dem eine entsprechende Verfügung [des *shōgun*] bekannt gegeben wurde.[5] Daher [erlaube ich mir] diese Mitteilung.

10. Jahr Eishō, 3. Monat, [?] Tag

Anm.: 1 Siehe auch: *Dai Nihon shiryō* 9/4 大日本史料第九編之四, S. 600, https://clioimg.hi.u-tokyo.ac.jp/viewer/image/idata/850/8500/02/0904/0600.tif, Stand 03.10.2018.
2 *Kingonjō*. In die Dokumentenkategorie *gonjō* fallen Mitteilungen und Berichte an höher stehende Personen und Institutionen; das Präfix *kin* drückt Ergebenheit/Ehrerbietigkeit aus.
3 Minase Shōshō Hidekane: 1489–1559, Sohn von Minase Suekane (siehe Regest # 46, Anm. 4), Inhaber verschiedener höfischer Ränge und Ämter, u.a. 1521 Ernennung zum Staatsrat (*sangi*, siehe Regest # 30, Anm. 1). 1552 Übertritt in den Mönchsstand. In diesem Schreiben trägt er den Titel „Dritter Kommandierender der Kaiserlichen Garde“ (*shōshō*), und er verfasst es in seiner Funktion als Verwalter (*zasshō*) von Minase.
4 *Shugo-shi fu'nyū no chi* 守護使不入之地.
5 Eine derartige Verfügung ist aus dem Jahr Chōroku 2 (1458) überliefert, siehe Regest # 51.

58

Datum:	**Eishō 永正 13, 12. Monat, 26. Tag (1517/1/8)**
Aussteller:	**Hosokawa Takakuni in seiner Funktion als *shugo* von Settsu[1]**
Empfänger:	**Yakushiji Motofusa (Yōichi) in seiner Funktion als Stellvertreter des *shugo* von Settsu[2]**
Gegenstand:	**Anweisung, bestehende Freiungen für das Minase-Gut sowie das Zutrittsverbot für Beauftragte des *shugo* einzuhalten**
Edition:	**T 282; DNS 9/6, S. 514f[3]**

Betrifft eine Mitteilung des Verwalters Minase Chūjō Hidekane[4] in der Angelegenheit der beiden Minase-Güter Inouchi und Zenpōji, Provinz Settsu, und der u.a. [dort eingeforderten] *tansen*-Sonderabgabe und Dienstpflichten für den *shugo*[5]. Der Gewohnheit entsprechend sind [diese Abgaben und Dienste] zu erlassen. Beauftragten des *shugo* ist das Betreten [dieser Gebiete] umgehend zu untersagen.

13. Jahr Eishō, 12. Monat, 26. Tag (Signum Hosokawa Takakuni)

dem verehrten Yakushiji Yōichi[6]

Anm.: 1 Hosokawa Takakuni: 1484–1531, Anfang 16. Jahrhundert Oberhaupt des Hosokawa-Clans, einflussreicher Kriegeradliger mit diversen höfischen wie militärischen Ämtern und Rängen, u.a. ab 1508 Generalgouverneur des *shōgun* (*kanrei*) sowie *shugo* der Provinzen Settsu, Tanba, Sanuki und Tosa. Beteiligung an dem Sturz von Ashikaga Yoshizumi und der Wiedereinsetzung von Ashikaga Yoshitane als *shōgun*. 1527 Vertreibung aus Kyōto, 1531 Selbstmord.

2 Yakushiji Motofusa, auch – wie in diesem Dokument – Yakushiji Yōichi: genaue Lebensdaten unbekannt, quellenmäßige Erwähnungen bis in die 1540er Jahre. Vasall der Hosokawa, übte u.a. das Amt des *shugo*-Stellvertreters (*shugo-dai*) in Settsu aus. Zur Familie Yakushiji siehe Regest # 53, Anm. 1.

3 Siehe auch: *Dai Nihon shiryō* 9/6 大日本史料第九編之六, S. 514, https://clioimg.hi.u-tokyo.ac.jp/viewer/image/idata/850/8500/02/0906/0514.tif und .../0515.tif, Stand 03.10.2018.

4 Minase Chūjō Hidekane no Kami: zur Person siehe Regest # 57, Anm. 3. Im vorliegenden Schriftstück trägt Hidekane die Titel „Zweiter Kommandierender der Kaiserlichen Garde" (*chūjō*) sowie „Minister" (*kami*).

5 *Tansen rinji kaeki narabi shugo eki ninbu* 段銭臨時課役并守護役人夫.

6 Bei dem neben der Zeile hinzugesetzten Namen Motokazu muss es sich um eine Verwechslung handeln. Yakushiji Motokazu wurde zwar genauso wie der etwas später lebende Motofusa im Allgemeinen Yōichi genannt, hatte mit ihm das erste Vornamenszeichen (Moto- 元) gemein, war Vasall der Hosokawa und ab 1501 auch Stellvertreter des *shugo* in Settsu. Er lebte allerdings 1477–1504 und konnte daher nicht der Empfänger dieses mehr als zehn Jahre später verfassten Schreibens sein. Motokazu erlangte 1504 einige Berühmtheit durch eine Revolte gegen Hosokawa Masamoto, für die er auch Truppen in Settsu aushob, was möglicherweise zu dieser Verwechslung beigetragen hat. Sein Angriff auf die Burg Yodo jō in Kyōto, heute Stadtbezirk Fushimi, schlug jedoch fehl, und Motokazu wurde zum Selbstmord gezwungen.

59

Datum:	**Eishō 永正 15, 10. Monat, [?] Tag (1518/11/?)**
Gegenstand:	**Auflistung von Opfergaben einiger Tōdaiji-Güter zur Ausrichtung von 30 Abhidharma-Lesungen[1]**
Edition:	**TM 20:1240[2]**

Übersicht[3] über die von den Gütern dargebrachten Opfergaben für die 30 Abhidharma-Lesungen[4]
[...]
Minase no shō 15 gebündelte gefärbte Leder[5]

So [...][6]. Ende der Eintragung.

Anm.: 1 Lesungen aus den 30 von Seshin verfassten Faszikeln der Abhidharma-Lehrtexte (jap. *kusha*). Siehe Regest # 26, Anm. 3.
2 Das Dokument ist aufgenommen in: *Dai Nihon komonjo. Iewake 18: Tōdaiji monjo 20* 大日本古文書. 家わけ第十八: 東大寺文書之二十, Tōkyō Daigaku Shuppankai 2008, S. 13f, (https://clioimg.hi.u-tokyo.ac.jp/viewer/image/idata/850/8500/05/1821/0013.tif und .../0014.tif, Stand 11.09.2018).
3 Eigentlich „Verwaltung/Kontrolle" (*shihai no koto* 支配之事).
4 Die Übersicht führt sechs Güter auf, die allesamt eine gewisse Menge *zōshi*-Papier ablieferten (zu *zōshi* siehe Regest # 26, Anm. 3). An siebenter, letzter Stelle wird die Minase-Abgabe erwähnt, als einzige abweichend kein *zōshi*-Papier.
5 *Musubio irogawa.* In Klammern wurde neben der Zeile hinzugesetzt „Settsu, Distrikt Shima no kami" (*Settsu Shima no kami gun*).
6 Die Textstelle ist bis auf *migi no kudan* 右件 (i.S.v. „Das oben Gesagte...") unleserlich. Im Allgemeinen werden auf diese Weise Schlussphrasen eingeleitet wie „Es verhält sich, wie oben gesagt/dargestellt", „So wird es mitgeteilt", „So wird es angeordnet" u.ä.

60

Datum:	**Eishō 永正 16, 3. Monat, 10. Tag (1519/4/9)**
Aussteller:	**Fujisawa Nagakiyo[1]**
Empfänger:	**Tōdaiji**
Gegenstand:	**Fujisawa Nagakiyo erhält gegen Zahlung eines jährlichen Zinses die Verfügungsrechte über das Tōdaiji-Gut Minase[2]**
Edition:	**T 286**

Bestätigung[3] die Verfügungsrechte über das Gut Minase[4], Besitztum des Tōdaiji in der Provinz Settsu, betreffend

Der festgelegte Zins für das genannte Areal beträgt 15 *kanmon*.[5] In den letzten Jahren war er auf die Hälfte, [d.h. auf] 7 *kan* 500 *mon* festgesetzt worden. Wenn das Speicherhaus[6] wieder vollständig hergerichtet ist, werde ich dem Tempel die ursprüngliche Summe liefern, [und zwar] in der Mitte des zwölften Monats eines jeden Jahres. Die dem *shugo* zu entrichtenden Sonderabgaben[7] sind den früheren Regelungen entsprechend für die [Arbeit seiner] örtlichen Vertreter[8] [abzuliefern]. Die Abgaben für den Tempel werden auf keinen Fall gemindert. Ich werde dem Tempel den festgesetzten jährlichen Zins[9] korrekt entrichten, unabhängig davon, ob es Einbußen [bei der Ernte] durch Dürre, Hochwasser oder Sturm gab und ohne Rücksicht auf die Mühen des Weges etc. Keinem einzigen der o.g. Punkte darf zuwidergehandelt werden. Falls es zum Verzug bei der Zinszahlung oder zu Nachlässigkeiten kommen sollte, wann immer das auch sei, werden die Verfügungs- und Einnahmerechte[10] einer anderen Person übertragen. So lautet meine Bestätigung.

16. Jahr Eishō, Jahr des Hasen[11], 3. Monat, 10. Tag

Nagakiyo (Signum)

dem verehrten Gakuryo Nen'yo[12,13]

Anm.: 1 Fujisawa Nagakiyo: Lebensdaten unbekannt. Neben dem Signum am Ende des Dokumentes wurde neben der Zeile vermerkt: Fujisawa Echizen no Kami. Da er seine Verfügungsrechte wiederholt als *daikan shiki* bezeichnet (siehe dazu Anm. 4), darf man annehmen, dass er als lokaler Verwalter des Minase-Gutes tätig war. Dass Grundherren die Verfügungsrechte an ihren Besitzungen gegen Zahlung eines jährlichen Zinses ihren lokalen Verwaltern überließen, war v.a. in der Auflösungsphase der *shōen* gängige Praxis. Das vorliegende Dokument belegt also auch für das Minase-Gut den Loslösungsprozess vom Tōdaiji und stattdessen zunehmende Vereinnahmung durch lokale Potentaten, und es spiegelt damit letztlich den zu jener Zeit überall voranschreitenden Verfall des *shōen*-Systems wider. Dass dieser Prozess für Minase bereits einige Jahre im Gang gewesen sein muss, belegen solche Formulierungen wie „in den letzten Jahren" und „ursprüngliche Summe".

2 Es handelt sich bei diesem Schreiben um ein Dokument der Kategorie *daikan uke*, d.h. um eine vertragliche Vereinbarung (*uke*) mit einem lokalen Stellvertreter (*daikan*) des Grundherren. Solche Übereinkünfte waren eng mit dem Auflösungsprozess der *shōen* verknüpft, waren sie doch gleichzeitig Resultat und weitere Triebkraft für die Schwächung der grundherrlichen Macht zugunsten der lokalen Potentaten. Aufgrund usurpatorischer Interessen der lokalen Verwalter wurde es für die stadtsässigen Grundeigentümer in der Muromachi-Zeit immer schwieriger, die Kontrolle über ihre Güter auszuüben, die Auseinandersetzungen zwischen ihnen und den lokalen Kräften um die Rechte an den Gütern und deren Erträgen nahmen v.a. ab dem 14. Jahrhundert stetig zu. Als Reaktion darauf zogen sich die Grundherren in vielen Fällen komplett aus der Gutsadministration zurück und übertrugen die Nutzungs- und Verfügungsrechte den jeweiligen landsässigen Verwaltern. Diese hatten im Gegenzug lediglich einen feststehenden jährlichen Zins zu zahlen (*ukekiri*, siehe Anm. 9). Die Konditionen der Überlassung wurden in den *daikan uke* schriftlich vereinbart. Siehe dazu auch *daikan shiki*, Anm. 4, sowie Kapitel 1.1 und 2.

3 *Ukemōsu*, gleichbedeutend mit *ukebumi* (siehe Regest # 36, Anm. 8, hier besonders Bedeutungsfeld (3): Übernahmeschrift, -bestätigung. Bei Übertragungen von Landbesitz bestätigte der neue Besitzer in dieser Art Dokument die Übernahme eines bestimmten Areals und verpflichtete sich im Gegenzug zur Zahlung eines festgelegten Zinses.

4 *Minase no shō daikan shiki.* Mit *daikan shiki* bezeichnete man im Mittelalter die Verfügungs- und Einnahmerechte (*shiki*), die die Grundherren den lokalen Verwaltern (*daikan*) in ihren Gütern einräumten.

5 *Jūgo kanmon hon'yaku nari* 拾五貫文本役也. Zu *hon'yaku* siehe Regest # 56, Anm. 6. Zu *kanmon* und *mon* siehe Kapitel 5.1.

6 *Shōka, auch shōke*: Speicher- und Verwaltungsgebäude eines Gutes.

7 *Shugo hō rinji kaeki.* Zu *rinji kaeki* siehe Regest # 43, Anm. 4.

8 *Daikan sata*: lokale Beamte und Verwalter, die stellvertretend für Regierungsbeamte agierten, wie z.B. für Provinzverweser der Zivilregierung (*kokushi*) oder auch für Militärgouverneure und Vögte im Auftrag des *shōgun* (*shugo, jitō*); oft aus den Reihen der landsässigen Potentaten (*kokujin*) rekrutiert.

9 *Ukekiri,* auch *ukegiri*: jährlicher Zins, den der Grundherr als Gegenleistung für die Überlassung des Nutzungseigentums an einem Gut erhielt. Im Unterschied zu den *hon'yaku* waren die *ukekiri* fix, d.h. sie mussten i.d.R. ohne Berücksichtigung von Ernteschwankungen in einer vertraglich vereinbarten, feststehenden Höhe gezahlt werden. Bei Ernteausfällen wurde der Zins nicht reduziert, bei Ernteüberschüssen aber auch nicht erhöht. *Ukekiri* wurden auf der Basis von *daikan uke* gezahlt, siehe Anm. 2. Die Verwendung dieses Terminus für den künftig zu zahlenden Zins signalisiert, dass sich der Tōdaiji vollkommen aus der Gutsverwaltung zurückzog und fortan darauf beschränkte, den vereinbarten Jahreszins einzunehmen. Sämtliche an das Minase-Gut gekoppelte Verfügungsrechte, aber auch die Pflichten gingen an Nagakiyo über. Er übernahm Minase als dauerhaftes Nutzungseigentum.

10 *Daikan shiki*: siehe Anm. 4.

11 *Tsuchinoto-u*: Jahresbezeichnung unter Verwendung der zehn zyklischen und zwölf Tierkreiszeichen. *Tsuchinoto* ist das sechste der zehn zyklischen Zeichen, *u* bezeichnet das Jahr des Hasen.

12 Gakuryo Nen'yo Gobō: *Gakuryo* war ein Titel für Priester- bzw. Mönchsgelehrte. Personen mit diesem Titel traten ab der Kamakura-Zeit häufig als Unterzeichner von Schriftstücken in Erscheinung, in denen es um Grenzstreitigkeiten, Klärung von Abgabensäumnissen u.a.m. ging. Ursprünglich hatten die Mönchsgelehrten nichts mit den säkularen Verwaltungsaufgaben des Tempels zu tun. Da sie allerdings auf eine funktionierende Gutsverwaltung angewiesen waren – ein bestimmter Teil der Erträge diente der Unterstützung ihrer Aktivitäten –, beteiligten sie sich aus ureigenstem Interesse ab dem frühen 12. Jahrhundert zunehmend auch an der Guts- und Finanzverwaltung des Tōdaiji (vgl. Piggott: 71). Zu *nen'yo* siehe Regesten # 18, Anm. 1, sowie # 22, Anm. 3. *Gobō* war eine allgemeine höfliche Bezeichnung für Priester, Mönche oder Tempel.

13 Neben der Zeile wurde der Tempelname Tōdaiji ergänzt.

5. Anhang

5.1 Verwendete Maßeinheiten und Geldwerte, Planskizze der Region Minase

Die folgende Übersicht gibt nur die im Text verwendeten Maßeinheiten und Geldwerte wieder. Dabei ist zu beachten, dass es sich bei der Umrechnung von mittelalterlichen japanischen in westliche Maße lediglich um Circa-Angaben auf der Basis von Durchschnittswerten handeln kann, die nicht mehr als eine grobe Orientierung ermöglichen.

Eine genaue Quadratmeter-, d.h. Flächenumrechnung kann nicht erfolgen, da unser metrisches System erst im Jahr 1891 in Japan eingeführt wurde. Bis dahin galt in mehr oder weniger abgewandelter Form das bereits in der Nara-Zeit mit den Ritsuryō-Gesetzen eingeführte *shakkanhō*-System, das zeitlich wie regional teilweise stark variierte. Zwar fungierte das Längenmaß *shaku*, vergleichbar der westlichen alten Maßeinheit Fuß, als Ausgangswert für Längen- und davon hergeleitet *bu* (auch *tsubo* gelesen) als Grundwert für Flächenberechnungen: 5 *shaku*^{2} ergaben 1 *bu*; 360 *bu* ergaben 1 *tan* (nach 1582: 300 *bu* = 1 *tan*), 10 *tan* gleich 1 *chō* usw. Aber zum einen war *shaku* nicht gleich *shaku*, es gab z.B. sogenannte *ō-shaku* (auch *komashaku*) und *shō-shaku* (auch *tōshaku*), nach metrischem System jeweils circa 30,5 bzw. 24,5 cm. Zum anderen orientierte man sich häufig schlicht am Ernteertrag einer Feldfläche: als 1 *tan* galt diejenige Fläche, von der man 1 *koku* Reis einbringen konnte, was in Abhängigkeit von Bodenqualität und anderen Faktoren natürlich sehr unterschiedlich ausfallen konnte. Außerdem war die Volumeneinheit *koku* nicht verbindlich definiert, man bemaß sie vielfach nur am durchschnittlichen Reisverbrauch: 1 *koku* war demnach die Menge Reis, die ein Erwachsener in einem Jahr verbrauchte. Während der Sengoku-Zeit (1467–1568) verstärkte sich die verwirrende Vielfalt noch mehr; gleichnamige Maße konnten für sehr verschiedene Werte stehen. Erst im Zuge der sogenannten Reichseinigung begannen Ende des 16. Jahrhunderts unter Oda Nobunaga (1534–1582) nennenswerte Bestrebungen, dieses für überregionale Besteuerungen und Entlohnungen gänzlich unzulängliche Maßsystem zu vereinheitlichen. Das Vorhaben wurde nach Odas Tod von seinem Nachfolger Toyotomi Hideyoshi (1537–1598, Ehrenname Taikō), maßgeblich vorangebracht und ging unter der Bezeichnung *Taikō kenchi* („Landvermessungen des Taikō“) in die Geschichte ein.

Als grundlegendes Hohlmaß diente bis dahin allgemein das *shō*, das entsprach dem Inhalt eines *masu* genannten hölzernen Gefäßes. Dessen Größe schwankte jedoch je nach Region und Zeit. Die einzelnen Grundherren konnten selbst für ihre Güter festlegen, wie groß ein *masu* zu sein hatte, also wieviel Reis es zu fassen hatte. Dadurch unterschieden sich die Werte zeitgleich teilweise sogar von *shōen* zu *shōen*.

Verwendete Maßeinheiten und Geldwerte

	Lesung/Kanji	Umrechnung
Volumen	*koku* 石 *to* 斗 *shō* 升/舛 *gō* 合	72 Liter $^1/_{10}$ *koku* $^1/_{10}$ *to* $^1/_{10}$ *shō*
Fläche	*chō* 町/丁 *tan* 段/反 *bu* 歩	12.060 m^2 / 1,2 ha $^1/_{10}$ *chō* 3,35 m^2
Geldwerte	*kan* 貫*/*kanmon* 貫文 *mon* 文	1 *kan* = 1000 *mon* (*mon*: Kupfermünzen mit einem Einzelgewicht von circa 3,75 g)

* *Kan* fungierte auch als Gewichtseinheit und entsprach dann circa 3,75 Kilogramm.

Planskizze der Region Minase: Lage der ehemaligen Minase-Güter und nahe gelegener, in den Quellen erwähnter religiöser Einrichtungen

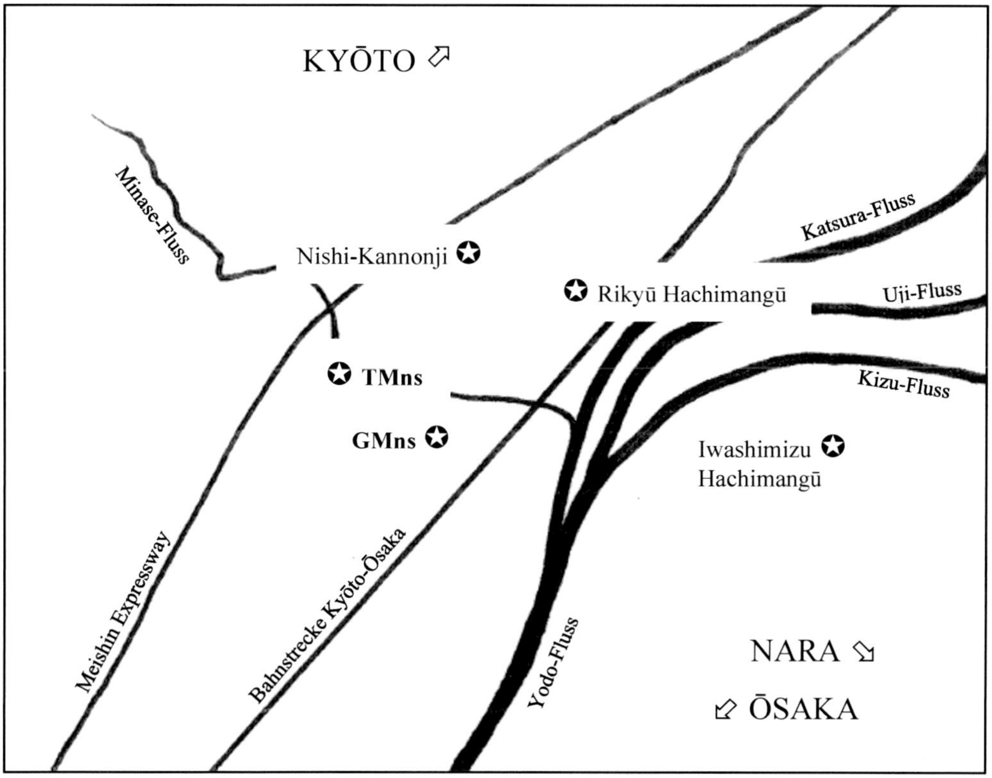

Erläuterungen:

TMns = Minase-Gut im Eigentum des Tōdaiji; das Areal ist heute durch einen Gedenkstein am Rande des Tōdaiji-Parks (*Tōdaiji kōen*) markiert

GMns = auf Kaiser Gotoba zurückgehendes Minase-Gut im Lehnsbesitz der Familie Minase, heute Teil bzw. in direkter Nachbarschaft des Minase-Jingū-Areals

Die Areale der Güter TMns und GMns südlich des Minase-Flusses lagen damals wie heute im Gebiet der Kommune Shimamoto, zu der auch das im Text erwähnte Hirose zählt.
Die Anlagen des Nishi-Kannonji und Rikyū Hachimangū nördlich des Minase-Flusses befinden sich von jeher im Gebiet der dortigen Gemeinden Yamazaki/Ōyamazaki.
Der Iwashimizu Hachimangū gehört zum Gebiet der heutigen Stadt Yawata am östlichen Ufer des Yodo-/Kizu-Flusses.

Um v.a. die Entfernungen zwischen den markierten Gutsarealen und religiösen Anlagen etwas illustrieren zu können, bemüht sich die Zeichnung trotz des skizzenhaften Charakters um einen groben, ungefähren Maßstab von 1,5:50.000, d.h. 1,5 cm entsprechen circa 500 m Luftlinie. Von den Zentren der Städte Kyōto, Nara und Ōsaka ist die Region Minase circa 15 km (Kyōto), 25 km (Nara) und 28 km (Ōsaka) entfernt, ebenfalls Luftlinie.

5.2 Zeichenliste

Die Zeichenliste enthält die japanische Schreibweise aller in den Hauptkapiteln und Regesten verwendeten Begriffe und Komposita, also auch längere Zeichenkombinationen (z.B. Personennamen plus Ehren- und/oder Rangbezeichnungen). Einige Einträge haben ergänzende Kennzeichnungen oder kurze inhaltliche Beschreibungen, um das Verständnis zu erleichtern oder um sie von ähnlichen oder gleichlautenden Begriffen abzugrenzen.

Ära = Epochenbezeichnung
Fam. = Familienname
Geogr. = geografischer Name
Maß = Maßeinheit
Pers. = persönlicher Name, Vorname

Ai (Fam.) 安威
Ai jō 安威城
Ai mura 安威村
Ai no shō 藍庄
Aigawa (Ai-Fluss) 安威川
Aimoto 藍本
Aji Shichirō Saemonjō 庵治七郎左衛門尉
Akamatsu (Fam.) 赤松
Akamatsu Mitsunori 赤松光範
Akamatsu Mitsusuke 赤松満祐
Akanabe no shō 茜部庄
Akutagawa 芥河 (auch 芥川)
Akutagawa Nobusada 芥河信貞 (auch 芥川信貞)
Akutagawa Umanojō Nobusada 芥河右馬亮信貞
Akutagawashuku 芥川宿
Amagasaki 尼崎
an 案
An'yōji 安養寺
Ashikaga Tadayoshi 足利直義
Ashikaga Takauji 足利尊氏
Ashikaga Yoshiakira 足利義詮
Ashikaga Yoshiharu 足利義晴
Ashikaga Yoshimasa 足利義政
Ashikaga Yoshimitsu 足利義満
Ashikaga Yoshimochi 足利義持
Ashikaga Yoshinori 足利義教
Ashikaga Yoshitane 足利義稙
Ashikaga Yoshiuji 足利義氏
Ashikaga Yoshizumi 足利義澄
Awa Saishō Chūjō Nyūdō 阿波宰相中将入道
azechi (auch *ansatsushi*) 按察使
Azechi Kanenaga 按察使兼長
Azuma kagami 吾妻鏡

bakufu 幕府
bettō 別当
bettōbō 別当坊
Bingo no Kami 備後守
bōshojō 某書状
bu (Maß) 歩
bugyō 奉行
bugyōshū 奉行衆
Bunchū (Ära) 文中
buraku 部落
butsui 佛意

chigyō 知行
Chinju Hachimangū 鎮守八幡宮
Chōfukuji 長福寺
chokusai 勅裁
chō (Maß) 町 (auch 丁)
chōshi 徴使

chūben 中弁
Chūdō Shugyō Sōzu Gobō 中堂執行僧都御房
chūjō 中将
chūmon 注文
chūshin 注進
chūshinjō 注進状

dachin 駄賃
daiben 大弁
daibon sankajo (auch *taibon sankajo*) 大犯三箇条
daihōshi 大法師
daijō daijin 太政大臣
daijō tennō 太上天皇
daijōkan 太政官
daikan 代官
daikan sata 代官沙汰
daikan shiki 代官職
daikan uke 代官請
Daikōzenji 大興禅寺
dainagon 大納言
Dainenji 大念寺
dangi 談義
dansho 断所
denka 殿下
denka kudashibumi an 殿下下文案
densū shotō 田数所当
Dewa no kuni 出羽国
dodai 土代
dono 殿

Eikyō no ran 永享乱
Enryakuji 延暦寺
Enshō Shōnin 円照上人
eta 穢多
Etchū no kuni 越中国

Fujisawa Echizen no Kami 藤沢越前守
Fujisawa Nagakiyo 藤沢長清
Fujiwara no Munemasa 藤原宗政
Fujiwara no Sadaie (Teika) 藤原定家
Fujiwara no Shigeko (Kazuko) 藤原重子
Fujiwara no Shokushi 藤原殖子
Fukōin/Fukōin Dono 普公院/普公院殿
fu'nyū-ken, fu'nyū no ken 不入権
Fushimi (Geogr.) 伏見
Fushimi Tennō 伏見天皇
fuyu-ken, fuyu no ken 不輸権

gakuryo 学侶
Gakuryo Nen'yo Gobō 学侶年預御坊
garan 伽藍
gejō 解状
gekō 下向
gekū 外宮
Genpei gassen (Genpei-Krieg) 源平合戦
Genroku kuniezu 元禄国絵図
gesu (auch *geshi*) 下司
Gien 義円
Ginkakuji 銀閣寺
gō (Maß) 合
gobō 御房
Godaigo Tennō 後醍醐天皇
Goen'yū Tennō 後円融天皇
Gofushimi in no chō shikken 後伏見院庁執権
Gofushimi Tennō 後伏見天皇
gohan 御判
gohan (no) migyōsho 御判御教書
gohan no mune 御判之旨
Gokameyama Tennō 後亀山天皇
gokenin 御家人
Gokōgon'in 後光厳院
Gokomatsu Tennō 後小松天皇
Gokomatsu'in 後小松院
Gomurakami Tennō 後村上天皇
Gomurakami'in 後村上院
Gomurakami'in gogan 後村上院御願
gon bettō 権別当
Gon Chūnagon Tadamitsu 権中納言忠光
gon chūnagon 権中納言
gon dainagon 権大納言
Gon Jōza Keishun 権上座慶舜
Gonara Tennō 後奈良天皇
Gonara Tennō ki 後奈良天皇紀
gonjō 言上

goryō 御領
Gosaga Tennō 後嵯峨天皇
Goseibai shikimoku 御成敗式目
goshi 五師
Goshirakawa Tennō 後白河天皇
Gotoba Tennō 後鳥羽天皇
Gotoba'in goreitakuki 後鳥羽院御霊託記
Gotoba'in Mieidō 後鳥羽院御影堂
gyōbushō 刑部省
gyoei (auch *goei, miei*) 御影
Gyōki 行基

Hachimangū dangi dansho 八幡宮談義断所
haibutsu kishaku 廃仏毀釈
Hanazono Tennō 花園天王
hanzei 半済
hanzeibun 半済分
hashiuragaki 端裏書
Hayakunin isshu 百人一首
Higashiyama bunka (Higashiyama-Kultur) 東山文化
Hikami gō 氷上郷
Hikami mura 氷上村
hiki (Maß) 疋
Hino Toshimitsu 日野俊光
Hirose 広瀬
hōgen 法眼
Hōgen Seison 法眼政尊
hōin 法印
Hōjō Masako 北条政子
Hōjō Tokimasa 北条時政
Hōjō Tokiyori 北条時頼
Hōjō Yoshitoki 北条義時
Hōkyō'in 宝篋院 (宝筐院)
Hōkyō'in Dono 宝篋院殿
hōmyō 法名
honjo 本所
honke 本家
hon'yaku 本役
Hōshakuji 宝積寺
Hosokawa Harumoto 細川晴元
Hosokawa Katsumoto 細川勝元
Hosokawa Masamoto 細川政元
Hosokawa Mochiyuki 細川持之
Hosokawa Takakuni 細川高国
Hosokawa Ukyō Taifu Dono 細川右京大夫殿
Hosokawa Yorimoto 細川頼基 (auch 細川頼元)
hosshi 法師
Hyakurenshō 百練抄
hyakushō 百姓
hyōbushō 兵部省
hyōe 兵衛
Hyōgo 兵庫

Ibaraki 茨木
ichien kanryō 一円管領
ichien shōen 一円荘園
Ide 井手
Iga no kuni 伊賀国
Iio Iekane 飯尾家兼
Iio Tamesada 飯尾爲完
Ikuta 生田 (auch 生島)
Ikutagawa (Ikuta-Fluss) 生田川
Imagawa kana mokuroku tsuika 今川仮名目録追加
Imagawa Yoshimoto 今川義元
Imakumano Hōin 新熊野法印
Imakumano Jinja 新熊野神社
in 院
in no chō 院庁
Ina no shō 猪名庄
inge 院家
Inouchi no shō 井内庄
Inouchi no shō Zasshō Saigan 井内庄雑掌西願
inzen 院宣
iryō 井料
Ise Jingū 伊勢神宮
Iwakura no Miya 岩蔵宮
Iwashimizu Hachimangū 岩清水八幡宮
Iwashimizu Rikyū 岩清水離宮
Izumo no kuni 出雲国

jibu taifu 治部大輔
jibushō 治部省
jijū 侍従

jike 寺家
jisha bugyō 寺社奉行
jishi kanmon 地子勘文
jishimai 地子米
jishisen/jishizeni 地子銭
jishu 寺主
Jishu Daihōshi Genshin 寺主大法師厳信
Jissen 實専
jitō 地頭
jitō uke 地頭請
joden 除田
jōden 定田
Jōdo ron 浄土論
Jōji (Ära) 貞治
jōkō 上皇
Jōkyū no ran (Jōkyū-Unruhen, Jōkyū-Krieg) 承久の乱
jōza 上座
Jōza Hōgen 上座法眼
jūbō 住房
jungyōjō 遵行状
jūnin 住人
Juntoku Tennō 順徳天皇

Kaga gō 加賀郷
Kaga han 加賀藩
Kagamiike 鏡池
Kagawa 香川
kaihatsu ryōshu 開発領主
kaisan 開山
kajishi 加地子
kami (Minister) 卿
kami (Gouverneur) 守
Kamidera 上寺
Kanetoshi Jōza 兼俊上座
kanmon/kan 貫文/貫
kanmotsu 官物
Kanō Kōkichi 狩野亨吉
Kanō Kōkichi shi shūshū monjo 狩野亨吉氏蒐集文書
kanō[den] 加納[田]
kanpaku 関白
kanpaku sadaishi-ke mandokoro 関白左大臣家政所
kanrei (auch *kanryō*) 管領
kanrei-dai 管領代
Kanroji (Fam.) 甘露寺
Kanroji Kanenaga 甘露寺兼長
Kantō gekō 関東下向
Kantō-e 関東穢
Kaō (Ära) 嘉応
kaō (Monogramm) 花押
Katsuragawa (Katsura-Fluss) 桂川
Kawabe gun 河邊郡 (moderne Schreibung 川辺郡)
kebiishichō 検非違使庁
kenden 検田
kendenchō 検田帳
kendenshi 検田使
kengyō 検校
kenmon/kenmon seika 権門/権門勢家
Kenmu no shinsei (Kenmu-Restauration) 建武の新政
Kenshun 賢俊
kentochō 勘渡帳
kentojō 勘渡状
Kentoku (Ära) 建徳
ketsugejō 結解状
Ki no Kannori 紀寛乗
Ki no Shōshu 紀聖守
kichinichi 吉日
kingonjō 謹言上
kishin 寄進
kishin chikei shōen 寄進地系荘園
kishingata shōen 寄進型荘園
Kita gun 木田郡
kitsusho 吉書
Kizawa Nagamasa 木澤長政
Kizugawa (Kizu-Fluss) 木津川
Kōgen'in 興源院
Kōgenji 弘源寺
Kōgon Tennō 光厳天皇
koku (Maß) 石
kokujin 国人
kokushi 国司
komashaku 高麗尺
Komatsu no shō 小松庄
kōmin 公民
Kōmyō Tennō 光明天皇

Kongōōin 金剛王院
konjichō 金翅鳥
Konoe Michitsugu 近衛道嗣
Konponchūdō 根本中道
kōotsunin 甲乙人
kōshitsu 皇室
Kōyasan 高野山
Kōzai gun 香西郡
kōzo 楮
kudashibumi 下文
kuji 公事
kujisen 公事銭
kumon 公文
kunaishō 宮内省
Kunihito Shinnō 邦仁親王
kunin 公人
Kuroda no shō 黒田庄
kusha 倶舎
kyūden 給田

Maeda Tsunanori 前田綱紀
mandokoro 政所
manzō kuji 万雑公事
maryō (auch *meryō*) 馬寮
masu 桝
Matsuda (Fam.) 松田
Matsue (Geogr.) 松江
matsurigotohajime 政始
mattaku ryōchi 全領知
Meigetsuki 明月記
menjo 免除
menjo shōmon 免除証文
migyōsho 御教書
Mikawa no kuni 三河国
Miki gun 三木郡
Minakawa-ke monjo 皆川家文書
Minamoto no Ariko 修明門院源在子
Minamoto no Yoritomo 源頼朝
Minase Chikanari 水無瀬親成
Minase Chūjō Hidekane no Kami 水無瀬中将季兼卿
Minase Chūjō Suekane 水無瀬中将季兼
Minase Chūnagon 水無瀬中納言
Minase Dono 水無瀬殿 (auch 皆瀬殿)
Minase Dono goryō 水無瀬殿御領
Minase Hidekane 水無瀬英兼
Minase Hōin Gobō 水無瀬法印御房
Minase Jingū 水無瀬神宮
Minase Jingū monjo 水無瀬神宮文書
Minase Kaneyoshi 水無瀬具良
Minase Nii Nyūdō Dono 水無瀬二位入道殿
Minase no shō 水無瀬庄 (auch 水無瀬荘, 水成瀬庄, 水成瀬荘, 水成庄, 水成荘)
Minase no shō daikan shiki 水無瀬庄代官職
Minase no shō jūnin 水無瀬庄住人
Minase no shō monjo 水無瀬庄文書
Minase Nobunari 水無瀬信成
Minase Nobuuji 水無瀬信氏
Minase Rikyū 水無瀬離宮
Minase Sadakatsu 水無瀬定勝
Minase Sanmi Dono 水無瀬三位殿
Minase Sanmi Nyūdō Dono 水無瀬三位入道殿
Minase Sanmi Suekane 水無瀬三位季兼
Minase Sanmi Suekane Kyō Zasshō 水無瀬三位季兼卿雑掌
Minase Shōshō Dono 水無瀬少将殿
Minase Shōshō Hidekane 水無瀬少将英兼
Minase Shōshō Suekane 水無瀬少将季兼
Minase Suekane 水無瀬季兼
Minase Tomokane 水無瀬具兼
Minase Tomotaka 水無瀬具隆
Minase Tomoyoshi 水無瀬具良
Minase Zen Shōshō Dono 水無瀬前少将殿
Minasegawa (Minase-Fluss) 水無瀬川
Minasegū 水無瀬宮
Mino no kuni 美濃国
Mishima gun 三島郡
misoka (auch *kaijitsu, tsugomori*) 晦日
Mitsunari (Pers.) 光業
mizunoto-u 癸卯
mochita 持田
mokudai 目代
mon (Geldwert) 文

munebetsusen (auch *munabechisen*) 棟別銭
Musashi no kuni 武蔵国
musubio irogawa 結緒色革
Mutō (Fam.) 武藤
Mutsu 陸奥
Mutsu Daibaiji monjo 陸奥大梅寺文書
Mutsu no Kami Taira 陸奥守平
Mutsu no kuni 陸奥国

Nagano 長野
Nagao Jirō Saemonjō Dono 長尾次郎左衛門尉殿
Nagashio Bizen Nyūdō Dono 長塩備前入道殿
Nagashio Munenaga 長塩宗永
Nagasu no shō 長洲庄
nagon 納言
nainai sōmon 内々奏聞
Nakahara no Morokazu 中原師茂
Nakama gō 中間郷
Naka no shō 仲庄
Nanbokuchō jidai (Zeit der südlichen und nördlichen Dynastie) 南北朝時代
Nara Gorō Emonjō 奈良五郎衛門尉
nengu 年貢
nenjū gyōji yōto chō 年中行事用途帳
nen'yo 年預
nen'yo goshi 年預五師
Nen'yo Goshi Sonken 年預五師尊顕
Nen'yo Senkei 年預專經
nen'yo-dai 年預代
Nen'yo-dai Jōchū 年預代定忠
nen'yosho 年預所
ninbu rinji kaeki (auch *ninpu rinji kaeki*) 人夫臨時課役
Ninren (Pers.) 忍蓮
Ninren okibumi 忍蓮置文
Nishi-Kannonji 西観音寺
Nishitani/Nishi no tani 西谷
Noriyoshi Shinnō 憲良親王 (auch 義良親王)
nyōin 女院
Nyōin Shumeimon'in 女院修明門院
nyūdō 入道

ōban'yaku 大番役
ōbō 押妨
Oda Nobunaga 織田信長
Ōharano Jinja 大原野神社
Ōharano no matsuri 大原野祭
Ōi no shō 大井庄
okibumi 置文
ōkurashō 大蔵省
Ōnin no ran (Ōnin-Krieg) 応仁の乱
oryō 押領
ōsegechi 仰下知
ō-shaku 大尺
oshite 押手
Otokoyama 男山
Ōyama no shō 大山庄
Ōyamazaki/Yamazaki 大山崎/山崎

reison[den] 例損[田]
Rikyū Hachimangū 離宮八幡宮
rinji kaeki (auch *rinji kayaku*) 臨時課役
risshi 律師
rokka jiryō 六箇寺領
Rokkaku Sadayori 六角定頼
Rokuhara tandai 六波羅探題
rōzeki 狼藉
ruichi 類地
ryōchi (zweckgewidmetes Areal) 料地
ryōchi (allodialer Besitz) 領地
ryōchi (Lehen, Domäne) 領知
ryōke 領家
ryōshi watashijō an 両使渡状案
ryōsho 料所
ryōshu 領主
Ryūanji 龍安寺 (auch 竜安寺)

sa konoe chūjō 左近衛中将
sa konoe shōshō 左近衛少将
sabenkan 左弁官
sadaishi 左大臣
saemonjō 左衛門尉
Saemonjō Aji Tarō 左衛門尉庵治太郎

saemonsuke 左衛門佐
Sahyōe no Kami Minamoto no Ason 左兵衛督源朝臣
sahyōesuke 左兵衛佐
Saiji 西寺
saishō 宰相
samaryō (auch *sameryō*) 左馬寮
Sanda (Geogr.) 三田
Sangatsudō 三月堂
sangen 三患
sangi 参議
Sangi Yanagiwara Sukeakira 参議柳原資明
sangō 三綱
sannetsu 三熱
Sanuki no kuni 讃岐国
San'yōdō 山陽道
satanin 沙汰人
satatsuke 沙汰付
Sei Gentei 清元定
Sen Nen'yo Senshō 先年預専紹
Sengoku jidai (Sengoku-Zeit) 戦国時代
senji 宣旨
sentō 仙洞
Seshin 世親
sesshō 摂政
Sesshū 摂州
Settsu Masachika 摂津政親
Settsu no kami 摂津守
Settsu no kuni 摂津国
shadan 社壇
shakkanhō 尺貫法
shaku 尺
Shiba Yoshiatsu 斯波義淳
Shiba Yoshimasa 斯波義将
Shichijō Nyōin (auch Shichijō Nyoin) 七條女院 (auch 七条女院)
shigyōjō 施行状
Shiio Jinja 椎尾神社
shiki 職
shikinen zōei 式年造営
shikken 執権
Shima no kami gun 島上郡
Shimamoto chō 島本町
Shimane gun 島根郡
shin in 新院
Shin Kokin wakashū 新古今和歌集
Shinano no kami 信濃守
Shinano no kuni 信濃国
Shinano Taifu no Hōgan Dono 信濃大夫判官殿
shinbutsu bunri 神仏分離
shinden (Götter-, Schreinland) 神田
shinden bugyō (Beauftragter für Landerschließung) 新田奉行
shinjō 進上
shinkan 宸翰
Shinomiya Shirō 四宮四郎
shinryo 神慮
Shinzendani (auch Shinzen no tani) 信善谷
Shinzendani Kannonji 信善谷観音寺
shiryō 私領
shisetsu 使節
shisō 使僧
shisshin 執進
shitaji chūbun 下地中分
shō (Maß) 升 (auch *shō* 舛)
sho kuji 諸公事
shōben 少弁
shōbutsu 正物
shōen 荘園/庄園
shōgun 将軍
shōka (*auch shōke*) 庄家 (auch 荘家)
Shōmeimon'in 承明門院
shōmin 荘民/庄民
shōmon (Nachweis, Urkunde) 証文
shōmon (Original[dokument]) 正文
shonin kitsusho 初任吉書
shōreiritsuyō 庄例立用
Shōren'in 青蓮院
shoryō 所領
shō-shaku 小尺
shōshō (Amts-, Rangbezeichnung) 少将
shōshō mokudai 庄々目代
shotō 所当
shotō jishi 所当地子
shotō kanmotsu 所当官物
shotō kanmotsu mai 所当官物米
shotō nengu 所当年貢

shoyaku 所役
shoyaku chūmon 所役注文
shūgi 衆儀
shugo 守護
shugo daimyō 守護大名
shugo eki ninbu 守護役人夫
shugo fu'nyū 守護不入
shugo hō rinji kaeki 守護方臨時課役
shugo-dai 守護代
Shugo-dai Nara Gorō Emonjō 守護代奈良五郎衛門尉
shugo-shi 守護使
shugo-shi fu'nyū 守護使不入
shugo-shi fu'nyū no chi 守護使不入之地
shugyō 執行
shugyō jōza hōgen 執行上座法眼
shukke 出家
Shumeimon'in 修明門院
shūto 衆徒
sōba 相場
sōden chigyō 相伝知行
sōgō 僧綱
sōgya ranma 僧伽藍摩
sōji 惣寺
sōjō 僧正
Sonkaku Hosshinnō 尊覚法親王
sōzu 僧都
Suibara Jirō Saemonjō Dono 水原次郎左衛門尉殿
suitō 出納
Sumiyoshi Taisha 住吉大社
Sumiyoshisha 住吉社

Tadanari Ō (Prinz) 忠成王
taifu (5. Hofrang oder höher) 大夫
taifu (Vizeminister) 大輔
taifu no hōgan (auch *taifu hōgan*) 大夫判官
Taifu Tokugō 大夫得業
Taikō kenchi 太閤検地
Taira no Shigehira 平重衡
Taira no Yoshitoki 平義時
taisha 大社
Takahama 高浜
Takamatsu 高松
Takatsuki 高槻
Tamai no shō 玉井庄
Tamukeyama Hachimangū 手向山八幡宮
Tamukeyama Jinja 手向山神社
tan (Maß) 段 (auch 反)
Tanba no kuni 丹波国
Tango Nyūdō 丹後入道
Tanidera 谷寺
tanmai 段米
tansen 段銭
tansen rinji kaeki 段銭臨時課役
tein 手印
Tendai zasu 天台座主
teraju 寺主
to (Maß) 斗
Tōdaiji 東大寺
Tōdaiji Hachimangū 東大寺八幡宮
Tōdaiji kōen 東大寺公園
Tōdaiji monjo 東大寺文書
Tōdaiji monjo suitō nikki 東大寺文書出納日記
Tōdaiji mura 東大寺村
Tōdaiji toshokan shozō monjo 東大寺図書館所蔵文書
Tōdaiji yōroku 東大寺要録
Tōdaiji zoku yōroku 東大寺続要録
Tōji 東寺
Tōji hyakugō monjo 東寺百合文書
Tokitsugu kyōki 言継卿記
tokugō 得業
Tokushima 徳島
Tōnan'in 東南院
Tōnan'inge 東南院家
tōshaku 唐尺
toshihajime 年始
Toyotomi Hideyoshi 豊臣秀吉
tsubo (Maß) 坪
Tsuchimikado Myōkoku (oder Tsuchimikado Akirakuni) 土御門明國 (auch 土御門明国)
Tsuchimikado Tennō 土御門天皇
tsuchinoto 己
tsuchinoto-u 己卯

Tsuda (Fam.) 津田
Tsuzuki gun 綴喜郡

u 卯
ubenkan 右弁官
uchiwatashijō 打渡状
uchūjō 右中将
udaiben 右大弁
uemonjō 右衛門尉
Ujigawa (Uji-Fluss) 宇治川
ukebumi 請文
ukekiri (auch *ukegiri*) 請切
ukemōsu 請申
ukeoi sei/ukeoi taisei 請負制/請負体制
ukesho 請所
uketorijō 請取状
ukyō taifu 右京大夫
umaryō (auch *umeryō*) 右馬寮
urahan 裏判
uramonjo 裏文書
uzuki 卯月

washi 和市
watashijō 渡状

yakubutaku 役夫工
yakubutakumai 役夫工米
Yakushiji (Fam.) 薬師寺
Yakushiji Motofusa 薬師寺元房
Yakushiji Motokazu 薬師寺元一
Yakushiji Motonaga 薬師寺元長
Yakushiji Motonaga Bingo no Kami 薬師寺元長備後守
Yakushiji Yōichi 薬師寺与一
Yamashina Tokitsugu 山科言継
Yamashiro no kuni 山城国
yamawari 山割
Yamazaki Shōten 山崎聖天
Yamazaki Shōten Kannonji 山崎聖天観音寺
Yanagiwara (Yanagihara) Sukeakira 柳原資明
Yanagiwara (Yanagihara) Tadamitsu 柳原忠光
Yasutomi Yozō Saemonjō 安富与三左衛門尉
Yatabe gun 八部郡
Yodogawa (Yodo-Fluss) 淀川
Yodo jō 淀城
Yoshiminedera 吉峰寺
Yoshimine no ta 吉峰田
Yoshimune Shinnō 善統親王
Yoshitsuji Nyūdō Shinnō 四辻入道親王
yōsō 羊僧
Yōsō Kannori 羊僧寛乗
yuzurijō 譲状

zaichi ryōshu 在地領主
zaigohan 在御判
zasshō 雑掌
zasu (auch *sasu*) 座主
Zasu Sonkaku Shinnō 座主尊覚親王
Zen Mutsu no Kami 前陸奥守
Zenpōji (Fam.) 善法寺
Zenpōji Jōsei 善法寺成清
Zenpōji no ryō 善法寺領
Zenpōji no shō 善法寺庄
zōshi (auch *zatsushi*) 雜紙 (moderne Schreibung 雑紙)

5.3 Literaturverzeichnis

Quelleneditionen, digitalisierte Quellen, historische Datenbanken

Azuma kagami 吾妻鏡 (Kokushi taikei, shintei zōho fukyūban 国史大系, 新訂増補普及版). Kuroita Katsumi, Kokushi Taikei Henshūkai (Hg.). Tōkyō: Yoshikawa Kōbunkan 1983

Dai Nihon shiryō 大日本史料. Tōkyō Daigaku Shiryō Hensanjo (Hg.). Tōkyō Daigaku Shuppankai, 1968ff (Neuaufl. der Ausg. Tōkyō Teikoku Daigaku 1901ff)

Genroku kuniezu 元禄国絵図, Digitalisat im Bestand des Japanischen Nationalarchivs, Tōkyō (Kokuritsu Kōbun Shokan Dejitaru Ākaibu), 20.01.2019, https://www.digital.archives.go.jp/DAS/pickup/view/category/categoryArchives/0300000000/default/00 (konkrete URL-Angabe am Ort der Zitation)

Gonara Tennō ki 後奈良天皇紀. In: *Shiryō kōhon. Dai Nihon shiryō*, Band 9, Buch 910 史料稿本. 大日本史料 9 編 910 冊, Digitalisat im Bestand des Historiographischen Institutes der Universität Tōkyō (Tōkyō Daigaku Shiryō Hensanjo), 11.02.2019, https://clioimg.hi.u-tokyo.ac.jp/viewer/view/idata/T38/1541/12-2-2/6/0001?m=all&s=0001&n=20 (konkrete URL-Angabe am Ort der Zitation)

Goseibai shikimoku 御成敗式目 (Ōsaka Aoyama Tanki Daigaku shozōbon tekisuto shirīzu 大阪青山短期大学所蔵本テキストシリーズ ; 3). Ōsaka Aoyama Tanki Daigaku Kokubunka 大阪青山短期大学国文科 (Hg.). Kyōto: Dōhōsha 1996

Gotoba'in goreitakuki 後鳥羽院御霊託記 (Zoku Gunsho ruijū 続群書類従 ; 33/1). Hanawa Hokinoichi 塙保己一, Ōta Tōshirō 太田藤四郎 (Hg.). Tōkyō: Zoku Gunsho Ruijū Kanseikai 1958 (3., verbesserte Aufl.)

Hyakurenshō 百練抄 (Kokushi taikei, shintei zōho fukyūban 国史大系, 新訂増補普及版). Kuroita Katsumi, Kokushi Taikei Henshūkai (Hg.). Tōkyō: Yoshikawa Kōbunkan 1983

Kamakura ibun 鎌倉遺文. Takeuchi Rizō 竹内理三 (Hg.). Tōkyōdō Shuppan 1981ff[6]

Minase jingū monjo 水無瀬神宮文書 (siehe *Shimamoto chōshi shiryōhen*)

Nanbokuchō ibun 南北朝遺文. Matsuoka Hisato 松岡久人 et al. (Hg.). Tōkyōdō Shuppan 1987ff

Nihon shōen dētabēsu 日本荘園データベース. Sakura: Kokuritsu Rekishi Minzoku Hakubutsukan (Nationalmuseum für japanische Geschichte), 20.01.2019, https://www.rekihaku.ac.jp/up-cgi/login.pl?p=param/soue/db_para (konkrete URL-Angabe am Ort der Zitation)

Ōyamazaki chōshi shiryōhen 大山崎町史史料編. Ōyamazaki Chōshi Hensan Iinkai (Hg.). Ōyamazaki 1981

Shimamoto chōshi shiryōhen 島本町史史料編. Shimamoto Chōshi Hensan Iinkai (Hg.). Shimamoto-chō 1973

Takatsuki shishi 3, Shiryōhen 1: Chūseihen 高槻市史 3 史料編 1: 中世編. Takatsuki Shishi Hensan Iinkai (Hg.). Takatsuki 1973

Tōdaiji monjo 東大寺文書. In: *Dai Nihon komonjo. Iewake 18* 大日本古文書. 家わけ第十八. Tōkyō Daigaku Shiryō Hensanjo (Hg.). Tōkyō Daigaku Shuppankai, 1971ff.

Tokitsugu kyōki 言継卿記. In: *Shiryō kōhon. Dai Nihon shiryō*, Band 9, Buch 910 史料稿本. 大日本史料 9 編 910 冊, Digitalisat im Bestand des Historiographischen Institutes der Universität Tōkyō (Tōkyō Daigaku Shiryō Hensanjo), 11.02.2019, https://clioimg.hi.u-tokyo.ac.jp/viewer/view/idata/T38/1544/12-3-2/3/0001?m=all&s=0001&n=20 (konkrete URL-Angabe am Ort der Zitation)

Zoku Gunsho ruijū 続群書類従. Hanawa Hokinoichi 塙保己一, Ōta Tōshirō 太田藤四郎 (Hg.). Tōkyō: Zoku Gunsho Ruijū Kanseikai 1957ff (3., verbesserte Aufl.)

Sekundärliteratur

Abe, Takeshi 阿部猛: *Kamakura bushi no sekai* 鎌倉武士の世界. Tōkyōdō Shuppan 1994
Amino, Yoshihiko 網野善彦 et al.: *Kōza Nihon shōen shi* 講座日本荘園史 (10 Bde.). Tōkyō: Yoshikawa Kōbunkan 1989–2005
Arai, Eiji et al. 荒居英次 (Hg.): *Komonjo yōji yōgo daijiten* 古文書用字用語大辞典. Tōkyō: Kashiwa Shobō 1980
Arakawa, Hidetoshi 荒川秀俊, Usami Tatsuo 宇佐美龍夫: *Saigai* 災害 (Nihonshi shōhyakka 日本史小百科 ; 22). Tōkyō: Kondō Shuppansha 1985
Arnesen, Peter J.: „The Provincial Vassals of the Muromachi Shoguns". In: Mass, Jeffrey P., William B. Hauser (Hg.): *The Bakufu in Japanese History*. Stanford University Press 1985
Ayamura, Hiroshi 綾村宏: „Tojirareta kirikami 綴じられた切紙". In: Ayamura, Hiroshi et al. (Hg.): *Tōdaiji monjo o yomu* 東大寺文書を読む. Kyōto: Shibunkaku Shuppan 2001

Berger, Gordon M. et al.: *Currents in Medieval Japanese History. Essays in Honor of Jeffrey P. Mass*. Los Angeles: Figueroa Press 2009

Conlan, Thomas D.:
— 1997: „Largesse and the Limits of Loyalty in the Fourteenth Century". In: Mass, Jeffrey P. (Hg.): *The Origins of Japan's Medieval World*. Stanford University Press
— 2009: „Traces to the Past. Documents, Literacy, and Liturgy in Medieval Japan". In: Berger, Gordon M. et al. (Hg.): *Currents in Medieval Japanese History. Essays in Honor of Jeffrey P. Mass*. Los Angeles: Figueroa Press
— 2010: „Instruments of Change. Organizational Technology and the Consolidation of Regional Power in Japan, 1333–1600". In: Ferejohn, John A., Frances McCall Rosenbluth (Hg.): *War and State Building in Medieval Japan*. Stanford University Press

Ebara, Masaharu 榎原雅治: *Muromachi bakufu to chihō no shakai* 室町幕府と地方の社会 (Iwanami shinsho/Shin akaban 岩波新書/新赤版 ; 1581). Tōkyō: Iwanami Shoten 2016

Fröhlich, Judith: *Rulers, Peasants and the Use of the Written Word in Medieval Japan. Ategawa no shō 1004–1304* (Welten Ostasiens ; 12). Bern [u.a.]: Lang 2007
Fujiki, Hisashi 藤木久志 (Hg.): *Nihon chūsei kishō saigaishi nenpyōkō* 日本中世気象災害史年表稿 Tōkyō: Koshi Shoin 2007

Gay, Suzanne: „Muromachi Bakufu Rule in Kyoto. Administrative and Judicial Aspects". In: Mass, Jeffrey P., William B. Hauser (Hg.): *The Bakufu in Japanese History*. Stanford University Press 1985
Gerber, Adrian: *Gemeinde und Stand: die zentraljapanische Ortschaft Ōyamazaki im Spätmittelalter; eine Studie in transkultureller Geschichtswissenschaft*. (Quellen und Forschungen zur Agrargeschichte ; 49). Stuttgart: Lucius & Lucius 2005
Goble, Andrew: „The Kamakura Bakufu and its Officials". In: Mass, Jeffrey P., William B. Hauser (Hg.): *The Bakufu in Japanese History*. Stanford University Press 1985
Goch, Ulrich: *Abriß der japanischen Geschichtsschreibung*. München: Iudicium Verlag 1993

Harrington, Lorraine F.: „Regional Outposts of Muromachi Bakufu Rule. The Kantō and Kyūshū". In: Mass, Jeffrey P., William B. Hauser (Hg.): *The Bakufu in Japanese History*. Stanford University Press 1985
Hiraoka, Jōkai 平岡定海: *Tōdaiji no rekishi* 東大寺の歴史. Tōkyō: Shitsubundō 1966.

Hisano, Nobuyoshi 久野修義: „Nen'yo goshi to nen'yosho 年預五師と年預所". In: Ayamura, Hiroshi et al. (Hg.): *Tōdaiji monjo o yomu* 東大寺文書を読む. Kyōto: Shibunkaku Shuppan 2001

Inaba, Nobumichi 稲葉伸道: „Jitō – Akanabe no shō 地頭 - 茜部庄". In: Ayamura, Hiroshi et al. (Hg.): *Tōdaiji monjo o yomu* 東大寺文書を読む. Kyōto: Shibunkaku Shuppan, 2001

Jansen, Marius B. (Hg.): *Warrior Rule in Japan*. Cambridge University Press 1995

Kadokawa Nihon chimei daijiten 角川日本地名大辞典 27: *Ōsaka-fu* 大阪府. Tōkyō: Kadokawa Shoten 1983

Kawane, Yoshiyasu 河音能平: *Chūsei hōken shakai no shuto to nōson* 中世封建社会の首都と農村. Tōkyō Daigaku Shuppankai 1984

Keirstead, Thomas: *The Geography of Power in Medieval Japan*. Princeton University Press 1992

Kiley, Cornelius J.: „The Imperial Court as a Legal Authority in the Kamakura Age". In: Mass, Jeffrey P. (Hg.): *Court and Bakufu in Japan. Essays in Kamakura History*. New Haven and London: Yale University Press 1982

Kobayashi, Masahiko 小林正博 ; Kawai, Hajime 河合一: *Gosho to Kamakura jidai* 御書と鎌倉時代, Bd. 2: *Shūkyō, seikatsu, bunka hen* 宗教・生活・文化編. Tōkyō: Daisan Bunmeisha 1994[2]

Kuroda, Toshio 黒田俊雄: „Chūsei no kokka to tennō 中世の国家と天王". In: *Iwanami kōza Nihon rekishi 6, Chūsei 2* 岩波講座日本歴史 6, 中世 2. Tōkyō: Iwanami Shoten 1963

Mass, Jeffrey P.:

— 1974: *Warrior Government in Early Medieval Japan. A Study of the Kamakura Bakufu, Shugo, and Jitō*. New Haven and London: Yale University Press

— 1979: *The Development of Kamakura Rule, 1180–1250. A History with Documents*. Stanford University Press

— 1985: „What Can We Not Know About the Kamakura Bakufu". In: Mass, Jeffrey P., William B. Hauser (Hg.): *The Bakufu in Japanese History*. Stanford University Press

— 1988: „Jitō Land Possession in the Thirteenth Century: The Case of Shitaji Chūbun". In: Hall, John W., Jeffrey P. Mass (Hg.): *Medieval Japan. Essays in Institutional History*. Standford University Press

— 1989: *Lordship and Inheritance in Early Medieval Japan. A Study of the Kamakura Sōryō*. Stanford University Press

Mass, Jeffrey P. (Hg.): *The Origins of Japan's Medieval World*. Stanford University Press 1997

Mass, Jeffrey P., William B. Hauser (Hg.): *The Bakufu in Japanese History*. Stanford University Press 1985

Mochizuki, Shinkō 望月信亨: *Bukkyō daijiten* 望月佛教大辭典. Kyōto: Sekai Seiten Kankō Kyōkai 1974ff (erw. und überarb. Aufl.)

Nelson, Thomas: „Bakufu and Shugo Under the Early Ashikaga". In: Mass, Jeffrey P. (Hg.): *The Origins of Japan's Medieval World*. Stanford University Press 1997

Nichi-Ei bukkyō jiten = Japanese-English Buddhist Dictionary. Tōkyō: Daitō Shuppansha 1999 (überarb. Ausg.)

Nihon rekishi chimei taikei 日本歴史地名大系 28: *Ōsaka-fu no chimei* 大阪府の地名. Tōkyō: Heibonsha 1986

Nihonshi kōjiten 日本史広辞典. Tōkyō: Yamakawa Shuppansha 1997

Nishiyama, Atsushi 西山厚: „Kōrei hōe – Nenjū gyōji 恒例法会 – 年中行事". In: Ayamura, Hiroshi et al. (Hg.): *Tōdaiji monjo o yomu* 東大寺文書を読む. Kyōto: Shibunkaku Shuppan, 2001

Oda, Tokunô 織田得能: *Bukkyô daijiten* 佛教大辭典. Tōkyō: Fukyūkai 1987 (2. Aufl. d. Nachdr. von 1981)

Piggott, Joan R.:
— 1982: „Hierarchy and Economics in Early Medieval Tōdaiji". In: Mass, Jeffrey P. (Hg.): *Court and Bakufu in Japan. Essays in Kamakura History*. New Haven and London: Yale University Press
— 2009: „Navigating Kamakura History: Perspectives on the Last Work of Jeffrey P. Mass". In: Berger, Gordon M. et al. (Hg.): *Currents in Medieval Japanese History. Essays in Honor of Jeffrey P. Mass*. Los Angeles: Figueroa Press

Rüttermann, Markus: *Das Dorf Suganoura und seine historischen Quellen : Untersuchungen zur Genese einer zentraljapanischen Dorfgemeinde im späten Mittelalter* (MOAG ; 126). Hamburg: OAG 1996

Satō, Kazuhiko 佐藤和彦 et al. (Hg.): *Nihon chūseishi kenkyū jiten* 日本中世史研究事典. Tōkyōdō Shuppan 1997

Satō, Shin'ichi 佐藤進一 et al. (Hg.): *Chūsei hōsei shiryōshū* 中世法制史料集 1: *Kamakura bakufu hō* 鎌倉幕府法. Tōkyō: Iwanami Shoten 1955

Segal, Ethan Isaac: *Coins, Trade, and the State. Economic Growth in Early Medieval Japan* (Harvard East Asian Monographs ; 334). Cambridge, Mass.: Harvard University Asia Center 2011

Shōen ezu to sono sekai 荘園絵図とその世界. Sakura: Kokuritsu Rekishi Minzoku Hakubutsukan, 1993

Susumu, Ike: „Competence over Loyalty. Lords and Retainers in Medieval Japan". In: Ferejohn, John A., Frances McCall Rosenbluth (Hg.): *War and State Building in Medieval Japan*. Stanford University Press 2010

Takahashi, Kazuki 高橋一樹: *Chūsei shōensei to Kamakura bakufu* 中世荘園制と鎌倉幕府. Tōkyō: Hanawa Shobō 2004

Tanaka, Fumihide: „Kinki chihō no shōen 2: Settsu no kuni 近畿地方の荘園 2: 摂津国". In: *Kōza Nihon shōenshi* 講座日本荘園史 ; 7. Tōkyō: Yoshikawa Kōbunkan 1995

The Taiheiki. A Chronicle of Medieval Japan. Transl., with an Introduction and Notes by Helen Craig McCullough. Tōkyō [u.a.]: Tuttle 1981[2]

Tonomura, Hitomi: „Court an Bakufu in Her Flesh. Nijō's Contribution to Dual Polity". In: Berger, Gordon M. et al. (Hg.): *Currents in Medieval Japanese History. Essays in Honor of Jeffrey P. Mass*. Los Angeles: Figueroa Press 2009

Troost, Kristina Kade: „Peasants, Elites, and Villages in the Fourteenth Century". In: Mass, Jeffrey P. (Hg.): *The Origins of Japan's Medieval World*. Stanford University Press 1997

Wintersteen, Prescott B. Jr.:
— 1988a: „The Early Muromachi Bakufu in Kyoto". In: Hall, John W., Jeffrey P. Mass (Hg.): *Medieval Japan. Essays in Institutional History*. Standford University Press
— 1988b: „The Muromachi *Shugo* and *Hanzei*". In: Hall, John W., Jeffrey P. Mass (Hg.): *Medieval Japan. Essays in Institutional History*. Standford University Press

Yasuda, Motohisa 安田元久 (Hg.): *Shōen* 荘園 (Nihonshi shōhyakka 日本史小百科; 3). Tōkyō: Kondō Shuppansha 1977

Zöllner, Reinhard: *Die Ludowinger und die Takeda. Feudale Herrschaft in Thüringen und in Kai no kuni*. Bonn: Verlag Dieter Born 1995

6. Index

Zeitfracht Medien GmbH
Ferdinand-Jühlke-Straße 7,
99095 - DE, Erfurt
produktsicherheit@zeitfracht.de

FSC
www.fsc.org
MIX
Papier | Fördert gute Waldnutzung
FSC® C083411